ミネルヴァ日本評伝選

大坂の事は、ことの葉もなし

# 北政所おね

田端泰子著

ミネルヴァ書房

# 刊行の趣意

「学問は歴史に極まり候ことに候」とは、先哲荻生徂徠のことばである。

歴史のなかにこそ人間の智恵は宿されている。人間の愚かさもそこにはあらわだ。この歴史を探り、歴史に学んでこそ、人間はようやくみずからの正体を知り、いくらかは賢くなることができる。新しい勇気を得て未来に向かうことができる。徂徠はそう言いたかったのだろう。

「ミネルヴァ日本評伝選」は、私たちの直接の先人について、この人間知を学びなおそうという試みである。日本列島の過去に生きた人々の言行を、深く、くわしく探って、そこに現代への批判を聴きとろうとする試みである。日本人ばかりではない。列島の歴史にかかわった多くの異国の人々の声にも耳を傾けよう。

先人たちの書き残した文章をそのひだにまで立ち入って読み、彼らの旅した跡をたどりなおし、彼らのなしとげた事業を広い文脈のなかで注意深く観察しなおす――そのとき、はじめて先人たちはいまの私たちのかたわらによみがえってくる。彼らのなまの声で歴史の智恵を、また人間であることのよろこびと苦しみを、私たちに伝えてくれもするだろう。

この「評伝選」のつらなりのなかから、列島の歴史はおのずからその複雑さと奥ゆきの深さをもって浮かび上がってくるはずだ。これを読むとき、私たちのなかに新たな自信と勇気が湧いてきて、その矜持と勇気をもって「グローバリゼーション」の世紀に立ち向かってゆくことができる――そのような「ミネルヴァ日本評伝選」にしたいと、私たちは願っている。

平成十五年（二〇〇三）九月

上横手雅敬
芳賀　徹

北政所おね（高台院）（秀吉清正記念館蔵）

狩野内膳筆「豊国祭礼図屛風」(京都市東山区・豊国神社蔵)左隻
(本書217〜220頁参照)

高台寺蒔絵「秋草蒔絵歌書箪笥」(京都市東山区・高台寺蔵)

# はじめに

豊臣秀吉の正室は一般に「北政所《きたのまんどころ》」という呼び名で知られている。日本女性史を古代から振り返ると、邪馬台国の女王卑弥呼をはじめとして、数々の有名な政治家、文学者、芸能者、教育者が出ているが、彼女たちの中でも、よく名が知られている人物の一人である。特に戦国期から江戸初期にかけての政治史、合戦史、文化史を語るさいには、欠くべからざる人物であることは確かである。

ところが北政所に関する信頼できる研究史となると、そんなに多くはない。秀吉の研究が膨大にあるのに比べて、彼女に関するものはたいへん少ない。ということは、多分に北政所は想像をまじえて人物構成されてきた、というのが実情であったといえる。

北政所の研究者のうち、早くから秀吉の研究に取り組まれた桑田忠親氏は昭和十八年に著された『太閤書信』の中で「秀吉は糟糠《そうこう》の妻である正室北政所を飽く迄大切にし、その顔を立て丶、側室の一進一退に就いても一々その指図を仰いだことが判る」、「秀吉が正妻の地位をよく理解しこれに閨門《けいもん》の支配権を与へ、一糸乱れぬ秩序を保たせてゐた点」に感心する、と述べている。

ここで描かれる北政所の姿は、秀吉にとって苦労を共にしたよき妻、夫にとっての「良妻」であり、あくまで夫を立ててその意を正確に知り、与えられた妻役割以外のことは行なわない、また彼女の下にある「閨門」にも夫の意向を守らせる力をもった正室、夫からみた理想の正室像である。

しかし一方氏は、『淀君』では北政所について手厳しい評価も下される。それは秀吉死後の北政所の行動についての論評である。「北の政所は正妻でありながら、大坂城を去って、豊臣家の仇敵たる徳川家康の庇護を受けつつ、太閤の冥福を祈り、天寿を全うした。……要領よく婦徳を全うしたともいえる。草葉の蔭の太閤秀吉が果たしていずれをよしとしたかは、問題であろう」と述べるのである。秀吉死後、北政所と淀殿が対立したことを軸としていることがわかる。そしてこの北政所と淀殿は対立していたという見解が、以後ながらく定説化された。

その後、筆者は旧稿『女人政治の中世』『日本中世女性史論』などで、秀吉死後、北政所と淀殿が後家役割を分割し分担していたとの見解を呈示した。小和田哲男氏は『戦国三姉妹物語』でこの意見に賛同することを示されている。私たちがこのように役割分担としてとらえたのは、秀吉死後の関ヶ原合戦から大坂冬・夏の陣にかけての二人の動向をみると、対立の側面がほとんど史料上抜き出せないためでもあった。近年の研究では、大阪城天守閣の跡部信氏が、おねの政治的役割の高さと二人の協調をむしろ積極的にとらえておられる。

本書では、北政所の全生涯を、関係する人々の中に身を置いて考察したい。特に秀吉死後の北政所の姿は、これまでそれほど明らかにされていなかったので、その点にも注意を払って論述したいと思う。

北政所おね——大坂の事は、ことの葉もなし

目次

目　次

## 図版写真一覧

関係地図

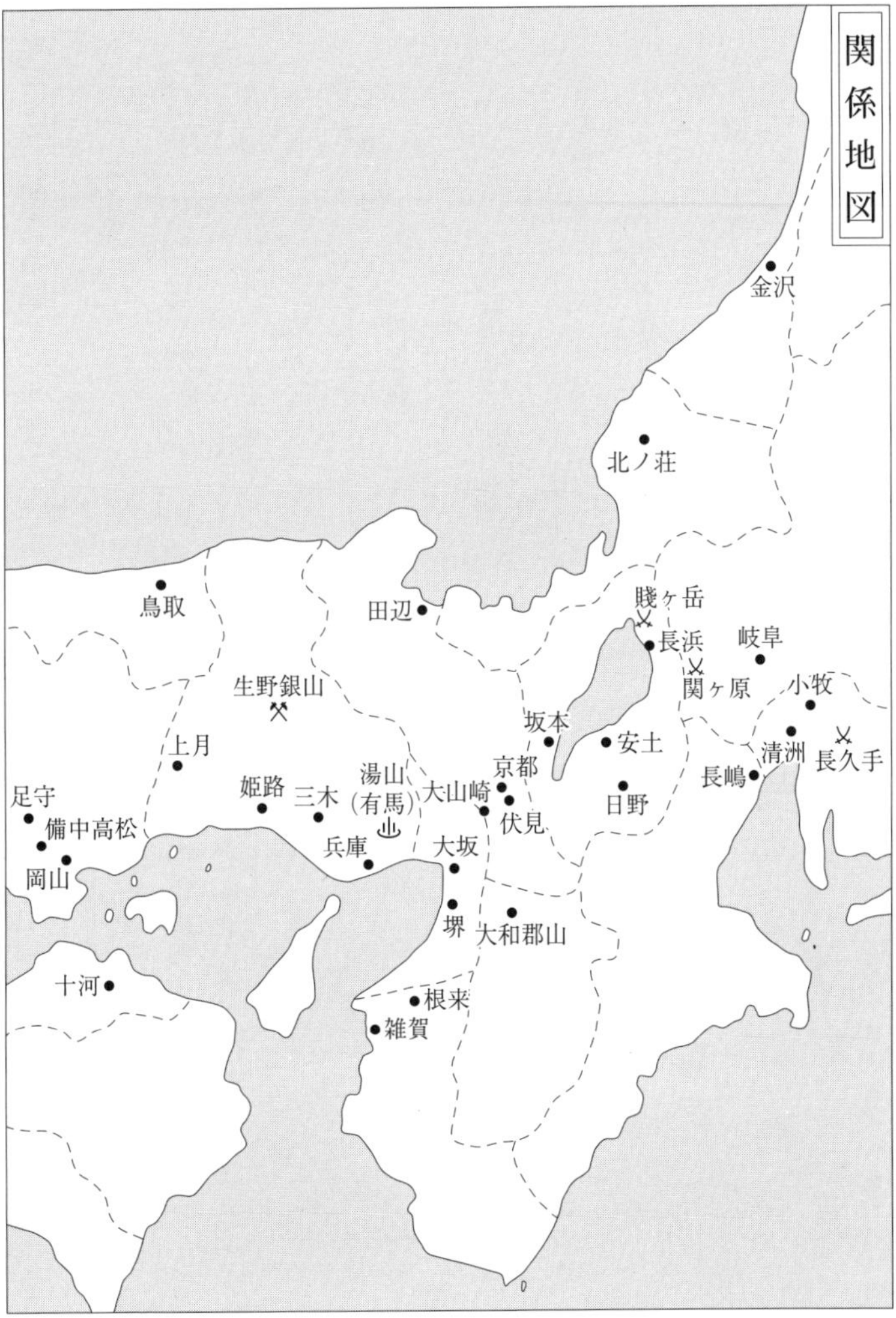
金沢
北ノ荘
賤ヶ岳
長浜
岐阜
鳥取
田辺
関ヶ原
小牧
生野銀山
坂本
安土
清洲
長久手
上月
京都
長嶋
湯山
(有馬)
大山崎
日野
足守
姫路
三木
伏見
備中高松
兵庫
大坂
岡山
堺
大和郡山
十河
根来
雑賀

# 北政所おね関係系図

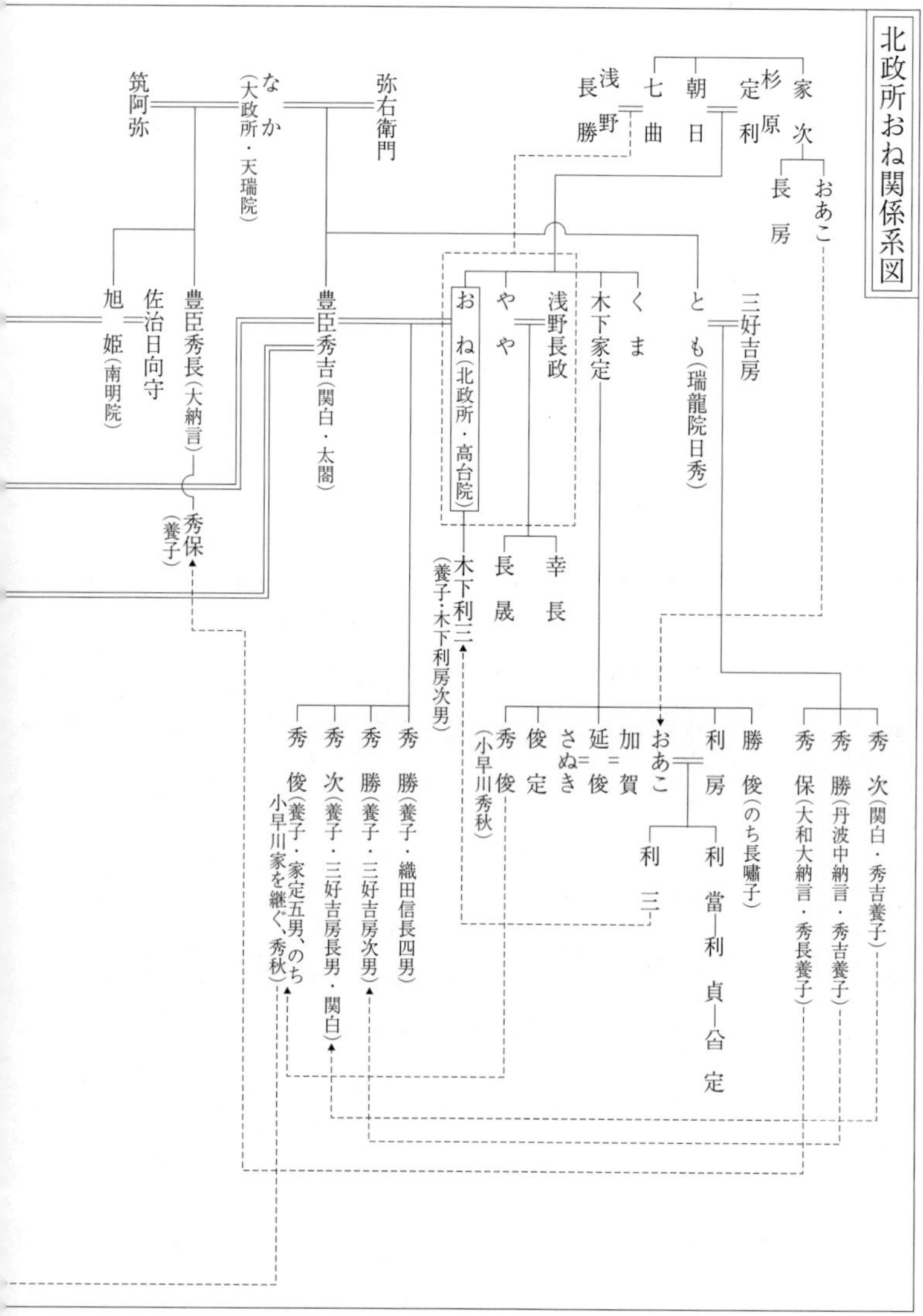

家次
杉原定利
朝日
七曲
浅野長勝
おあこ
長房
弥右衛門
なか（大政所・天瑞院）
筑阿弥
三好吉房
とも（瑞龍院日秀）
くま
木下家定
浅野長政
やや
おね（北政所・高台院）
豊臣秀吉（関白・太閤）
豊臣秀長（大納言）
佐治日向守
旭姫（南明院）
秀保（養子）
幸長
長晟
木下利三（養子・木下利房次男）
秀次（関白・秀吉養子）
秀勝（丹波中納言・秀吉養子）
秀保（大和大納言・秀長養子）
勝俊（のち長嘯子）
利房
おあこ
加賀
延俊
さぬき
俊定
秀俊（小早川秀秋）
利当
利貞
利三
台定
秀勝（養子・織田信長四男）
秀勝（養子・三好吉房次男）
秀次（養子・三好吉房長男・関白）
秀俊（養子・家定五男、のち小早川家を継ぐ、秀秋）

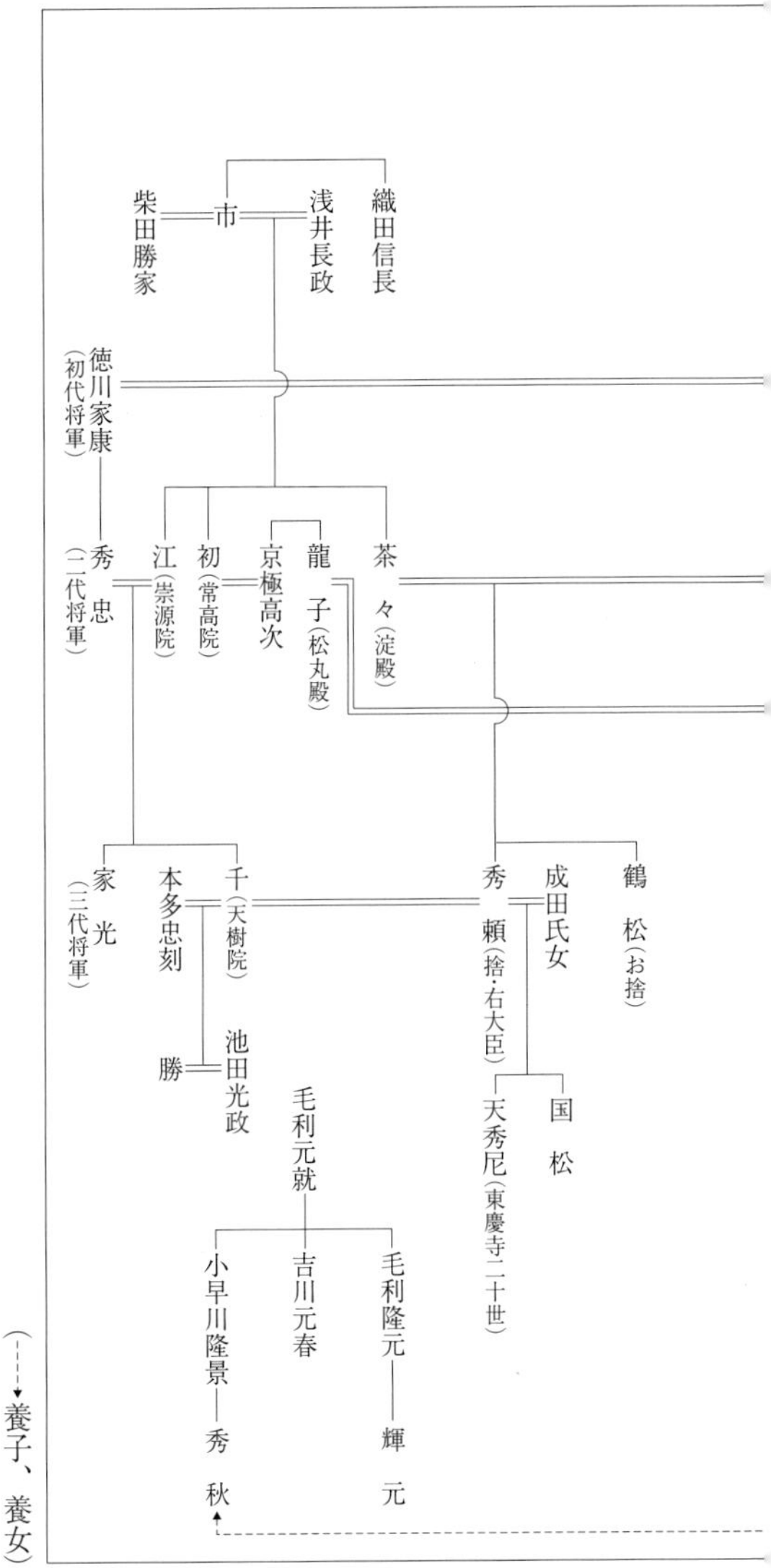

織田信長
浅井長政
市
柴田勝家
徳川家康（初代将軍）
茶々（淀殿）
龍子（松丸殿）
京極高次
初（常高院）
江（崇源院）
秀忠（二代将軍）
鶴松（お捨）
成田氏女
秀頼（捨・右大臣）
千（天樹院）
本多忠刻
家光（三代将軍）
国松
天秀尼（東慶寺二十世）
池田光政
勝
毛利元就
毛利隆元
吉川元春
小早川隆景
輝元
秀秋
（----▸養子、養女）

# 序章　「北政所」の生涯と役割とは

豊臣秀吉《とよとみひでよし》の正室《せいしつ》が「北政所《きたのまんどころ》」であったことはよく知られている。彼女についてはこれまでの研究で、「はじめに」で見たように、おおむね次のように言われてきた。北政所は賢夫人で、夫秀吉には側室が大勢いたのにもかかわらず、よく夫を支え、淀殿《よどどの》に子が生まれたことで、夫の愛情は淀殿に移ったのに、豊臣家をしっかりと支えた、しかし秀吉死後は豊臣家を見限り、徳川家康の方に心を寄せて、むしろ豊臣家滅亡に手を借した人、と評されてきた。

また、これだけ有名な女性の実名が何であったのかについても諸説がある。その理由は、中世においては、身分の高い人を実名で呼ぶのは失礼であり、位や官職で呼ぶのが正式の呼び方であったため、実名が残りにくかったためであろう。以前は「ねね」と言われていたが、実は「ねね」ではない。

この人については実名ばかりでなく、まだまだ霧がかかったように謎のヴェールに包まれているというのが、研究の現状である。結婚したのは何歳のときだったのか、その頃信長と秀吉夫妻との主従関係はどのようなものだったのか、信長の死後、秀吉が「天下人」になった時代、北政所はいったい奥方として何をしていたのだろうか。淀殿や秀頼《ひでより》との関係はどのようなものだったのだろう……等々、様々な疑問がとめどなくわき起こる。とくに北政所の、秀吉没後の実像については、まだまだ明らかでない部分が多い。

こうした疑問に対して、本書では確実な史料に基づき、できるかぎり答えを出してみたい。そして、これまでほとんど研究されたことのない関ヶ原以後のおねの姿を再現し、最後に、おねが日本の歴史の上で果たした役割についてまとめてみたいと思う。

# 第一章　藤吉郎との婚姻

## 1　北政所の実名

### その名は「おね」

豊臣秀吉の正室となり、秀吉の生涯を支え、秀吉の死後は尼となって豊臣家の終焉を見届けた人は「おね」という名であった。この人の名については、「おねい」「おね」「ね」の諸説がある。かつては「ねね」といわれていたが、同時代に「ねね」と呼ばれた人が実在したという点からも、「ねね」ではなく、「ね」あるいはその丁寧語の「おね」であったと考えるのがよい。なぜならこの人が位記《いき》をもらったとき、その位記には「寧子」（「ねいこ」あるいは「やすこ」）とあったからである。このことからみても、発音は「ね」あるいは「ねい」であり、それに丁寧語としての「お」を冠して、「おね」あるいは「おねい」と呼ばれたと考えられる。

本人が書状でどのように署名しているか、また、夫である秀吉がこの人をどう呼んでいたかが、この人の実名を知るには最もよい手がかりになるだろう。そこで『木下家文書』中のこの人の自筆書状（木下ゑもんの大夫宛）を見ると、「禰」と書かれていることがわかる（『ねねと木下家文書』）。一方、秀吉の書状を見ると、秀吉が自らを「大かう」と書いた自筆の書状の中で、宛先は「おね」と記している。太閤晩年の書状においてもこのように「おね」宛であることからみて、秀吉はこの人のことを常に「おね」と呼んでいたことがわかる。したがって、北政所の実名は「ね」であり、秀吉からは「おね」と呼ばれていたことが判明する。本書では、北政所の本名は丁寧語の「お」を付けた「おね」であったとして書き進めていくことにする。

### おねの生まれた年

秀吉正室北政所の実名が「ね」で、秀吉からは「おね」と呼ばれていたことがわかった。次にはこの人の生没年は何年だったのかが疑問となる。おねは晩年高台院という院号で呼ばれた。彼女の没年は明確であるが、生年については様々な説がある。没年は寛永元年（一六二四）年であり、『大猷院殿《だいゆういんでん》御実紀《ごじっき》』には以下のごとく記されている。

九月六日
故豊臣太閤の政所従一位高台院尼薨ず。大坂亡びし後も京東山にのがれすまれしかば。神祖河州にて一萬六千石を養老料によせ給ひ。ねもごろの御待遇なりしが。けふうせられしかば。遺物として　御所に記録一部。大御所に小崔麦の茶壺。大御台所に菊の源氏一部を、猶子木下左近利次《（マヽ）》より奉る。葬埋の事は宮内少輔利房。右衛門大夫延俊二人にてあつかひ。尼の隠居をば遺言により寺となし。五百石の祭田をよせ給ふ。

右のように、おねの没したのは寛永元年九月六日であったことが記されているのだが、何歳で亡くなったのかは記載されていないのである。このことが、生年に関する諸説を生み出した理由であったと思われる。

一方、系図のうち、『寛政重修諸家譜《かんせいちょうしゅうしょかふ》』巻第三百九（浅野家系譜）によれば、「九月六日逝す。年八十三」とあり、さらに注記として「寛永の木下系図に七十六に作る、今姑《しばらく》新呈の譜にしたがふ」とある。この記載部分からわかることは、寛永段階の木下家系図には七十六歳で没したと記されていたが、寛政段階に幕府に提出された系図では八十三歳で没したと記されていた、という事実である。おねの没年に近い寛永の系図の記載が事実なのか、『寛政重修諸家譜』編集段階に収集された系譜の記載が事実なのか、判定できない。

七十六歳で寛永元年に没したのなら、天文十八年（一五四九）生まれということになり、八十三歳で没したのなら天文十一年（一五四二）生まれということになる。七年も生年が違うというのは問題である。これほど著名な人物でも、女性の場合は生年がはっきりしない場合が多い。生年については藤吉郎《とうきちろう》との婚姻年齢を考える部分でどちらが妥当かを考えることにする。

なお、今井林太郎氏は天文十八年生まれの説を採っているが、桑田忠親氏・人見彰彦氏は天文十七年生まれとする。しかし、両氏ともに天文十七年説の根拠は示されていない。

## 2　おねの実家

### 母と兄弟

おねが藤吉郎と婚姻した頃のことは、確かな史料が残っていない。おねの実家の杉原家に残る記録が、唯一この頃のことを物語っているので、それを頼りに考えてみる。

おねは杉原家利《いえとし》の娘「朝日《あさひ》」の娘として生を享《う》けた。父親については木下家の系譜と浅野家の系譜で違いがあり、木下家系譜では「某」とされ、浅野長勝《ながかつ》に養われたと記す。おねには兄弟がおり、この人は杉原家を嗣いだ家定《いえさだ》である。家定はおねの「舎兄」であったと『義演准后日記《ぎえんじゅごうにっき》』には記されている。この家定の母はおねの母朝日とは別人だったようで、「某氏」と木下家の家譜には記される。

### 父・木下定利と兄・家定

それでは家定の父親・おねの父親は誰なのだろうか。木下家の家譜では「某」と記されるこの人は、『足守木下家譜《あしもりきのしたかふ》』には「尾張国の住人、織田家の幕下杉原常陸入道道松《どうしょう》（助左衛門定利）」であるとする。そして家定はその長男であって、母方杉原家の祖父（家定から見て祖父にあたる）杉原七郎兵衛家利の嫡子となったとする。この記載からみると、家定の父であり、おねの父でもあった定利は早くに亡くなり、そのために家定は祖父家利の名跡を継いだのではなかろうか。家定の妹おねが浅野長勝に養われた事情も解けるのである。おねの父定利自身、妻朝日の姓杉原を名乗っていることから、もう一人の妻某氏との間に家定をもうけたのち、婿養子のかたちで杉原家に入ったものと考える。家定には姉（法名長慶院）がいて、医師三雲の妻になっている。

家定自身も秀吉に仕え、またおねの血縁者であることから豊臣秀吉に厚遇され、後に木下・羽柴・豊臣の姓をもらい、天正十五年（一五八七）播磨《はりま》の内で一万一三四一石を、文禄四年（一五九五）には二万五千石を秀吉から与えられ、姫路城主に抜擢されている。この家定の子は五人で、勝俊《かつとし》、利房《としふさ》、秀秋《ひであき》らである。その内の秀秋はおね・秀吉の養子になった小早川《こばやかわ》秀秋である。

この木下家定が生まれたのは天文十二年（一五四三）である。おねが家定の姉なら天文十一年生まれが正しいことになり、妹なら天文十八年生まれが妥当ということになるが、家定はおねの「舎兄」であるという義演の記載を信じれば、天文十八年生まれが妥当性を持つことになる。

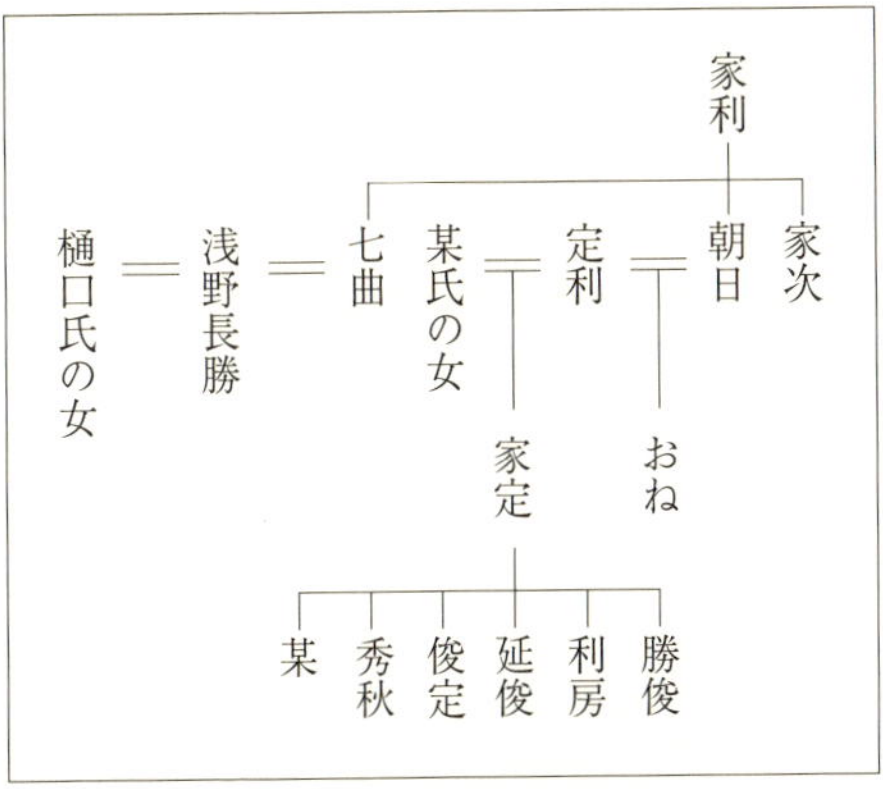


杉原（木下）・浅野氏関係図

## 3　木下藤吉郎との婚姻

### 実母の猛反対

おねと木下藤吉郎との婚姻は、現在の言葉でいうところの「恋愛結婚」だったようである。おねの実母は二人の婚姻には猛反対した。おねの実母「朝日」は、二人の婚姻は「野合《やごう》」（周囲の反対にもかかわらず、密かに結ばれている）であるとして、頑《がん》として許さなかったという。そしてこの人は一生涯この婚姻を認めようとはしなかったとされる(『平姓藤原氏御系図附言』)。おねの実母朝日の姿には戦国期の女性の意志の強さが表現されており、彼女が生涯自己主張を貫き通したさまが目に浮かぶ。

母親の猛反対を受けたためか、おねは浅野長勝・七曲《ななまがり》夫妻の養女として、藤吉郎との婚姻を実現する。なぜ浅野夫妻の養女になったかについては、おねの実母朝日の妹が浅野長勝の妻「七曲」であり、おねの姉妹「やや」も浅野家の養女となり、婿養子長政《ながまさ》を夫としていた、という関係にあったからである。木下家の家譜にはおねの部分に「浅野又右衛門長勝に養われて」とあるが、幼少時から浅野家に養われていたかどうか確かなことはわからない。親類として親しい関係にあった浅野家が、おねの実母の反対を見かねて養女として婚姻させたものとも考えられる。

藤吉郎にとっては、浅野長勝・七曲夫妻は正室おねを迎えることができた恩人である。『附言』によれば、朝日が秀吉の家柄が低いのを嫌って婚姻を許さなかったところ、長勝は、秀吉は聡明でその「勇智」は凡人の及ぶところではなく、英雄の素質が備わっているとして、朝日が許さないのなら、養女として婚姻させたいと述べたので、やむなく朝日が認めたという。秀吉は常々「自分の舅姑は浅野長勝夫妻である」と言っていたという。豊臣秀吉がのちのち浅野家を厚遇したのには、ここにも理由があった。

一方、藤吉郎に関する記述においても、浅野家は重要な役割を果たしていたことが知られる。浅野家の家譜によれば、浅野長政について「長勝が養子となりて其女を室《しつ》とす」とあるから、長政は長勝の養子であり、婿養子であったことになる。また長政は「幼稚のとき豊臣太閤と同じく、長勝が家にありて兄弟の約をむすび」とある点が注目される。藤吉郎も浅野家の養子格の立場となっていたことがわかる。先の「自分の舅姑は浅野長勝夫妻である」という秀吉の発言とも符号する。浅野夫妻を養父母とする関係が藤吉郎、長政、おねのいずれにもあったことが、藤吉郎とおねを結びつけた最大の理由であったと思われる。

### 土間での結婚式

二人の婚姻の場は恐らく藤吉郎の家においてだったのであろうが、質素なものだった。「土間」に「簀掻藁《すがきわら》に薄縁《うすべり》を敷いて」結婚式を挙げたという。この時代の京の町屋の造りの平均的なものは、細長い敷地の入り口部分は土間であるが、敷地の奥半分は板敷きの間になっているのが普通である。ところが藤吉郎の家とおぼしきこの家には、板敷きの間がないのである。「晴れ」の儀式である結婚式が土間に藁と薄縁を敷いて挙行されたという点から見て、藤吉郎のおねとの婚姻の頃の状態は、農民の暮らしとそれほど変わらない質素なものであったことが知られる。

若い頃の秀吉
（京都市左京区・光福寺蔵）

暮らし向きという点からみると、藤吉郎の父木下弥右衛門《やえもん》は織田信秀《のぶひで》の足軽であり、藤吉郎も信長の足軽から出発し足軽組頭に出世している。それに対して浅野長勝、長政父子は信長の弓衆であったとされる。この点からみて、朝日が婚姻時に藤吉郎の身分の低いことを反対理由に挙げていたことが思い起こされる。朝日の妹は浅野長勝の後妻「七曲」である。わずかな身分の違いを朝日は重視して反対したのであろう。またこの弓衆と足軽の違いが、藤吉郎を浅野氏の養子格だとする史料を残した理由であったと考える。なお桑田氏は浅野長勝は信長の足軽組頭であり、藤吉郎も同じく足軽組頭として、同じ長屋の一部屋に住んでいたので、浅野家の入り婿のかたちでおねと婚姻したのではないかとしている（桑田忠親『女性の名書簡』）。

## 非凡な才能を持つ秀吉

天文六年（一五三七）生まれの木下藤吉郎が織田信長に家臣化した契機についての確実な史料は残っていない。なおこの木下氏とおねの実家の木下氏とは別の流れであった。『太閤記』に見られるような信長との出会い、つまり信長の草履取りをしていて、機転を利かせてそれを懐に入れて暖めて差し出した、という事実があったかどうかは疑問である。藤吉郎の父木下弥右衛門が織田信秀の足軽であったこと、藤吉郎が信長の足軽から身を起こしたことは確かであろう。

しかし藤吉郎が非凡な才能を持っていたらしいことは、永禄八年（一五六五）に信長の奉行の一人になっていることから推測できる。藤吉郎はこの年二十九歳であり、信長は秀吉の三歳年長であるから、三十二歳であったことになる。そしてこの時藤吉郎は「木下藤吉郎秀吉」と署名している。藤吉郎は初め父の姓・木下を名乗っていた。尾張国愛知郡中村の出身である藤吉郎が、永禄八年には織田信長の坪内氏への知行充行状に添状を書くという、文官としての姿を見せ、奉行にまで出世していたことは、藤吉郎自身の非凡な才能に依ったのであろうが、おねの養母で自身の養父母格である浅野氏の支援などもあったのではないかと考える。

## 「糟糠の妻」

おねが一五四二年生まれであれば、秀吉が奉行として名を顕す永禄八年には二十四歳であり、一五四九年生まれであれば、この年十七歳ということになる。婚姻時に親の反対を押し切って自分の意志を通して婚姻したおねの姿に妥当性を求めれば、どちらかといえば一五四二年生まれの方がよいように思うが、木下家定がおねの兄であったとするならば、一五四九年生まれが正しいことになる。

また婚姻の年は多くの先行研究で永禄四年（一五六一）とされている。藤吉郎秀吉が奉行として名を顕す四年前である。とすれば婚姻時の年齢は二十歳または十三歳ということになる。十三歳は婚姻可能な年齢ではあるが限界に近い。こうした点でも一五四二年生まれの方が信憑性があるように思う。

後年秀吉はおねを「糟糠《そうこう》の妻」として大切に扱った。糟糠の妻とは若い時から苦労を分かち合い、共に年老いた妻を指す言葉である。婚姻時の質素な暮らしぶりからみても、おねを糟糠の妻だと秀吉が考えただろうことは納得できる。したがって、おねと秀吉の年齢はあまり離れすぎないほうがよいのではなかろうか。こうした点からも、おねの生年は一五四二年（天文十一）で、婚姻は永禄八年より以前の、おねが二十歳を過ぎた頃であったと推測する。

# 第二章　城主の妻

## 1　奉行衆から大名へ出世した秀吉

**秀吉、頭角をあらわす**

木下藤吉郎秀吉は天正元年（一五七三）羽柴姓に改姓している。先述のように秀吉は一五三七年生まれであるから、この年三十七歳になっていた。この改姓がなされた天正元年までの間は、秀吉とおねにとってどのような時代であったのだろうか。

秀吉が永禄八年に信長の奉行として頭角を顕していたことは述べたが、しばらくして永禄十一年頃には、信長の四奉行（木下秀吉・中川重政《しげまさ》・好斎一用《こうさいいちよう》・和田惟政《これまさ》）の一人に数えられているから（『織田信長文書の研究』）、秀吉の才能は信長のもとで急速に花開き始めていたことがわかる。永禄十二年には坂井政尚《まさひさ》とともに但馬《たじま》攻略を命じられているので、軍事においても次第に重要な任務を帯びるようになったと見られる。

秀吉自身、信長から様々な任務を与えられ始めたことを誇りに思っていたようである。秀吉が「我等の事、若輩ながら相応の儀示し預かり、疎意あるべからず候」と、元亀元年と推定される小早川隆《たか》景《かげ》あての書状で述べているのは、信長と毛利元就との交渉にあたり、秀吉が申次《もうしつぎ》（取り次ぎ）の役を務めていたからである。「若輩ながら」と謙遜しながらも、自信のほどをのぞかせていることがわかる。

## 北近江の攻略

元亀元年（一五七〇）に、足利義昭に対して十七箇条の戒告状を出した信長は、天正元年（一五七三）、義昭を二条城に包囲し降伏させる。以後義昭は槙島《まきしま》に逃げ再起をはかるが、七月、信長軍に打ち破られ、「牢人」（『信長公記』）の地位に転落する。こうして足利幕府が事実上滅亡した。以後信長は天下統一に向かって疾走しはじめる。

この天正元年、五月に佐和山（彦根市）に帰った信長は、琵琶湖を大軍で渡らせ京までそれを輸送するための大船の建造を命じ、自らすすんで監督している。松原（彦根市）で建造された大船は、長さ三十間、幅七間で、百挺の櫓をそなえていたという（『信長公記』）。実際にはこの大船は高島郡の攻略に使われ、湖上から大船が押し寄せ、陸上では馬廻衆（側近衆）が攻撃をかけたので、浅井《あざい》方の木戸・田中城が落城している。

この時期の秀吉は、京都の足利義昭の息の根を止める事を目指す主君信長の方針に従って、近江浅井氏攻略の任についていた。浅井方との激しい合戦は、元亀二年（一五七一）五月、箕浦《みのうら》から今浜《いまはま》にかけて展開され、秀吉の勝利に終わっていた。天正元年七月には、足利義昭の「若君」が信長の温情で助けられたのを、河内の若江《わかえ》城まで送り届け、八月には浅井氏の本城小谷《おたに》城攻撃に先手として参陣している。

浅井氏援護に朝倉氏が立ち上がったものの、信長軍に敗北してしまう。秀吉は八月二十七日、「京極つぶら」（砦）に取り登り、浅井氏の勢力を二分し、浅井長政の父久政の城を乗っ取り、自害に追い込む手柄をたてる。秀吉は久政の首を虎御前山《とらごぜ》にいた信長のお目にかけたので、信長自身が「京極つぶら」に上がって、浅井長政を自害させ、浅井父子の首を京へ上せ、獄門に懸けている。こうして信長は「年来の御無念」を散ぜられたという。

**秀吉、江北三郡を拝領**

信長は苦労して手に入れた江北《ごうほく》浅井氏の領地を「一職進退《いっしきしんたい》」にし、秀吉に対して朱印状《しゅいんじょう》をもって与えたとされる（『信長公記』）。「一職進退」とは本所職、領家職、地頭職、下司職《げししき》など、重層的に存在していて中世の領主が分割所持していた職をご破算にし、「一職進退」として、これを与えられた武将に対してのみ、その地の領主権を認めた、信長時代に固有の職の所有形態である。中世的な複雑な職の重層制を整理した、画期的な新しい権利関係の創出である。信長はこの年の七月十日「一職進退」として「桂川西地」を細川藤孝《ふじたか》に与えている（『織田信長文書の研究』）。

このことは、山城の桂川西地における細川藤孝と同じ領有権を持つ領主として、秀吉を江北三郡（坂田・浅井・伊香《いか》の三郡）の新しい領主に抜擢したことを意味する。藤孝領と異なる点は、江北は秀吉が主体となって平定した地域であったという、功の大きさによって与えられたことはもちろんであるが、浅井氏がいなくなったことで、旧来の権利関係をすっかり変えることが可能な領地であるという利点も大きかった。江北三郡は自らが思うままに統治することができる、秀吉にとっては夢のように美しい領地であったと思われる。

秀吉は江北三郡をもらった直後（八月二十九日から九月七日までの間）に、姓を木下から羽柴に改姓していることが注目される。「羽柴」の姓は、天正初年までよく行動を共にしてきた柴田勝家と丹羽長《にわなが》秀《ひで》の姓から一字ずつ拝借したものであったといわれる。事実、丹羽、柴田、佐久間（信盛）と秀吉の四人連署の文書も見られた（『織田信長文書の研究』）。藤吉郎はこれまでの武将、また奉行の地位から、江北三郡を「一職進退」として領有する大名として飛躍しようとしていた。その節目となったのが江北三郡拝領であった。

## 2　秀吉の江北支配とおね

### 秀吉の領国支配

天正元年（一五七三）八月に江北三郡を信長から拝領して、大名に出世した「羽柴藤吉郎秀吉」は、どのような大名となったのであろうか。天正初年の秀吉・おね夫妻の姿を史料の中で検討してみる。

天正元年の年末に秀吉はその家臣に対して近江の地の所領安堵《あんど》を開始し、寺社への所領寄進《きしん》も翌二年以後行ない始める。近江の龍巌院《りょうがんいん》、長浜八幡宮、竹生島宝厳院《ちくぶじまほうごんいん》（以上、同二年）、医王寺《いおうじ》（同四年）などが寄進を受けた。

所領安堵や寄進だけでなく、天正二年正月、前領主浅井長政が預けた材木の引き渡しを竹生島社に要求し、翌年には完済させている。また天正元年八月には鉄砲産地として知られる国友《くにとも》の内の海老名《えびな》藤三郎分を伊勢大神宮御師《おんし》「上部大夫《かんべだゆう》」に宛行《あてが》っている。国友の内の闕所地《けっしょち》（没収された土地）を御師に与えているということは、伊勢神宮にこの地の年貢百石を寄進したということであろう。国友を含む江北を領国とした秀吉が、国主として知行地安堵を行ない始めた様子がよくわかる。

長浜城趾に建つ再建天守閣（滋賀県長浜市）

天正二年三月に秀吉は長浜城に入っている。長浜はこの頃まだ「今浜《いまはま》」と呼ばれていた。浅井氏の小谷城《おたに》を本拠地にするのではなく、琵琶湖岸の今浜を拠点にした理由は、冬の雪が少なく、舟の往来の便も良かったからであるという（『豊鑑』）。ただし城の石垣や城楼は小谷城のそれを今浜まで移したのではないか、とされている（『東浅井郡志』）。特に三層の天守閣は小谷城の鐘丸《かねまる》を移築したものであり、正門は天秤形に新しくつくったものであるとされる。

秀吉は、長浜に入ったその日に指出検地《さしだしけんち》（百姓側から自主的に申告させる検地）について、百姓が守るべき条規を定め、続いて野村郷と三田村郷との井水争論を裁定して、一対三の割合で番水《ばんすい》（水を分けること）すべきことを厳命している。指出に関しては、「去年年貢を納めた者が作職を持つべきこと、荒れ地は開発した百姓の所持とすべきこと、堤普請には隣郷の百姓も罷《まか》り出るべき事、指出検地には秀吉自身が出て究明すること、検地に協力しない者は『となり七間（軒）』を成敗する」（『雨森文書』）と命じている。近江の新しい国主として、早速指出検地を実施しようとしていたことがわかる。また秀吉が自身の最初の検地から、年貢負担者を作職所有者として承認しようという方針をもっており、連座制を想定していることなども知られる。これは後の「太閤検地」に連なる指出検地であったことが注目される。

今浜の城づくりを推進しながら今浜城に入った秀吉は、天正二年、平方《ひらかた》の百姓や下八木の百姓に対して城普請の人夫役を勤めるよう命じている。各家から一人ずつ、「奉公人、出家、商人」の別に関わりなく、「すき、くわ、もっこ」を持って罷り出るべきことを命じている。検地についての条規を定めたことといい、城普請の人夫役を家並《やなみ》（家ごと）に課したことといい、国主・大名として国政に励み始めた秀吉の姿が目に浮かぶ。今浜に城を移した点には、信長の大船建造による輸送力の拡大が脳裡にあったことであろう。豊かな穀倉地帯である近江にあって、農業生産だけに注目してはいない秀吉の非凡な才能の一端が見える思いがする。

## 秀吉直臣団の始まり

天正元年の秀吉の北近江三郡領有による家臣団への知行宛行に際して注目されるのは、浅野長政に対して与えられた文書があることである。この文書には左のように記されている。

当郡持寺《もちでら》郷之内百貳拾石事、令支配候、全領知不可有相違候、恐々謹言、

天正貳

九月十一日

羽柴藤吉郎

秀吉（花押）

浅野彌兵衛殿

申給へ

彌兵衛とは長吉（長政）のことである。持寺郷は伊香郡内にある。つまり浅野長政は天正二年以後、秀吉の家臣という立場になったことがわかる。長政は浅野家の系譜によると、父と同じく信長の弓衆だったとあるので、この年から秀吉の家臣として配属先が変化したことになる。浅野氏のようなかつての同僚が秀吉の家臣として認知されたことは、秀吉の領国主としての未来には明るい材料であったにちがいない。浅野氏はおねにとっての養父母の家でもあったからである。

またおねの叔父に当たる杉原家次も秀吉の家臣として長浜八幡宮の寺規を定めている（天正三年三月十日）。このように親類縁者を含めた秀吉の直臣団が形成されはじめたのが天正初年の江北三郡拝領の時代であった。

## 3　おねの役割

夫が大名（国主）になるという出世を遂げたこの時代に、おねの存在を示す史料が残っている。秀吉は長浜城を建設するとともに、城の前面に城下町をつくっている。ここに入った人々は江北三郡から集まった人々に加えて、小谷から呼び寄せられた町民もあった。後者については、長浜に小谷の町名「伊部町、郡上町、小谷市場」があることがそれを示している。これら長浜の町に移住した者は「諸役免除」の特権が与えられたようである。この特権の継続に関して、おねが奔走した様子が見えるのである。

秀吉が「こほ」というおねの侍女に宛てた書状を左に示す。

### 秀吉のおね宛書状

かへす〳〵、それさま御ことわりにて候まゝ、まちの事ゆるし申候。よく〳〵此ことわり御申きかせ候へく候。以上。

まちのねんく《年貢》申つけ候につゐて、文くわしくはいけん《拝見》申まいらせ候。

一まち人の事、われ〳〵ふびんかり候て、よろつようしやせしめ候ところに、すい《随意》になり申候て、さい〳〵《在々》の百しやうを、まちへよひこし申候事、くせ事にて御入候事。

一よそのりやう《領地》うちのものよひかへし候事は、もつともに候へとも、きたのこおりのうち、われ〳〵

りやうふんのものよひこし候て、しよやくつかまつり候はぬをよく候とて、さい〳〵《（在々）》をはあ《（挙）》けて、ゐん〳〵によひこし申候事、しよせんまち《（町）》人にねんくしよやく《（年貢諸役）》ゆるし候ゆへにて候まゝ、たゝ今申つけ候事、
一かやうに申つけ候へとも、それさま御ことわりにて候まゝ、せん〳〵のことくねんくしよやくゆるし申候まゝ、ふきやうのものともに、此よし御申つけ候へく候。かしく。

十月廿二日　　藤きちらう
こほ　　ひて吉

右の書状は秀吉から「こほ」という女房（侍女）に宛てた形になっているが、文中の「それさま」はおねのことであると考えられることから、おね宛の秀吉書状であるといえる。「こほ」は『東浅井郡誌』は「孝座主《こうぞうす》」のことであろうとする。桑田忠親氏は、「それさま」は「こほ」のことであると述べている。しかし私見では、城下町の施政方針に関わる重要な書状である点からみて、正室おねに宛てた書状であると考える。こほはおねの側に仕える女房である。

書状の内容は次のようである。長浜の町人に「諸役免除」の特権を与えたところ、町人たちは在所の百姓を次々と呼んでくるようになった、これはけしからんことである、他所の領地の者を呼んでくるのはよいが、江北の秀吉領の者を、諸役が懸からないからといって呼んでくるのは、所詮町人に年

貢諸役を免除したからであるので、ただ今から申しつけようと思う、そう申し付けたが、「それさま」が「御ことわり」になったので、先々のごとく、年貢諸役を免除しようと思う、奉行の者どもにこれを申し付けることにする、繰り返すが、「それさま」がおことわりになったから、町の事を許したのである、よくよくこのことを申し聞かせられるように、というものである。

「御ことわり」とは、おねが長浜の町人に対する諸役免除をもう少し続けてほしいと主張したことを指すのであろう。

**夫婦の協力で城下町づくり**

この秀吉書状が書かれる以前に、おねから書状が届き、秀吉はそれを読んでいたことが、書状の前部に置かれた追而書《おってがき》（追伸）からわかる。おねと秀吉は相談しながら領国の城下町建設を進めていたことになる。秀吉が単独で奉行衆に城下町づくりを行わせるというかたちではなく、秀吉はおねの意見に耳を傾けている点が重要であろう。また秀吉が、城下町に住む人々にも、諸役免除の続行は「おね」の意見に基づいて行なうのだということを、よくよく申し聞かせるようにと述べている点にも注目したい。秀吉の命令は奉行を通じて実施されるが、その命令がおねの温情によって出されていることをアピールするように、というのである。秀吉は長浜の町人に対して諸役減免を続けることで、「よき領主」としての羽柴夫妻を印象づけようとしている。

この秀吉書状が出されたのは、秀吉が長浜城に入った天正二年三月以降であろうから、天正二年以後の十月二十二日ということになる。

秀吉は天正二年三月に長浜城を領国近江北三郡の「首都」としたが、そこに落ち着いて領国統治にあたる余裕を与えられていない。翌三年の五月には越前・丹波・丹後の舟運に対する監督をも職掌として与えられていたからである。これは北陸方面の一向一揆を平定する役目が稲葉一鉄《いなばいってつ》・明智光秀・羽柴秀吉に与えられたことと、主君信長の京への道筋を平らかにする役割が信長の武将たちには課されていたからである。

### 秀吉の街道整備

信長の領国では、上洛や出陣に備えて、朱印状をもって、川には船橋を架け、峻険な部分は平らげ、石を退けて大道とし、道幅三間の道路を造らせる工事が行われた。道の左右に松と柳を植えさせ、近隣の者に水まき・掃除をさせ、国中に数多あった「諸関・諸役の儀等御免なされ」(『信長公記』)た(関所撤廃)とされる。秀吉は江北三郡を与えられ、その領主となったが、もう一つの役割として、主君信長の出陣・上洛ルートを確保・整備する役割をも負っていたことがわかる。

また秀吉夫妻が長浜町人の諸役免除を続けたのは、右に述べた信長の命令に従って街道整備の負担を長浜の町人に課したためではないかと思われる。信長の意図を考慮しつつ、秀吉はおねの存在とその発言権をも宣伝しつつ、この時点で、奉行に命じて長浜の町づくりと街道の整備の両方を成し遂げようとしたのではなかろうか。

秀吉の長浜時代初期の奉行は、おねの実家杉原家の家次、婚姻時に世話になった浅野家の長吉《ながよし》(長政)らであったと思われる。家次は長浜八幡宮新放生寺《しんほうじょうじ》の寺規を定めており、長政は秀吉から領内に所領を与えられているからである。

## 4　主君への挨拶

**信長、拠点を安土に移す**

信長は永禄十二年（一五六九）に入京を果たして以来、京と岐阜の間を往復していたが、岐阜より京に近い安土《あづち》に城郭を構え、全国に号令する拠点にしようとしていた。信長は未完成の安土城に早くも天正四年（一五七六）二月に移り、支配下に入った畿内・美濃・尾張に対して天守閣造営の費用を賦課《ふか》している。当時信長は越前・加賀の一向一揆と厳しい対戦を展開していたこともあり、北陸に目の届きやすい安土の地を選んだのだろう。京の公家衆や町衆とは良好な関係を結びつつあったが、大坂石山と北陸の一向宗徒の両方に敵を持っている信長にとって、北の長浜に秀吉を置きつつ、近江を掌中にできる安土は安全性からも利便性からも最適の地であった。

安土城は天守が五層に造られていたように見えるが、内部は七階と推定されている。天守の周りには本丸・二の丸・三の丸があり、家臣団の屋敷は山麓につくられていた。羽柴秀吉邸もここにあった。さらにその外側には城下町が造られ、格子状に町が並び、街路が走っていたとされる。安土城の姿は目を驚かすものであり、特に天守は白漆喰の壁に黒漆塗りの柱、十二畳敷きの座敷には狩野永徳《かのうえいとく》の墨絵に梅の絵があり、そのほか多くの座敷に絵があって、黄金・赤・青の三色を使った鮮やかなものであったという。中世の国人領主が所持していた地味な山城から、絢爛豪華な織豊期以後の平城への転換を示す城である。また人々の目を驚かすような荘厳華麗な城づくりを意図した信長の斬新な感覚にも感動する。

### 信長のおね宛書状

この安土城におねが挨拶にいったことが史料で確かめられる。信長のおね宛の書状には次のように記されている。

織田信長（神戸市立博物館蔵）

「安土城図」（大阪城天守閣蔵）

おほせのことく、こんとハこのちへはしめてこし、けさん《見参》ニいり、しうちやく《祝着》に候、ことにみやけ色〳〵うつくしさ、中〳〵めにもあまり、ふて《筆》にもつくしかたく候、しうき《祝儀》ハかりに、このはうよりもなにやらんと思ひ候へハ、そのはうより見事なる物もたせ候あひた、へちに心さしなくのまゝ、まつ〳〵このたひハと、めまいらせ候、かさねてまいりのときそれにしたかふへく候、なかんつく《就中》、それのみめふり、かたちまて、いつそやみまいらせ候折ふしよりハ、十の物、廿ほともみあけ候、藤きちらうれん〳〵ふそくのむね申のよし、こん五たうたんくせ事候か、いつかたをあひたつね候とも、それさまほとのハ、又二たひかのはけねすみあひもとめかたきあひた、これよりいこは、みもちをようくわいになし、いかにもかみさま《上様》なりにおも〳〵しく、りんき《悋気》なとにたち入候てハ、しかるへからす候、たたし、おんなのやくにて候あひた、申もの、申さぬなりにもてなし、しかるへく候、なをふんてい《文体》に、はしハ《羽柴》にはいけんこひねかふものなり、又々かしく、

朱印

（墨引《切封》）
「藤《ウハ書》きちらう
おんなとも　のふ」

信長の朱印の押されたこの書状の宛先は「藤きちらうおんなとも」つまり秀吉の妻妾たちである。しかし文中に「それさま」とある人、つまり藤吉郎の代わりに信長に挨拶に出かけて対面が叶う女性

といえば、正室おね以外にはないと思われる。おね宛ではあるが、このころ既にいたとされる秀吉の側室、それに藤吉郎本人に見せよ、というのが信長の本心であったことが文面からわかる。

この書状の内容については以前に論じたことがある（『女人政治の中世』『日本中世女性史論』）ので、要点のみ繰り返しておきたい。

信長書状は三つの部分から構成されている。第一段で、おねが信長のいる新しい城（安土城）に初めて挨拶にやってきたのはうれしいと信長はいう。そして、おねの持参したみやげが立派で「目にも余り、筆にも尽くしがたい」ものであったので、信長の方からお返しをしたいと思うが、おねがあまりに見事なものを持参したので、何を返礼にすべきか思いつかないので、今回お返しの品を渡すのはやめておく、今度おねが来訪したときにそれを渡そう、と信長は述べている。

第二段ではおねの容貌を褒め、以前に会った時より、おねの容貌、容姿は十倍も良くなったと褒めている。主君からこのように大きな褒め言葉をもらったならば、家臣の妻として、大感激したのではないだろうか。信長の家臣の妻女に対する対処の仕方が察せられてほほえましい。

第三段では、藤吉郎がこのおねに対して「不足」をいうのは「言語道断」「曲事《くせごと》」であると、藤吉郎を非難し、続いてどこを訪ねても、おねほど立派な妻は二度と再びあの「はげねずみ」が得ることはできないのだから、以後は「かみさま」として重々しくあるべきで、悋気《りんき》（嫉妬）心などもってはいけない、「女のつとめ」であるので、全部言いたいと思っても、すべて言葉に出してはいけない、腹の中に納めておくものもなくてはならないのであり、うまく夫をあしらうようにするのがよい、と述べている。

そして最後にこのおね宛書状を藤吉郎に見せよと念を押している。

## おねへの評価と配慮

この信長書状からわかる点は、まず第一に、おねがますます領国主の妻として立派に成長し、秀吉の留守中に主君に挨拶に出かけ、見事な贈り物を持参していることである。ここにはおねの姿を通じて、信長配下の武将の妻の役割が表明されている。おそらくこのころ秀吉は信長の命で長浜城を出立し、西国方面の攻略に向かっていたと推察する。秀吉が信長の司令で西国に向かったのは天正四年七月十五日であるから、それ以後おねが秀吉に代わって主君への挨拶に安土城を訪れたのであろう。武将の妻は、夫不在中には、夫に代わって主君への挨拶を、事あるごとに行なっていたことが推測される。

第二に、おねの妻としての役割に対して信長の評価の高かったことが判明する。信長はおねを秀吉には出来すぎた正室だと褒め、だからこそ、嫉妬心を押さえ、夫を操縦するように、と諫めたのである。つまり、おねを持ち上げつつ諫める、信長の心憎いまでの主君としての配慮もここには表れている。おねを高く評価しつつ、正妻としての堪忍や夫の操縦という心配りを果たすように、と信長は行き届いた教訓を垂れることのできる人であったこともわかる。おねには主君から高い評価が与えられたことがわかると同時に、そう評価しつつ武将の妻としての心構えを教訓として授けた信長の考え深さが見えてくる。

第三には、おね宛のこの手紙で、おねや秀吉の側室、それに秀吉本人まで、つまり羽柴家の家族すべてに対して、また書状を取り次ぐ女房たちにまで、おねの正室としての地位の確立を示して見せたのが、この手紙であったと思う。このころ藤吉郎には側室が既にいたとされており、おねにとっては苦しみも生じていた。こうした状況を知っていた信長は、おねが正室として立派に役割を果たしていることだけでなく、正室としての苦労も背負い込んでいることを羽柴家の家族や女房たちに示して見せることによって、おねの正室としての立場を補強してみせたのではなかろうか。主君からこのようにおねの立場が補強されれば、羽柴家の中でおねの地位は極めて安泰になったことだろう。以後においても、子供が生まれなかったにもかかわらず、また淀殿より身分的には下であったにもかかわらず、おねが正室として尊重された要因は、この信長書状にあったと考える。主君から正室として認定されたことは、おねの立場をきわめて強いものにしたと思われる。

## 「上様」と呼ばれた正室

付言しておきたいことが一つある。信長はおねのことを「かみさま」と呼んでいる。漢字で表すと「上様」となる。一方、天正七年の安土宗論に負けた法華宗が、信長と浄土宗に宛てて出した起請文《きしょうもん》の宛名は「上様　浄土宗」であるから、信長は上様と呼ばれていたことがわかる。かつて室町時代に足利義政正室日野富子《ひのとみこ》は「上様」と呼ばれた（拙稿『女人政治の中世』参照）。富子が世間の人から「上様」と呼ばれたのは、夫義政の死後ではなく、夫と共に足利政権をしっかり支えていた時代である。『異本糺河原勧進猿楽記《ただすがわらかんじんさるがくき》』には、寛正五年（一四六四）の猿楽見物の桟敷《さじき》に、「上様」のそれと、「公方《くぼう》」のそれがあるのがわかる。公方は義政であるから、上様は富子以外にはない。富子は「御台様《みだいさま》」とも呼ばれたが、室町期、上様は明確に将軍正室を指す言葉であったことがわかる。

これらの史料から考えれば、戦国期の武将の正室は「かみさま」と呼ばれ、漢字は「上様」の字であったことがわかる。江戸時代以後、「上様」といえば男性の将軍を指す言葉であり、将軍の正室たる女性がこう呼ばれることはなくなる。将軍正室や大名の正室は「御台様」の呼称に統一される。このような点からも、男女共通に「うえさま」「かみさま」（漢字はどちらも上様をあてる）と呼んだ敬称が、「うえさま」といえば男性だけに限定されるようになるという、男女の地位の差が広がったことが見えてくる。

## 5　信長の家臣観

**安土城と家臣の屋敷の建設**

天正四年に安土城を本拠地と定めた信長は、城下に家臣を集め、商工業者を招いて城下町建設をすすめる。家臣たちはまず「馬廻衆《うままわりしゅう》」と呼ばれた近臣たちが「山《さん》下《げ》」に屋敷地を与えられ、それぞれ普請をするように命じられた。家臣たちは安土城築城のための大石の運搬などの労役と、自らの屋敷の普請と、両方を負担したのである。

石垣用の大石は、六角《ろっかく》氏の居城のあった観音寺《かんのんじ》山、長命寺《ちょうめいじ》の鎮座する長命寺山、長光寺山、伊庭《いば》山など、近隣の山々から、千、二千、三千と運ばれたという（『信長公記』）。この石運びの奉行を務めたのは、羽柴秀吉、滝川一益、丹羽長秀である。三人を奉行として、家臣一万人が助成して、昼夜兼行で三日がかりで石を運んだとされる。秀吉には安土築城時のこのような功績があったことが、おねへの褒め言葉の背景に存在したたと思われる。

西国平定の大役に任じられていた秀吉は、天正五年、播磨《はりま》の小寺《こでら》氏に対し孝隆《よしたか》の子息に別所重棟《べっしょしげむね》の娘との婚姻を約束させ、子息を信長のもとに人質として送らせるなど、「調略」につとめ（二月）、十月には小寺氏に代わって姫路城に入った。この城に諸国の武士から人質を取り、但馬《たじま》・播磨を攻略して、宇喜多《うきた》直家の属城を次々に破る戦功をあげている。年末には長浜城に帰り（十二月十七日）、天正六年正月一日に年始の挨拶のため安土城に出仕した。

この時、年始の一日に真新しい安土城で信長から「朝の御茶」を下された十二人の武将は、織田信忠、二位法印、林佐渡守、滝川左近（一益）、長岡兵部大夫（藤孝）、惟任《これとう》日向守（明智光秀）、荒木摂津守（村重《むらしげ》）、長谷川与次、羽柴筑前（秀吉）、惟住《これずみ》五郎左衛門（丹羽長秀）、市橋九郎右衛門、長谷川宗仁《そうにん》である。秀吉は信長家臣団の最上層十二人のうちの一人であり、滝川や丹羽、細川らと同格であったことがわかる。

## 信長の安土集住令

この天正六年の正月の半ば、信長は尾張・三河で「鷹狩り」を楽しんだ後、岐阜を経て、安土城に帰ったのが二十五日であった。ところが二十九日に安土で火事が発生している。火元は弓衆の福田与一であった。火事の原因は妻子を安土に連れてきていないから火事を起こしたのだと信長は断定し、弓衆・馬廻衆を調べさせたところ、弓衆のうちの六十人、馬廻衆のうちの六十人、合計百二十人が単身で安土に来ていたことがわかったので、一度に百二十人を「折檻《せっかん》」している。信長の言は「弓衆の内から火を出したのは曲事《くせごと》である」というもので、岐阜にいる信忠に命じて尾張に妻子を置いている弓衆の私宅に放火して、家を焼かせ、竹木まで伐らせた。そのため、「取る物も取りあえず」百二十人の家臣の女房たちは安土にやってきた、という。今度の不始末に対する罰として、信長は城の南の入り江の内に新道を造る役を課し、ようやく許した。

この家臣に対する処罰から、信長は家臣の単身赴任を嫌い、家族ぐるみで新しい城下町に引っ越してくることが当然であると考えていたらしいことがわかる。火事のような不始末を出さないためにも、家臣は家族ぐるみで主君に仕えるものだと、信長は考えた。城下町に家臣の家が軒を並べていれば、敵から城が攻撃される場合も城の安全が保証できる。無防備な「裸城《はだかじろ》」ではなく、商工業者の町、次に家臣団の武家町に守られた城、つまり城下町に取り囲まれた安全な城、これこそが信長の考える城と城下町の関係であった。そのためには家臣の妻子が城下に永住しなければ意味がない。妻子を守るために家臣たちは城と城下町を守るだろうからである。

### 家臣の家族も信長の家臣

信長は家臣の個々人が信長と主従関係を結んでいるばかりでなく、家臣の妻子もまた信長の家臣であると考えていた。いや、この考えは信長一人の考えではなく、戦国期のすべての人がこう考えていたと思われる。でなければ人質として明智光秀が母親を差し出し、また後に細川ガラシャが石田三成に人質として取られようとした意味がわからなくなる。武士の妻や親、子どもたちは武士の家族として、身を寄せて暮らし、主君にとって武士本人と同程度の価値を持つものであったからこそ、人質として意味があったのである。つまり、戦国期の武士はその家族ぐるみで主君と主従関係を結んでいたといえる。

信長が家臣の家族の安土集住を命じた場面がもう一カ所『信長公記』に登場する。それは天正七年七月のことである。信長は岐阜において津田・前田（玄以《げんい》）・赤座の三人に命じて井戸才介という家臣を「生害《しょうがい》」（自害）させている。その理由は、「妻子をも、安土へ越し候はで、所々の他家をかずへあるき、不断《ふだん》（普段）、安土にはこれなき、無奉公者」であった上に、先年「謀書《ぼうしょ》」（偽文書を正式の文書と偽ること）の罪も犯している、重犯である、というのである。井戸才介は家族を岐阜か尾張国内に置いたまま単身で安土城の信長に仕えていたらしい。そのため普段は他の家臣や親類の家を泊まり歩いており、ずっと安土にいたわけではないので、奉公に支障がでた、というのである。謀書の罪すなわち偽文書を使った罪と合わせて、信長から成敗されてしまったのである。天正六年の百二十人の家臣に夫役を課したのと比べて、格段に重い罪を課されたことがわかる。重犯であったという点もあるが、信長が家臣の家族ぐるみの安土移住を厳しく要求していることがわかる。

## 6　信長の直臣観

### 信長の国わけ方針

家臣一般より上位の武将たちに対して、信長はどのような態度で臨んだのであろうか。秀吉もその一員であった、一国を預けられる武将たちに対する信長の意図が見えるのは、安土入城前の天正三年九月の越前平定直後の時点である。

家臣団を総動員して、越前・加賀の一向一揆を平定した信長は、越前八郡を柴田勝家に、大野郡の内、三分の二を金森五郎八（長近）に、三分の一を原長頼《ながより》に与え、不破《ふわ》彦三（光治）・佐々《さっさ》蔵介（成政《なりまさ》）、前田又左衛門（利家）三人に二郡を与えた。周辺の丹後・丹波などの国の配分も終えた時点で、信長は「掟条々」九箇条を出す。この掟の内容は、「国中の人々に非分の課役を懸けてはならない、国に置いた侍を恣意《しい》的に使ってはならない、裁判は公平に、公家の所領は信長の朱印状に任せて、当知行分は返すべきである、諸関停止」などであり、領国主として守るべきことが記されている。この掟の最後の条で、信長は何事も信長の命令に従うべきことが肝要であるとしたあと、「しかしながら、無理非法なことを（信長が）おっしゃる、と心に思いながら、信長にへつらってはならない」、理非を究明して「聞き届け、それに従う」べきであり、「分別専用（分別が肝心）」であると述べている。

追而書《おってがき》（手紙の追伸部分）においても不破ら三人を柴田の目付《めつけ》として置くために二郡を与えた、柴田から三人の善悪を告げてくるだろう、互いに「磨き合せ候様に分別専一に候、用捨においては、曲事《くせごと》たるべきものなり」と述べている。

### 分別と切磋琢磨を奨励

「掟条々」からは、新しく信長の領国になった越前を家臣の分割支配地にし、互いに「目付」として監視させるという方法で支配しようとしたことがわかる。しかし信長の意図はそれに留まらなかったことも見えてくる。信長の命令には従うべきだが、非分（道理にはずれた）の命令だと思いながら従うべきでない、道理ならば聞き届けると述べている点に注意が必要であろう。この点は「分別専用」「分別専一」と、よく分別しなさいと二度も繰り返している点とも関連する。信長は配下の武将自身がよく考えて判断せよ、道理に基づいた行動を選択するように、と述べているのである。

また、「互いに磨き合せ」の語にも注意したい。これは現代の「自己点検・相互評価」にあたるのではないだろうか。柴田と不破ら三人を相互に監視させるのは、相手を陥れるためではなく、切磋琢《せっさたく》磨《ま》して向上するためである、と信長は言っていると思われる。一向宗の厳しい抵抗をようやく排して手に入れた越前国での信長の支配形態構築が、人々の受け入れるところとならなければ、以後の征服戦は見通しが付けられない。こうした切羽詰まった天正三年の状況から考えて、信長は武将たちの「分別」(熟慮と的確な判断)、切磋琢磨と相互評価を領国統治の要として置いたと考える。

このように、「掟」から見える信長の意図は、武将たちが自分の力でよく考え、的確な判断を下し、それを相手ばかりか主君にも及ぼし、また武将間で相互評価をさせるという点にあった。そうであるとすれば、「鳴かぬなら殺す」式の専制君主としての側面だけが信長の姿ではなかったことがわかる。道理ならば主君にぶつけよ、聞き届ける耳を持つ、と述べる合理性と、家臣間の切磋琢磨と相互評価を求める解明性を、信長という人は併せ持っていたのである。

# 第三章　領国主の妻として

## 1　姫路城に本拠を移した秀吉

天正二年（一五七四）に江北三郡を与えられ、長浜城を居城とした秀吉とおね夫妻は、天正八年まで長浜城に住んだと思われる。しかし信長の指令によって、秀吉は北陸道へ、また西国へと平定戦に出る状態が続いた。

### 西国で奔走する秀吉

天正三年頃、北陸方面には越前北ノ荘に柴田勝家を置いており、上杉謙信に対する備えとしていたが、勝家一人では「重荷にすぎた」（奥野高廣『織田信長文書の研究』）と考えた信長は、秀吉らを加賀に派遣し（天正五年八月）、謙信に対処させた。しかし勝家と不和な間柄であった秀吉は、年末には無断で帰洛し、次いで長浜城に帰っている。そのため信長から叱責を受けたといわれる。北陸方面の平定には信長も苦慮していたらしい。

一方、秀吉の方からこの時期の行動を考えてみると、特に天正四年以後は、秀吉が西国経略の先頭に立っていた観がある。天正五年二月には信長の命令によって、佐久間・荒木・別所《べっしょ》・堀氏らと共に根来《ねごろ》・雑賀《さいか》一揆討伐の任務を与えられていたが、播磨の小寺孝隆《こでらよしたか》の子息長政と別所重棟《しげむね》の娘との婚姻の仲立ちをし、次いで長政を信長の人質として差し出させることに成功している。これは秀吉が西国を武力で押さえつけるばかりでなく、調略を働かせて平定しはじめていることを示す。秀吉は信長の武将として、忙しく出陣し、軍陣の指揮を執るかたわら、知謀を働かせて調略に励む姿を見せているのが特徴である。

### 信長の近江支配

秀吉に所々への加勢と特に西国経略を任せると、信長は逆に近江支配に積極的になっている。天正四年七月、安土城の信長は、近江建部《たけべ》（東近江市八日市町）の油座に対し、国内の油売買を安堵したり、十一月には近江の杣《そま》、大鋸引《おがひき》、鍛冶等に棟別役《むなべつせん》を免除する代わりに作事役《さくじやく》を課すなど、近江に対して信長はまるで直轄領のように多様な課役を懸けている。天正五年六月に安土城下町の条規を信長が定めている点からも、信長の安土城下町が大略完成したらしいことと、信長の本拠地は安土城であり、近江が直轄領になっていたことが推測できる。

### 播磨での秀吉のめまぐるしい働き

近江に腰を据えた信長に押し出されるかたちで、秀吉は西国経略を命じられ、天正五年十月には、小寺孝隆の城であった姫路城に入り、播磨国内の国人領主から人質を取る。

しかし毛利氏と対峙しつつ西国の経略を任された秀吉にとっては、姫路城に逗留する余裕はなく、十一月二十七日毛利方の七条城（上月《こうづき》城）（兵庫県佐用《さよう》郡上月町）を包囲する傍ら、家臣の竹中重治《しげはる》や小寺孝高《よしたか》（孝隆）には宇喜多《うきた》氏の属城福原を攻撃させる。十二月には上月城を陥落させて龍野《たつの》城に移動し、翌天正六年には書写山《しょしゃざん》から三木城へ、五月には高倉山、六月には神吉・志方城へ、十月には三木城攻めを行なう、という目まぐるしい働きを見せる。その間、天正五年十二月に上京し、続いて長浜城に帰っており、六年の十二月にも長浜城にいて、寺領を寄進したことが史料に見える。

国宝に指定された姫路城（兵庫県姫路市）

つまり、天正七年九月初めまでは、居城は依然として長浜城であるが、播磨などで平定戦に明け暮れる秀吉の姿が見られるのである。

## 信長家臣としての秀吉の位置

天正七年九月、秀吉は信長のいる安土城を訪れた。宇喜多直家が信長に降る姿勢を示したので、朱印状を与えてほしいと主君に言上しにきたのである。ところが信長はこれをたいそう怒り、秀吉の先走りであるとして、秀吉を播磨に追い返した。

当時信長は安土宗論《しゅうろん》を行わせた後で、法華宗圧迫に成功し、宗教勢力である寺社には優越する姿勢を誇示し始めていた。それに天正六年に上杉謙信が死去したことにより、北陸方面の脅威は緩和されていた。残るは西の毛利氏、すぐ近くで信長に叛旗《はんき》を翻している荒木村重《むらしげ》であった。信長の感覚からすれば、西国の状況はまだ落ち着いたわけではないのに、秀吉が宇喜多氏に朱印状を与えてほしいというのは、情勢の捉え方が甘いし、何よりも朱印状は信長自身が出すものであり、臣下が口を差し挟むものではない、という思いがあったのであろう。秀吉にしてみれば、西国経略の一方法である「調略」にとって、宇喜多氏に対する信長の朱印状は大きな助けになる、と考えてのことであったのだろう。

信長が兵庫の商人で検校《けんぎょう》であった「常見《じょうけん》」の不法を怒って、科銭を徴収し、宇治橋架橋の資財に充てた（同年九月）ことを見ても、全国に指令を発するのは自分自身であるという姿勢が濃厚に見える。全国の武士・宗教者・商人に号令をするのは自分信長であり、秀吉は有能ではあるが、信長から見れば西国方面担当の武将にすぎない、というのが当時の信長と秀吉の関係であった。

## 2 秀吉の播磨支配

**播磨の統治**

天正七年（一五七九）の十一月、十二月以後、秀吉は摂津・播磨で領国主としての姿を史料に残しはじめる。十一月、信長方の陣城づくりのため、立ち退いていた摂津道場河原（神戸市北区）の百姓・町人に諸役免除を続けるからと還住を命じ、十二月には播磨浄土寺に命じて寺領内の百姓で逃散《ちょうさん》した者を還住させて耕作に努めるよう指令している。百姓の還住を命じる法令は戦国期、諸戦国大名が出してきた法令の一つである。特に信長が荒木一族の人質多数を京都と尼崎で殺させた事件（十一月十九日）の直後にこれを出している点は、秀吉が領国摂津・播磨の人心収攬《しゅうらん》を意図したものであることが見えてくる。

天正八年正月に姫路城にいた秀吉は、二月には長浜城で茶会を催しているので、二つの城を併用していたことになるが、秀吉は天正七年の年末に百姓還住命令を出して以来、播磨姫路城での領国主としての仕事を主に果たしたのではないかと思われる。天正八年以後、播磨網干郷《あぼし》の地下人《じげにん》に英賀保《あがほ》の防塞を造らせている点をみても、領国主として摂津・播磨を統治しようとしている様子がうかがえる。

## 禁制から見えるもの

摂津・播磨は天正八年以後、信長とその宿老羽柴秀吉によって領有されはじめた。このことは、天正八年三月に信長が摂津塚口と西宮に対して禁制を出し、秀吉が同月に摂津湯山《ゆのやま》（有馬）に対して禁制を出していることによってわかる。新しく侵攻する直前に、あるいは侵攻完了直後に禁制は出される。禁制は在地からの申請を受けて権力側から出すものであるからである。信長―秀吉という重層的な主従関係を保ったうえで、秀吉に播磨の領国主の地位を与えたのである。

秀吉が播磨姫路に在城することを信長から正式に認められたのは、この年の四月である。信長は姫路城の普請も秀吉に申し付け、播磨・摂津の、毛利氏に対する戦略的拠点としての城にしようとした。したがって、秀吉が播磨姫路城主となった確かな年代は、天正八年四月であったといえる。

播磨姫路城主となった秀吉の領国は播磨に留まらず、姫路への摂津からの街道筋も秀吉の支配下に入ったと考えられる。西摂津の淡河《おうご》や先述の湯山に対して秀吉の禁制が残されていることはこれを示

羽柴（豊臣）秀長
（奈良県大和郡山市・春岳院蔵）

す。姫路を拠点に、山陽道はもちろん、こうした有馬街道などの諸種の街道をも領国に組み入れ、淡河などには町場を形成させるよう奨励していたことが推測できる。

### 播磨周辺に思いをめぐらす秀吉

秀吉は姫路在城を命じられた直後から、手中に入った地域だけではなく、播磨周辺の地域への侵攻を考え始めていた。秀吉は四月、弟秀長《ひでなが》に播磨の北に位置する但馬《たじま》を平定するよう命じている。因幡《いなば》に対しては、五月に山方郷（山形郷）（鳥取県智頭町）、布施南北（布施郷）（鳥取市）に禁制を掲げて鳥取城に圧力をかけ、次いで自ら播磨宍粟《しそう》郡の宇野氏を敗走させると、因幡・伯耆《ほうき》国境まで軍を進めたので、因幡の諸氏は秀吉に降っている。

### 信長の対毛利氏攻略構想

天正八年のこの頃、信長はまだ荒木氏の残党の動きに神経を尖らせていた。しかし七月、池田恒興《つねおき》が残党を摂津花隈《はなくま》城に破ったので、荒木一族の問題は解決済みとなった。摂津の脅威が減少したために、明智光秀を丹波に、細川藤孝を丹後の領国主とする、という新たな国割りが実行された。いよいよ秀吉・光秀・藤孝の三者が協力して毛利氏に対峙するという布陣ができたのである。

こうして安土と京を行き来する主君信長を中心に、播磨の秀吉（姫路城在城）、丹波の光秀（丹波亀山城と近江大津城を居城とする）、丹後の藤孝（丹後八幡山城在城）による毛利氏包囲網が完成した。天正九年の春には秀吉は姫路城を修築している。四月には長浜の舟持ちに対して諸役を免除する代わりに舟の用を勤めさせているので、長浜城主を兼ねていたことがわかるが、九月に信長が長浜城を堀秀政に与えていることからみて、天正九年九月に秀吉の本拠地は姫路に移ったことがわかる。

### 天正八、九年の秀吉の働き

このように天正九年に播磨を拠点にした秀吉は、但馬生野《いくの》銀山から銀を納めさせ、六月には因幡鳥取城で吉川経家《きっかわつねいえ》と対戦し、毛利氏の水軍と因幡湊川《みなとがわ》口（鳥取市）で戦い、さらに伯耆泊《とまり》城・大崎城を攻略するなど、戦場にあって忙しく指揮を執る一方、生野銀山などの要地を支配下に納めるという、極めて有能な働きを見せていた。十月には鳥取城攻略を終え、十一月淡路を平定して、淡路を千石《せんごく》氏に与えている。

秀吉の天正八年から九年にかけての戦績は華々しく、天正十年には三月に領国として確保した播磨・但馬・因幡三国の兵を率いて姫路を発ち、備中《びっちゅう》に向かい、四月から五月にかけて様々な城を落としている。

### 秀吉の非凡な才能

天正八年から十年の、播磨・因幡・伯耆の三国攻略を任されていた時代の秀吉は、自らの非凡な才能を随所に開花させていた。舟持ちに舟の用つまり物資や人の輸送を行なわせたり、生野銀山から銀を貢納させたりしたことにその片鱗があらわれている。

それ以上に秀吉の特長と思えるのは、弟秀長に但馬平定の任務を姫路城拝領と同時に与え、浅野長政・黒田孝高などにいち早く播磨の所領を与え、杉原家次に兵糧米輸送の役目を務めさせるなど、秀吉家臣を縦横にうまく使っている点である。

それればかりでなく、宇喜多秀家を毛利方から引き離して天正七年という姫路拝領以前から周到な調略活動を行なっていたことが注目される。秀吉が、武将としての武略と調略の両面を磨いたのが、播磨など三国を領国とした天正八年から十年六月にかけてであったと考える。

### おねの移居

それでは、秀吉の正室であるおねは、この間どこにいたのだろうか。天正四年に安土城へと主君信長が移った後に、信長のもとをおねが訪れ、土産と容貌を褒められ、正妻としての心構えを諭されたことは前述した。したがっておねは天正元年に秀吉が江北三郡を与えられ、翌年長浜城に入ったとき以来長浜で暮らし、主君信長への挨拶などは欠かさなかったのであろう。以後、秀吉が天正八年に姫路城の普請を開始する頃までは確実に長浜城にいたと推測できる。

秀吉は天正八年四月以後、姫路城の普請を始め、翌九年春にも修築にかかっているので、この頃つまり天正八年春から九年春の頃までの間に、おねは姫路に居を移したのではなかろうか。なぜなら天正九年の九月に、長浜城は信長の命によって堀秀政に与えられているからである。おねはこのように天正八年から九年にかけての頃、姫路に居を移したと思われる。

秀吉は天正四年以後、北陸や西国に派遣され、厳しい合戦状態の中で暮らし、天正八年から姫路城を本拠とする状態になっていたことも前述した。秀吉が西国平定戦の傍ら、姫路城を修築し、おそらくはその修築が完成する頃に、おねが姫路に呼ばれたのではなかろうか。秀吉の姫路移居とおねの移動とは時期がずれると思われる。秀吉が北陸や西国の攻略に余念のなかった天正四年以後は、秀吉の領国長浜の主はおねであったと考える。

**武将の妻とは**

武将の妻は夫の留守中、家の統括者として、時には長刀《なぎなた》を取って家臣や女房を従えて城を守り、平時には領民や家臣団に心配りをなし、また主君への挨拶を欠かさないという、いくつもの重い役割をもっていたからである。

毛利氏の領国で市川局と呼ばれた市川経好《つねよし》の妻が、夫が在陣していて留守の間、自身、甲冑《かっちゅう》を帯び、女中を従え、下知を加え、長刀をもって働き、城を抱えたと、「比類無し」との感状を、毛利元就からもらっていたことが思い出される（拙稿『日本中世の女性』参照）。

おねはおそらく長浜城の主として、引き続き民政に心を配り、また主君信長への挨拶に訪れるときには、安土城下の羽柴家の屋敷にも逗留したと思われる。

## 3　信長「馬揃え」の意義

**馬を好む信長の「馬揃え」**

信長は光秀に弑虐《しぎゃく》される前年の天正九年（一五八一）、大規模な「馬揃《うまぞろ》え」を行なっている。この「馬揃え」は信長時代の最後を飾り、また諸国の武士だけでなく、天皇家や公家衆に対しても、信長の実力がどれくらい大きいものかを誇示する絶好の機会として利用された。

天正九年正月、信長はまず安土城の北「松原町の西、海端《うみばた》（湖岸）へ付けて」馬場を築かせる。これは三人の奉行に命じて、元旦からしつらえさせたものである。八日には馬廻衆として側近く仕え、戦で身辺警護にあたる近江の武士たちに対し、爆竹として使う竹を準備させ、頭巾《ずきん》・装束に趣向を凝《こ》らして十五日に集まれと命じた。この時馬廻衆として名があがっている人々は平野、多賀《たが》、後藤、蒲生《がもう》、京極、阿閉《あつじ》、進藤などの姓を持つ人々である。近江ではなじみのある姓である。十五日の馬揃えを美々しい装束と頭巾で近衛家や伊勢氏の参加を得て行った信長は、明智光秀に命じて、「京都で馬揃えを行うので、各々はできる限りの結構を尽くし（派手な出で立ちで）罷《まか》り出るように」と、朱印状を諸国に出させる。こうして京における信長の一世一代の馬揃えが準備された。

## 二月の大「馬揃え」

二月二八日が馬揃えの当日である。五畿内や諸国の「大名・小名・御家人」が召し寄せられ、天下の駿馬《しゅんめ》が集められて馬揃えが挙行された。正親町《おおぎまち》天皇以下公家衆が見物したこの馬揃えは、主として天皇家や公家に、信長の率いる武士階級の威勢を誇示するためのものであったと考える。見物する公家衆の間から、または河原に陣取って、京の町の人々もこれを見たものと思われる。

信長は「辰の刻」（午前八時頃）に本能寺を出発し、室町通りを北に、一条を東に取り、内裏の東に造った八町の馬場に進み入る。信長の後ろは丹羽長秀と摂津衆・若狭衆・西岡の河島が一番、二番は蜂屋・河内衆・和泉衆・根来《ねごろ》衆・佐野衆、三番に惟任《これとう》光秀・大和衆・上山城衆、四番には村井・根来衆・上山城衆・連枝《れんし》の面々・織田信忠（信長の子息）・馬乗八十騎……と続いた。このように、十騎、三十騎、八十騎と大集団を組んで、馬廻・小姓・弓衆という側近集団から領国主クラスまで「数百略に手を抜けなかったからであろう。

人」が名馬にまたがって行進したのである。信長の威勢を天下に示すには、これほどふさわしい大きな示威行進はなかったといえる。しかし秀吉はこの馬揃えには加わっていない。播磨を拠点に西国経略に手を抜けなかったからであろう。

## 信長のいでたち

さてこの時の信長の衣装・出で立ちに注目したい。信長は頭巾の後ろに花を立てており、あたかも「高砂大夫」のように梅花を折って首に差していた。着物は肌着として小袖《こそで》を着ており、それは紅梅に白の段々に、桐唐草《きりからくさ》の模様のあるものであった。紅白の色鮮やかな小袖であったのだろう。その上にはもう一枚の小袖を着ており、それは、蜀江《しょくこう》の錦の小袖で、袖口には金糸で縁飾りが施されていたが、その布は昔三巻だけ日本に渡ってきた貴重な布であり、その内の一巻を、細川忠興が都中を探し回ってやっと見つけ、進上したものであったという。肌着の小袖の描写がなされている点から見て、信長は片身だけ、上の小袖を脱ぎ、下の小袖を見せていたのであろう。肩衣は紅緞子《どんす》地に桐唐草文様があり、袴も同様であった。腰には牡丹の造花を指していたが、これは天皇家から贈られたものである。腰簑《こしみの》は白熊の毛皮で、太刀・鞭を差し、沓《くつ》は猩々の皮で作られ、「立ち上がり」(膝より下を保護する靴下のようなものか) は唐錦であったという。赤 (紅)・白という色彩が基調であることが知られる。

『信長公記』が「花やかなる御出立」と表現するように、豪華絢爛な姿で飾り立てて馬に乗っていたことがわかる。家臣たちにも「結構」を命じていたので、「我れ劣らじと、あらゆる程の結構生便《おびただ》敷《しく》、各《おのおの》手を尽し」て金襴や唐綾の小袖を着用し、下には紅梅や紅の「筋」(縞) の小袖を着ていたという。

家臣たちに対しても、このように派手に出で立ちをつくることを、信長は命じた。つまり、馬揃えにあたって、できる限りの「結構」を命じ、自分自身も最高の飾り立てで臨んだということは、「歌舞伎」の語源である「かぶく（傾く）」ことを奨励したのが信長であったことになる。華美に飾り立て、天皇以下天下の人々をあっといわせ、その力の大きさで彼らを圧倒するのに、この馬揃えというイベントは最適である、また、その時着た豪華な衣装は、末代まで語り継がれると信長は考えたのではなかろうか。

## 歌舞伎と信長

「歌舞伎」の発祥は出雲の阿国《おくに》が慶長八年（一六〇三）に四条河原で阿国踊り（やや子踊り）をしたのに始まるとされる。信長の馬揃えは天正九年（一五八一）であるから約二〇年前である。しかし信長がこれほど豪華な衣装を身につけて騎馬にまたがり、従う数百人の武士たちに「結構」を命じ、彼らはその命に従って、できる限りの華美な装いをしたという歴史的事実こそが、時代の風潮として、阿国歌舞伎を生み出したといえるのではないか、と思われる。信長は臣下の武士たちに「かぶく」ことを要求したのであり、このような「かぶく」ことに意味を見出す風潮こそが、歌舞伎発祥の母体であったと考える。

## 室町～戦国期の小袖

馬揃えで信長や家臣たちが身につけていたのは、「小袖《こそで》」という着衣である。この点にも信長馬揃えの特徴がある。

戦国期には武士も庶民も小袖を愛用した。次頁左上の図像は戦国時代の越後の武将長尾政景夫妻の画像である。政景の妻は上杉謙信（長尾景虎）の姉である。夫婦共に小袖を着ていることがわかる。織田信長の画像も小袖の上に袢を着用した姿で描かれている。庶民の服装としては、「七十一番職人歌合」に見える大原女《おはらめ》・餅売り・挽入《ひきれ》（ろくろ細工の入子《いれこ》の椀）売りなど、働く女性が小袖や筒袖の着物を着て、ひもやそれに近い細い帯を付けていることがわかる（左下図参照）。信長の妹「お市の方」

**長尾政景夫妻像**（山形県米沢市・常慶院蔵）

**小袖を着た女性**　狩野晴川・勝川（模）「職人尽歌合」（七十一番職人歌合）（模本）（東京国立博物館蔵，Image: TMN Image Archives　Source: http://TnmArchives.jp/ より）

お市（滋賀県立安土城考古博物館蔵）

の肖像画を見ても小袖を着て、打ち掛けの小袖（上の小袖）は腰に巻き付けていることがわかる。武士も庶民も、男も女も、小袖の着物を愛用していたことが知られる。

一方、朝廷では衣冠束帯《いかんそくたい》や十二単衣《じゅうにひとえ》が正式の装束であり、十二単衣を簡略化した小袿《こうちぎ》であっても、袖は長く袖幅も広く、丈も長かったので、生活上快適な着衣とはいえなかった。それに対して小袖は袖丈が短く、袖幅も狭く、また総丈もくるぶしのあたりなので、これは日常生活に都合のよい、心地よい着物だったのである。したがって小袖は、武士にも庶民にも鎌倉期以来受け入れられた。

### 信長が小袖を着た理由

こうした日常の衣服を用いつつ、「非日常」の華美さを見せつけた点が、馬揃えの衣装のユニークな点である。これだけ豪華な催しをしながら、公家や天皇家の衣服を模倣するのではなく、小袖という武士や庶民の好んで着る衣服を大胆な姿で見せようとしたのは、信長の斬新さを示している。信長は武士階級の日常の衣服である小袖を、最高の材料と色彩で飾ることによって、現世での最高権力をもっているのが自分であることを、万人に示した。決して公家政権の模倣ではなく、自らの政権が武士独自の政権であることを、小袖を着用して騎乗で行進することによって示したのである。

豪華な小袖を着た信長の姿は、いやがうえにも見物の天皇以下庶民に至るまでの目に焼き付けられ、信長の権威の大きさだけが頭に残ったであろう。馬揃えは信長の権威を天下に示す格好のイベントだったのである。

# 第四章　「天下人」秀吉の妻への道

## 1　信長の後継者争い

### 信長、本能寺に斃れる

秀吉が数々の戦勝を挙げつつも、毛利氏に対戦して手間取っている様子を見ていた信長は、天正十年（一五八二）五月、神戸《かんべ》信孝《のぶたか》（信長の子息）に四国出陣を命じ、さらに秀吉の要請に応じて、自ら備中に出陣して秀吉軍を助けようとした。信長軍の先鋒には明智光秀を任じ、一足先に準備させようとした。

だが六月二日、安土から京都本能寺まで進んでいた信長は、その光秀によって近臣数十人とともに弑虐《しぎゃく》に遭う。こうして信長の時代はあっけなく終わるのである。

### 孤立する光秀

天正十年六月の信長の死は、大きな波紋を日本中にもたらした。信長弑虐の張本人明智光秀は、同輩である細川藤孝《ふじたか》・忠興《ただおき》父子を味方につけようとしたが、細川氏は光秀方に加担しなかった。忠興の正室は光秀の三女（のちにガラシャという洗礼名を授けられた）であったにもかかわらず、信長に対する忠誠心が勝ったからであろう。信長の死から一カ月あまりたった七月二十日、既に丹後の田辺城に移っていた細川藤孝であったが、信長故地である本能寺で信長追善の連歌会を催していることからも、細川氏の思いが察せられる。

信長の死の翌日、留守を安土城で守っていた蒲生賢秀《かたひで》は、信長の側室たちを奉じて安土を逃れ、日野に落ちている。光秀は京と勝龍寺《しょうりゅうじ》城に近い大山崎に禁制を掲げ、大山崎が自らの領内であることを示す。

一方、秀吉は六月四日になって初めて信長の死を知り、急遽毛利輝元《てるもと》と講和を結んだ。講和の条件として、備中高松《びっちゅうたかまつ》城を守っていた毛利方の清水宗治《しみずむねはる》は自害した。

六月五日、光秀は近江に入り、安土城に拠った。近江の蒲生賢秀・氏郷《うじさと》父子を招いたものの、蒲生氏はこれを拒み、翌日光秀は多賀社に禁制を下し、近江は光秀が押さえていることを天下に示す。七日には光秀が京の賀茂《かも》・貴船《きぶね》両社に禁制を下すと、神戸信孝は大山崎・東寺・東福寺・法隆寺に禁制を下している。対抗して光秀は九日に京都へ入り、銀五百枚を献上し、鳥羽まで陣を進め、大徳寺に禁制を下している。

### 秀吉のすばやい行動

一方、秀吉は信長の死を隠して毛利氏と講和を結んだあと、その態度を変えず、中川清秀に「信長父子は難を逃れた」と返事を出している。しばらくは主君の死を隠そうとの戦略であったらしい。そして急ぎ帰着したのは姫路城であった（六月六日）。

秀吉の元には秀吉に心を寄せる武将たちが集まり始めた。因幡鹿野《かの》の亀井茲矩《これのり》（真矩）は、秀吉を通じて信長から出雲一国を与えられることになっていたが、信長が亡くなり、また秀吉が毛利氏との講和の条件に、出雲を毛利氏に与えることを約束していたので、亀井氏には他国を選ばせたところ、亀井茲矩は琉球を望み、与えられることになった。大和の筒井順慶《つついじゅんけい》も、光秀の誘いを断って、秀吉に応じている。

こうして信長の後継者争いは、明智光秀と羽柴秀吉の間で行なわれることになった。十二日、秀吉は姫路から摂津富田《せっつとんだ》まで軍勢を進める。この背景には京にいる神戸信孝を戴く約束が成立していたからである。

十三日、秀吉と神戸信孝は山崎で光秀と戦い、勝利を収める。光秀はいったん勝龍寺城に逃げ帰るが、再びここを逃れ、山科において土民に殺されたとされる。明智一族、光秀の妻子は、秀吉配下の堀秀政らに攻められたために自害して果てた。こうして明智光秀の反逆は十四日間で終わり、信長の後継者争いは第二幕に移る。

### 信孝との対立

第一幕で秀吉が光秀に対して勝利を収められた理由の一つは、神戸信孝と協調できた点にあった。しかし、光秀が亡んだ後の第二幕では、この二人が争うことになる。

神戸信孝は信長の子であり、のちに登場する信雄《のぶお》とは母違いの兄弟であった。したがって信長の後継者としては血筋において申し分のない人物であり、永禄元年（一五五八）の生まれであるから、この天正十年には二十五歳であり、年齢からいっても申し分がなかった。

六月十六日、信孝と秀吉は共に安土城に入ったが、秀吉は長浜城に移り、光秀に加担した山本城主阿閉貞大《あつじさだとも》を斬り、丹羽長秀は佐和山城を回復した。こうして光秀の死の直後は、近江の治安維持が秀吉・信孝双方からはかられた。十七日には光秀の首を本能寺に晒《さら》し、光秀の重臣斎藤利三《としみつ》を斬ってその首も本能寺に晒し、ついで光秀・利三などの屍《しかばね》を粟田口《あわたぐち》に磔《はりつけ》にした。信孝は早速美濃の立政寺《りっしょうじ》（岐阜市）に禁制を下して、自己の手の内に美濃が入ったことを天下に示し、秀吉は美濃・尾張の光秀方の残党を討伐する仕事を続けた。前田氏・佐久間氏らはこの頃、能登で石動山《せきどうさん》の僧兵や畠山氏・上杉氏の家臣らと戦っている最中で、後継者争いに加担する余裕のない状態であった。こうして、いったんは力を合わせて光秀を討った秀吉と織田信孝は、光秀の死後は互いに離反するのである。

### 後継者争いの第三幕、清洲会議

光秀の死、信孝と秀吉の離反に続き、信長の後継者争いは清洲《きよす》会議と呼ばれる第三幕に移る。六月二十七日、かつて信長が居城とした清洲城に会した織田、柴田、羽柴氏等の間で後継者問題が議され、遺領の配分がなされた。

信長
- 信忠 ― 秀信（三法師）
- 信雄
- 信孝
- 秀勝

信長の子息・孫

後継者には柴田勝家が織田信孝を推し、羽柴秀吉は共同作戦をとった信孝ではなく、信長の長男で本能寺の変の時になくなった信忠の長男「三法師《さんぼうし》」（後の秀信《ひでのぶ》）を推した。そして秀吉の推す三法師に後継者の座が確定した。織田信長の子孫の略系図を上に掲げる。

清洲会議で秀吉の意見が通ったことで、事実上信長の後継者は羽柴秀吉であることが明白になった。清洲会議の直後から秀吉は新しい事実上の信長後継者として積極的な行動を開始する。この点は次節で述べることにして、なぜ秀吉が信長の後継者になることができたのか、考えておきたい。

### 後継者の条件

秀吉は信長の晩年、忙しく西国の平定戦に従事していた。信長の天下布武の先頭に立って働いたのは秀吉であった。柴田勝家、丹羽長秀などの武功も大きいが秀吉には及ばない。このことを、信長の配下の武将たちも、また畿内西国の庶民たちまで知っていたと思われる。

秀吉には武功だけではなく「知略」が備わっていた。宇喜多氏を人質として味方に取り込むことができた点や、毛利氏と急遽講和を結んで山崎に軍を返した点など、他の武将以上の「知略」が秀吉にはあった。「知略」が武将の能力として大切であることは、秀吉に敵対していた毛利元就も子息あての手紙の中で強調している。秀吉にはこの「知略」が豊かに備わっていたのが、最大の理由であろう。

### 秀吉の進物

信長生存中にこんなことがあった。天正九年の馬揃えがあった年の年末に、秀吉は播磨から安土の信長の元に歳暮の祝儀を述べるためにやってきた。この年の歳暮の祝儀には大変大勢の大名・小名や、一門の人々が安土城の信長のもとに集まってきた。「我れ劣らじと、門前市をなし、色々の重宝」を進上したという。金銀、唐物、御服、紋付などを競って信長に差し出したので、信長の「御果報いみじき有様、本朝に並び」なく、信長の「御威光申すばかりなき次第」であったと『信長公記』は記している。馬揃えの有様は天下に信長の威光を輝かしたので、年末にはこのような大がかりな挨拶の状況が生まれていたことがわかる。
この時秀吉は播磨から安土に上り、信長に小袖を二〇〇枚を進上し、その他女房衆にもそれぞれ小袖を進呈したという。このことについて『信長公記』は「か様の結構、生便敷様躰《おびただしきようてい》、古今承り及ばず」「上下とも耳目を驚かし候ひ訖《おわ》んぬ」と表現している。秀吉の贈り物が人々をあっと驚かせるような大げさなものであったことがわかる。金銀財宝を少し進上するよりも、秀吉の小袖進上は大きく取り上げられている。

### 贈物としての小袖

それではなぜ小袖二〇〇ないし二五〇枚の進上がこんなにたいそうなものだと感じられたのであろうか。

信長が鷹を愛《め》で、乗馬を愛したことは有名である。信長の、今までに知られていなかった新しい側面として、馬揃えの時に豪華な小袖を着用したことを前章で紹介し、その意義についても述べた。信長は自身でこうした華やかな衣装を時に身につけるだけでなく、小袖を家臣への褒美として用いた。天正九年の九月、家臣たちに小袖を下賜したが、拝領した人々は「狩野永徳、息右京助、木村次郎左衛門、木村源五、岡辺又右衛門、同息、遊左《ゆさ》衛門、子息、竹屋源七、松村、後藤平四郎、刑部、新七、奈良の大工」であったという。狩野永徳は当代きっての絵師で安土城の装飾に腕をふるったことは前述した。こうした著名な絵師や大工などの職人に、小袖を多数下賜していることがわかる。もらった職人の頭たちは「何れも〳〵、忝《かたじけ》なき次第」だったと『信長公記』は記す。つまり小袖は、信長の重要な贈答品だったのである。

信長は末子を甲斐武田氏の養子に出したが、武田氏との和議が成立しなかったのでこの子を十一月に犬山城主に据え直した。犬山城主として送り出した時に、小袖・腰の物・鷹・馬・槍その他いろいろ取り揃えて、内衆にまでそれぞれ下賜している。このように小袖は織田家の子孫から職人にまで広く配分された、信長にとっては重要な贈答品であったことがわかる。

重要な贈答品であったために、小袖をこんなに大量に秀吉が進上したことは、信長にとってうれしいことであったにちがいない。小袖進上直前の鳥取城での戦功に対して、信長は「前代未聞」だと感状を書いて秀吉に与えた。そして秀吉が大量の小袖を進上したことへの返礼として、「御茶の湯道具、十二種御名物」を与えている。

### 小袖を縫った人

小袖はこの時代、武士から庶民まで好んで着用したことも先に触れた。そしてその製作はそれぞれの家で妻や娘が縫うのが基本であったから、武士の女性は裁縫の腕はおしなべてよかったと考えられる。『めのとのそうし』は、武士の女性は男性が馬に鞍を置く間に、つまり出陣準備をする間に、裃《かみしも》一具縫わない者はないそうだ、と述べている（拙稿『乳母の力』参照）。この本の作者は公家の女性であろうから、これは伝聞であろうが、戦国期に武士の女性がみな、早く縫う技術をもっていたらしいことがこの伝聞からわかる。山内千代《やまうちちよ》は裁縫の上手であったとされるが（拙稿『山内一豊と千代』参照）、裁縫の上手は当時の女性にはたくさんいたことであろう。家族の衣類を不足しないように準備することが、武士の妻の役割の一つであったからである。

こう考えてくると、秀吉が二〇〇から二五〇ほどもの小袖を進上することができたということは、

大吉寺趾（滋賀県長浜市野瀬町）

それを一度に作成することができた人々（女性）の存在を推測させる。この大量の小袖が進呈できたのは、おねの采配によって、家臣の妻たちや秀吉・おねに仕える女房たちという女性群が、一心に制作に励んだ結果であった。秀吉は優秀な家臣団をもっていたが、同時に優秀な家臣の妻と女房衆を揃えていたと推測できる。

**おねの経験した「本能寺の変」**

本能寺の変の頃、おねは長浜城にいたようである。この変の時、光秀方に組みした阿閉《あつじ》氏が長浜城を攻めたので、おねは難を逃れるために山間部の大吉寺《だいきちじ》に逃げた。

阿閉氏は東阿閉・西阿閉（現・高月町《たかつきちょう》）を押さえていた土豪で、山本《やまもと》山の東麓に居城をもっていた。この光秀への加担が仇となって阿閉氏は所領を失い、天正十一年秀吉は柳野二〇〇石・西物部一一〇石などを新荘直《しんじょうなお》忠《ただ》に与え、十三年には「阿閉分」は山内一豊の知行分の内にあった。阿閉氏にとっては、光秀への加担が没落の理由となっていることがわかる。

おねが逃げた大吉寺は天台宗の寺院で、大吉寺山の西斜面の標高七五〇メートルほどの高地にある寺院である。平治の乱の時、源義朝《よしとも》が尾張に逃げる途中この寺に匿《かくま》われた（『吾妻鏡』文治三年二月九日条）縁で、鎌倉幕府の庇護を受けた。その後数度の兵火で被害を受けたが、信長の時代には「五十坊」があったとされる。ここに「近里近郷の百姓など」が登って一揆を起こし、浅井勢力の一翼となっていたので、信長は元亀三年（一五七二）木下藤吉郎・丹羽五郎左衛門を遣わして、後ろの山から攻めさせ、「一揆僧俗数多《あまた》」を切り捨てさせた。こうした羽柴氏との因縁があったために、おねは領内の山深い大吉寺に急難をさけたのであろう。なお、この大寺も近世には廃寺となっている。

## 2　柴田勝家の最期

### 信長の勝家観

柴田勝家は秀吉の先輩格の信長の重臣であり、信長の有力武将として、信長の後継者の一人であったことにまちがいはない。

信長が彼ら重臣たちをどう見ていたかが明らかになる格好の場面がある。それは天正三年（一五七五）の越前国の国掟制定時の場面である。この年信長は四面に敵を抱え、特に一向一揆の厳しい攻撃を受けていた。天正元年に浅井・朝倉勢を破ったが、越前の一向一揆は信長の越前支配を容認せず、激しく攻撃し、伊勢の長嶋一揆も呼応して蜂起し、一向一揆の背後には上杉氏が控え、西国では宇喜多、毛利、長宗我部《ちょうそかべ》氏らが信長の動静を監視しており、武田氏との決戦を目前にするという、四面楚歌の情況にあった。そうした天正三年の五月、信長は長篠《ながしの》の戦いで武田氏に勝ち、八月には越前の一向一揆を討伐することに成功する。その直後の九月に越前の国割り（知行地分配）を実施し、柴田勝家に八郡という大きな部分を与え、勝家以外の金森・原・不破・佐々・前田の五人を越前に置いた。そして信長は掟を示したのである。

この掟は家臣たちが預けられた領地を知行していくうえでの心得を述べたものである。前にも触れたが、もう少し詳しく見てみよう。国中に非分の課役をかけてはならない、どうしても課さねばならない時は信長の指示を待てと一条で述べ、二条では「国（越前国）に立て置き候諸侍」を、我意に扱うな、「悃《ねんごろ》」（懇ろ）にもてなすべきだが、「帯紐」を解くようにゆるめてはならないとし、三条では裁判は「順路の憲法」に基づいて（道理に依拠して）行なうべきで、贔屓偏頗《ひいきへんぱ》をなしてはならないとしている。そして最後の九条目に、何事も信長の命令を第一に尊重すべきだが、さりとて「無理非法をおっしゃるものだ」と心に思いながら、信長にへつらってはならない、道理を申すのであれば聞き届け、それに従う、と述べ「分別専用に候」と締めくくっている。信長は家臣たちにに領国統治の具体的指針を示し、また信長に対してへつらわず道理を堂々と述べるように、よく考えて正しい統治を行なうようにと述べていることがわかる。

この掟は形式上、不破・佐々・前田の三人に宛てられたものであるが、追而書《おってがき》の中で信長が述べている言葉が注目される。信長は、不破、佐々、前田の三人を、「柴田目付」、つまり勝家の監視役に付けたとし、その上で、柴田の方から三人の「善悪」を信長に告げてくるだろうと述べ、だから「互ひに磨き合せ候様に、分別専一に候、用捨においては、曲事《くせごと》たるべきものなり」と述べるのである。

## 信長と家臣を繫ぐ掟

従来この掟制定の目的は、三人に柴田勝家の「目付」の役目を負わせるためであったとされてきた。確かに勝家に目付は置かれたが、信長の目的は勝家に三人の目付を付けることだけではなかったことが判明する。勝家からも三人に対する批評が信長の元にもたらされるだろうとし、大事なのは互いに切磋琢磨するよう、よく考えて的確な判断を下すことだ、という点にあった。悪いと思ったことを見逃すのは曲事であるともいう。これは主君信長にもへつらうな、道理であれば聞き届けると述べた点とも符合する。先に見たように、信長は追而書で、各人（柴田など六人）が熟慮し、的確な判断を下し、互いに切磋琢磨するように、つまり各人の熟慮、正確な判断と同僚評価（相互評価）を求めた。掟を通じて信長の命令にそのまま服従するのではなく、家臣一人一人が主体的に考え、同僚と一緒に向上するような家臣団になれ、と諭したのである。

信長はこの掟の中で「分別専用」「分別専一」と二度も分別という言葉を使っている。信長は家臣に対して専制君主であったように評されることが多い。堺や京を焼き討ちし、近江の村落を「撫《な》で切り」にした非情さを持つ反面、家臣に対しては相互評価とそれによる向上を奨励し、各人が熟慮して、的確な判断力をもつように要求するという、開明性があったのである。このように信長と柴田など六人の家臣の間にある掟から、信長家臣団の特徴が浮き彫りにされる。

柴田勝家はこうした環境のなかで越前を任されたのであるが、同僚の中から一歩抜け出す機会と才能には欠ける点があったのであろう。勝家は天正十一年、越前北ノ荘《きたのしょう》城で正室お市の方や家臣たちと共に命を終えた。お市の方が天正三年小谷城では脱出を了承し、この時なぜ命を絶ったのかについては、拙稿『日本中世の女性』をご覧いただきたい。私見では、天正七年荒木村重の討伐での縁座の拡大が、その背景にあったと考えている。

### 秀吉と山崎城

さて、おねが大吉寺に逃げていた頃、秀吉は山崎合戦ののち、一時山崎城（現・京都府大山崎町）を居城とし、姫路や長浜に信頼する家臣を留守居として置いて目配りしていた時期があった。秀吉が山崎城にいたのは、六月二十七日の清洲での会議が終わった後から、翌天正十一年四月の越前北ノ荘での合戦に勝利する頃までと思われる。わずか一年にも満たない期間ではあったが、秀吉にとっては柴田勝家や織田信孝に対して、彼らを凌ぐ信長後継者としての地位を確定するための戦略的に重要な期間であった。

山崎城は戦国期、細川高国や同晴元の城であった。天正十年六月、明智光秀が秀吉を迎え撃つため山崎に兵を置いたが、十一日には撤退した。十三日の光秀との合戦「山崎天王山の合戦」で、秀吉方の中川清秀が山崎城を占拠したが、主戦場とはならず（『太閤記』の記述は脚色されたものであるといわれる）、光秀方を山の手・川の手・街道筋の三手から包囲した秀吉軍によって、明智軍は短時間で敗れた。

この後、秀吉のもとを山崎合戦に参加しなかった筒井順慶《つついじゅんけい》や細川忠興が訪れる。また天正十年十一月には柴田勝家の使者として前田利家が、「見舞」のために吉田兼見《かねみ》（吉田社の祠官）が、山崎城の秀吉を訪れている。西国の情勢にも気が抜けない不穏なこの時期に、西国街道に位置する山崎に軍を止めておくことは理にかなった布陣だったと思われる。

## 秀吉の大山崎掌握

秀吉は天正十年七月、山崎合戦から一カ月余りの後、大山崎に次のような「掟」を出している。

条々　　大山崎

一、油之座之儀、従前々如有来、当所侍之外不可商売事
一、買得田畠等之儀、如先規不可有相違事
一、麹《こうじ》之座、是又如前々可令進退事
一、理不尽之催促令停止事
一、徳政免許之事
右、堅相定条、如件
天正十年
七月二十一日　　　　　筑前守（花押）

大山崎は平安期以来、石清水八幡宮《いわしみずはちまんぐう》の神人《じにん》が住み、神人であることの特権を活かして、諸国から荏《え》胡麻《ごま》を買い付け、ここで油絞りをして、京など都市部へ販売することを生業としてきた。諸国との往来はもっぱら西国街道や淀川下りを利用しており、山崎は早くから開けた商業都市であった。

このように流通の結節点として重要な地を掌握しておくことは、単に軍事的な重要性に留まらない

メリットを持っている、と秀吉は考えたのであろう。物資や人の移動をここならすべて掌握できるからである。秀吉が物の動きをも正確に把握して拠点づくりをなしている状況がよくわかる。

### 大山崎の「侍」たち

大山崎は上層住民が「侍」と呼ばれ、「油神人《あぶらじにん》」として油の製造と販売をなしてきた。その神人は永禄十一年（一五六八）の頃には一七五名であった（『離宮八幡宮文書』）。そしてこの神人が秀吉の「条々」にいう「侍」である。秀吉は油座や麹《こうじ》座という特権的座商人の商行為を安堵し、彼らが今までになした田畠の買得集積を承認し、徳政令が出ても、この地では徳政令を適用しないという「徳政免許」を令したのである。いずれも大山崎の神人としての商業を保護して、特権的座商業を認め、高利貸資本の多い町場としての大山崎の当時の姿をそのまま認めている。情勢の流動的なこの時期にあって、大山崎を現状のままで秀吉の勢力下に急いで取り込みたいという意図があらわれている。

秀吉は翌天正十一年六月にも「大山崎惣中」宛に三カ条の掟を下したが、既にその二日前の六月二日、信長の一周忌の法要を主催して大坂城に入ったことからわかるように、大坂城に本拠地を変更しようと決心していたので、山崎城は破却されてしまう。天正十二年三月「山崎之天守」を取り壊すため奉行がやってきて、四、五日滞在したことが見える（『兼見卿記』）からである。天正十二年三月二十五日山崎城の天守閣は姿を消した。天守をはじめとして山崎城は破却され、現在は遺構が残るだけになっている。

### 秀吉体制の始動

ここで、山崎城を居城としつつも、姫路城と、秀吉に心を寄せる柴田勝豊《かつとよ》が入っていた長浜城を左右の属城のようなかたちで持っていた秀吉が、清洲会議直後から展開した諸政策を検討したい。

秀吉は六月二十七日の清洲会議を終えると早速近江の称名寺《しゅうみょうじ》などの寺に寺領を安堵し、京都本能寺に対して織田信孝が行なったのと同様に僧侶の還住を命じ、七月八日には山城の指出《さしだし》を徴している。いわゆる太閤検地の始まりである。清洲会議の直後の、まだ秀吉の立場に不安も残るこの時期から、太閤検地を開始していることは注目してよい。最初はまだ指出を徴収するという緩やかなものではあったが、世間に与えた衝撃は大きかった。

十一日に秀吉が京に入り、六条本圀寺《ほんこくじ》に陣を取ると、公家たちは競《きそ》って秀吉の元に挨拶に訪れる。京都の奉行として秀吉は初め桑原貞也《くわばらさだなり》を任命し、公家衆などとの折衝に当たらせたが、すぐに奉行は浅野長政・杉原家次の両名に変更し（八月七日）、次いで杉原家次を単独の奉行としたあと、織田信雄が前田玄以を京都奉行に任じて以後（天正十一年五月二十一日）、次第に奉行の任務を前田一人に移行させている。

秀吉の家臣団への所領給与も清洲会議直後の七月上旬から始まり、筒井順慶からは養子の小泉四郎を人質に取り、細川忠興やその家臣松井康之に丹波などの所領を与え、伊藤掃部助に丹波の地を与えている。下旬には前播磨淡河《おうご》の城主有馬則頼《のりより》に美嚢《みの》郡の地を、前但馬出石《いずし》の城主山名堯熙《たかひろ》（氏政）に播磨加古郡の地を与えている。九月には淡路・丹波・播磨国内の地を安堵したり加増したりする秀吉の姿が見られる。福島正則《まさのり》、山内一豊はこの時播磨の地を加増されている。十月には田路《たじ》、生駒、伊藤、浅野、安積《あずみ》氏が播磨、山城、丹波で所領を与えられたり、与えることを約束されている。このように、まだ播磨から丹後、丹波、淡路・山城という秀吉の力が直接及ぶ範囲に限られてはいるが、家臣団への所領給与を通じて、秀吉の家臣団の一致協力の体制が着々と作り上げられていることがわかる。

そして十月十五日に秀吉は、信長の葬儀を養子秀勝（於次秀勝。実は信長の第四子）とともに京都大徳寺で挙行した。信長の真の後継者は秀吉であることを示したのである。こうした状況を見て、本願寺の顕如《けんにょ》（本願寺光佐《こうさ》）、教如《きょうにょ》父子は秀吉・丹羽長秀・堀秀政に物を贈って友好的関係を結び、信孝ですら秀吉に柴田勝家との関係改善を求めてくる有様となった。

### 柴田勝家との決戦

しかし秀吉は軍備を厳にさせる。十一月二日、織田信孝・柴田勝家・滝川一益らが秀吉との決戦を来春と予定して、前田利家を秀吉の元に遣わして和睦を図ると、山崎城で利家に会見した秀吉は和睦を承諾している。この和睦はすぐに覆され、秀吉は十二月中旬、美濃に軍を進め、大垣城から岐阜城の信孝を攻めた。信孝は三法師（秀信）を秀吉に渡し、和を結ぶ。このころ秀吉は丹羽長秀と連署の禁制を近江河毛《かわげ》、美濃末森に出しているように、丹羽長秀が最も信頼できる友人であったようである。

天正十一年（一五八三）四月二十一日、秀吉はついに柴田勝家軍と賤ヶ岳《しずがだけ》に戦う。この戦いに敗れた勝家は、越前北ノ荘城に退き、同月二十四日にお市の方や家臣、女房たちとともに果てたのである。

明けて天正十二年、史上有名な小牧・長久手の合戦がある。この合戦の終了によって、秀吉は「天下人」としての地位を確立することになる。節を改めて、天正十二年の状況を見てみよう。

## 3　「天下」を獲る

### 小牧・長久手合戦

前年の賤ヶ岳の戦いで柴田勝家とその支持者の一部は敗死したとはいえ、秀吉に敵対する勢力は織田信雄・徳川家康をはじめとして多数に上った。天正十二年（一五八四）、正月から秀吉の武将中村一氏《かずうじ》を襲うなどの攻勢をかけている当面の敵であった、根来・雑賀一揆討伐のため、三月に秀吉は本願寺光佐《こうさ》と結ぶ。光佐の方からも、秀吉との連携が受諾された三月六日、信雄と家康方からの攻撃が伊勢や尾張で開始された。

尾張小牧での戦いは三月十三日から開始され、月末には秀吉自ら楽田《がくでん》に出向き、小牧に陣を取った家康・信雄と対峙した。翌日からは双方による禁制の出し合いがなされる。この小牧・長久手の合戦は長期戦となり、十一月十五日に講和が結ばれるまで、八カ月に及ぶ対戦となった。

その間、長久手合戦で、秀吉は大事な家臣池田恒興《つねおき》（勝入《しょうにゅう》）と森長可《ながよし》を四月九日に戦死させる。秀吉の甥で秀吉の養子である秀次《ひでつぐ》がこの合戦の指揮を執っていたため、秀吉は後日（九月二十三日）、秀次を厳しく諫めることになる。長久手での敗戦が、この合戦の長期化の大きな要因であったことがわかる。

十一月十五日、秀吉と信雄は桑名付近で会い、講和を結んだ。家康との講和の証として、家康の次子義伊《ぎい》(秀康《ひでやす》)を秀吉の養子とする契約が結ばれた。秀康は十二月、昨年主郭が完成に近づいた真新しい大坂城に向かった。

天正十二年は秀吉にとって、小牧・長久手合戦に明け暮れた一年であったといえる。しかしこの年、その一方で小牧・長久手合戦だけに集中していなかった秀吉の姿がみえる。

## 近江の重要性

小牧・長久手の合戦が始まってまもなく、根来・雑賀の一揆が再び岸和田城を襲ったので、秀吉は一揆への対処法には船戦がよいと考え、播磨の船を摂津まで回送させて一揆方に備えている。小牧・長久手合戦への物資や武器補給のために、四月と八月の二回長浜町民に鋤《すき》・鍬《くわ》を尾張まで運ばせたり、長浜と八幡《はちまん》の住民に兵糧米を関ヶ原まで運ばせたりしている。六月、近江の諸浦の船大工四十人の諸役を免除し、七月、西草津の鍛冶の夫役を免除するなど、合戦の継続に必要な措置を様々なかたちで近江国内に採らせている。このように見てくると、秀吉は合戦における近江の重要性を認識し、これまで本拠地の一つとしてきた近江を、直轄領としてフルに活用していたと考えられる。

近江を掌握して活用することは、秀吉方の陣営にとっては極めて重要な事柄であった。まだ大坂城が秀吉政権の中心とは言い難く、近江の地理的条件、生産力、流通における役割の高さに依存していたのが、この頃の実情であった。近江が天下人になるための準備期間の秀吉を強力に支えたと思われる。

そして近江に対しては、今まで守護として近江を支配してきた比叡山延暦寺に制札を下して牽制するかたわら、近江検地を実施したのである。九月には蒲生郡今堀郷が指出《さしだし》を提出した。この近江検地の奉行は坂本城を与えられていた浅野長政（長吉）であった。

### 京都に注目する秀吉

しかしこの年、秀吉自身の視野はきわめて広かったことが推察できる。四月、秀吉は洛中・洛外において、米座の他は米を、錫《すず》座の他は錫を売ることを禁じている。米や錫の専売権を特定の座に認めたのである。これは織田信長などが行なってきた楽市・楽座政策に逆行する策のように見える。だが、このような政策は、小牧・長久手合戦や、紀伊国での一揆に連動する反対派の動きを弱めるねらいで出されたもので、恒久的な政策ではなかったと思われる。

特定の座に専売を許したという点よりも、このような政策を京都の町に対して秀吉が出すことができた、という点のほうに注目したい。京都支配の重要性は日増しに感じられたであろう、秀吉は前年から京都に新邸を築き始めており、この年の四月には下京の町民を動員して、この屋敷の外濠を掘らせている。それほど京の町民は秀吉の元に従属させられはじめていた。

京の町人ばかりでなく、秀吉は公家の久我《こが》家に対して一条馬場の内四丁町《まち》を還付し、仙洞御所《せんとうごしょ》の造営を続けさせ、寺社に禁制を下したり、寺領を安堵したり、寺社の持つ検断権に関与したりしている（蓮華王院《れんげおういん》、建仁寺、大徳寺など）。

### 全国支配のスタート点

諸国に対しては、讃岐《さぬき》の十河《そごう》城に兵糧を送ろうとし（六月）、伊勢、大和・播磨・伯耆で家臣に対して所領給与を行うなど、全国に目配りをしていたことがわかる。

なかでも重要なのは、検地奉行を置いて近江に検地を実施していたこと、七月に家臣の知行分は在

**大坂城趾に建つ再建天守閣**（大阪市中央区）
秀吉はこの地を天下統一のための核と定めた。

所の収穫の三分の二とし、百姓の取り分は三分の一であることを決定していること、蔵入地《くらいりち》には蔵入奉行を置いて、直轄地支配を円滑に行おうとしていたことである。河内石川郡の蔵入奉行は伊藤秀盛《ひでもり》であり、そのほか蔵入奉行として小出秀政《こいでひでまさ》の名が見える。河内にも蔵入奉行が置かれていることから、直轄領は近江だけではなく所々に設置が図られていたことも推測できる。こうした秀吉政権独自の支配機構が、十二年の小牧・長久手合戦の最中から形成され始めていたことが知られる。

### 「天下人」への道

天正十二年という年は秀吉にとって、まさに「天下人」への転身がなされた年であった。その転身はすみやかになされたのではなく、きわめて困難な状況の中でなされたことに意義がある。

根来・雑賀一揆に悩まされる一方、秀吉は小牧・長久手合戦という天下分け目の合戦を続行し勝利しなければならない立場にあった。その勝利のためには、これまで対立してきた一向一揆と本願寺を味方に付けるという、大胆な知略を廻らした。これは信長の死に際して、毛利方と急遽和睦を結び、その後毛利氏や吉川、小早川氏を味方に引き入れることに成功した時と同じ方策を採ったことになる。

そして重要拠点たる京都の公家、天皇家、町民にも対策を講じ、諸国の秀吉方の陣営にも援助の手を伸ばし、その一方で、検地を実施し、二公一民原則をつくりはじめ、直轄地の支配組織をつくるという、全国を視野に入れた政策を展開している。

天正十二年という一年は、秀吉がその政権の基礎を固めた一年であり、天下人としての素質があることを天下に示した輝かしい一年であった。

## 4　「関白」「北政所」となった秀吉とおね

### 内大臣・平秀吉

天正十三年（一五八五）三月秀吉は内大臣正二位に任じられた。天皇家から位をもらうとき、秀吉は「平」を姓としている。ここで初めて織田信雄の官位（権大納言・正三位）を越えた。年来の好敵手として信長後継者の地位を争った信雄を超えたことで、目の上のたんこぶは、前年小牧・長久手の合戦で長期戦に持ち込まれ、不本意な講和をせざるをえなかった徳川家康一人になった。

内大臣になったことの効果はすぐに発揮され、京都の寺社や公家に秀吉から所領安堵がなされ、禁制が下され、次いで五月には公家・寺社から指出《さしだし》が徴された。所領を安堵したうえで差出検地を命じたのは、武士の所領とは順序が異なる場合もあるが、公家や寺社の動揺を少なくするためには有効なやりかたである。

こうして公家・寺社に飴と鞭《むち》を与えた上で、秀吉は七月十一日、関白に任命される。位は従一位に叙され、姓は関白にふさわしい「藤原」姓が許された。従一位にはもう一人近衛信尹《のぶただ》（信輔《のぶすけ》）も叙せられた。おねは従三位をもらう。関白の正室は平安朝以来「北政所《きたのまんどころ》」と称されたので、これ以後おねは「政所さま」と呼ばれることになる。

## 関白秀吉の誕生

関白は天皇を補佐する役職であるから、関白になってから四日後の十五日、秀吉は親王と准后《じゅごう》との間の座次争論を大徳寺で裁判している。天皇家のもめごとにも関与できる立場になったことは、秀吉がまさに「天下人」となったことを示す。補佐する側に、補佐される側よりも大きな力が認められる場合が多いからである。天正十三年七月の秀吉の関白就任は、それまでに築いてきた武家の棟梁としての実質に加えて、公家・寺社の上に立ち、天皇家を補佐する立場を獲得したことを示す、画期的な事態であった。その関白の地位は秀吉個人に与えられたのではあるが、この時点からおねにも大きな変化が生じた点が注目される。

## 「北政所おね」の登場

天正十三年の二月、おねは摂津阿弥陀寺に、薬師堂建立の費用を寄進している。秀吉が大坂城を本拠地と定め、全国支配に乗り出し始めたこの頃、正室おねが領域内の寺に金銭を寄進している、ということは、おねにも自由にできる財産があることを示す。夫の畿内支配を側面から寄進というかたちで支え、寺社を懐柔しようという方策に他ならない。おねは、秀吉が関白としての地位を前面に出して所領安堵をしたり、指出を提出させたりしているのを見ながら、金銭を支出するかたちで寺社対策の役割を担い始めたのである。

## 本願寺対策

寺社対策で緊急を要したのは本願寺に対する対処である。前年に、根来・雑賀一揆に苦慮した秀吉は、かつて敵対していた本願寺を味方につけようと、誘いをかけ、本願寺はそれを受け入れた。その証拠に天正十三年の正月、本願寺は秀吉に使いを遣わして歳首《さいしゅ》を寿《ことほ》いでいるからである。長年敵対してきた本願寺と秀吉との間に、友好関係が結ばれる機運が生じた。三月、秀吉は貝塚の願泉寺に禁制を下し、本願寺が秀吉の勢力圏内にあることを示した。その日おねの侍女「孝蔵主《こうぞうす》」が貝塚の願泉寺を訪れている。これは本願寺に対する秀吉方から出された融和策に他ならない。おねはこのようにまだはっきりと味方に付いたかどうかわからない微妙な方面に、秀吉とは異なる方法で、平和的外交を展開し始めた。これこそが、秀吉正室としての役割であり、他のだれにもできない役割であった。おねは秀吉の政策を背後から平和的手段で支える役割を果たしていた。具体的には藤原（豊臣）家の「家」外交を担っていたといえる。

本願寺に対しては秀吉は慎重にもてなす様相をみせ、五月には本願寺に摂津中島（渡辺）の地を与え、貝塚からここに移らせ、伽藍建設を許すのである。こうしたさらなる友好関係の構築には、おねの力が作用していたことが推測できる。

## 広がるおねの役割

秀吉の養子秀勝は天正十二年の年末に毛利輝元の養女を正室にした。こうした養子や養女、嫁たちの監督・教育はおねの責任でなされたことはまちがいなかろう。

七月に「北政所」となると、おねには新たな役割が生じる。藤原関白家として、天皇家や公家衆、寺社衆とのつきあいがおねの指揮のもとになされることになる。特に天皇家に対しては、節季ごとの贈り物、臨時のご機嫌伺いが、重要なおねの役目になった。おねは先の織田信長への挨拶に見られたように、相手先に好感をもって受け取られるような物を持参しなければならなかっただろう。ずいぶん気苦労が増大したことと思われる。

### 全国支配の開始

天正十三年関白になった秀吉は、様々な分野で全国支配のための体制固めを始めている。直轄領である蔵入地には、前年から置いていた代官を引き続き設置し、山城・近江の百姓が検地実施に反対して逃散すると、片桐貞隆《かたぎりさだたか》に命じて未進年貢を猶予して百姓の還住をはかり、京都の禁裏六丁町《まち》には諸役・徳政・寄宿などを免許し、近臣たち（堀尾吉晴・加藤嘉明・堀秀政・生駒近規・中村一氏・山内一豊ら）を畿内や近江の拠点に配置し、彼らの中心として弟秀長を大和に配し、甥の秀次を近江八幡《おうみはちまん》に据えた。

もう一つ忘れてならないのは、秀吉が物資の逓送《ていそう》体制を作り始めていることである。三月秀吉は新荘蔵人《しんじょうくらんど》に命じて、池田輝政が運送している船鎖《ふなぐさり》を、近江国中の河を経て逓送させている。五月には米を加賀に運送させているのも、こうした逓送体制ができはじめていたことを推測させる。和泉・紀伊の一揆衆を討伐することに成功すると、堺以南の和泉・紀伊の船を、次なる目標四国に向けて徴発している。物資の逓送体制ができれば、軍船を徴収して回送する体制と合わせて、強力なインパクトを相手に与えるに違いない。軍勢の集結、船の集結の背後に、この物資の逓送体制ができはじめていることをみた長宗我部氏と越中の佐々氏は、いずれも秀吉に降った。

このように秀吉にとって天正十三年という年は関白になったというにとどまらず、その官職によって信雄を圧倒し、天皇家、公家、寺社を補佐あるいは援助する行為を通じて、順次彼らを秀吉の支配下に繰り込む可能性の開けた年であり、武士に対しては、直臣団を拠点に配置し、逓送体制をつくることによって、全国支配の可能性が大きく開けた年であったといえる。

**関白就任の意義**

秀吉の関白就任を機におねは北政所となり、その役割は関白家の家外交を担うという重いものとなり、天皇家をはじめとして公家や寺社にも挨拶を欠かさず行なわねばならなくなった。それまでに務めてきた家臣団への配慮や養子・養女・嫁に対する教育や躾《しつけ》もおねの仕事であり続けたから、おねは北政所となって以来、急激に役割を増大したと思われる。

おねの役割の詳細については次章で検討することにして、関白の北政所に出世する以前のおね、彼女と同じクラスの武士の女性の暮らしはどのようなものであったかについて次に見ておこう。

## 5　戦国期の武士の女性

**戦国期の女性の衣服**

戦国期から織豊期にかけての武士の女性は様々な点で室町期の女性とも近世の女性とも異なっていた。

衣食住の衣については、前章で述べたように、男女ともに武士階級の平服は小袖《こそで》になっていた。これを着ると動作が容易である点から、小袖は武士だけでなくあらゆる階層に好まれた衣服となる。先述のように信長やお市の方から、京都の商工業に携わる人々まで、小袖や筒袖の衣服を身につけた。こうした小袖の制作は基本的にはそれぞれの家で成されたから、武士階級の女性が裁縫に堪能であったことはうなづける。

室町初期の成立と推定される『めのとのそうし』には、「男のいしやう《（衣装）》見ぐるしきは、上下によらず女のはぢ《（恥）》なり、いかにもいしやうを御たしなみ候べし、むかしより女ばう《（房）》は男をしつしおもふ（大切に思う）ものなり」とある。戦国期には、夫や子供の衣装を見苦しくないように制作し、整えておくことは、妻や娘、母親の役目であると考えられていたことがわかる。衣装制作は「いやしきわざ」などではなく、女性として習得しなければならない技術であり、とくに武士階級の女性には必修科目であったと『めのとのそうし』は述べている。

「ことにさぶらひ《（侍）》は、馬の鞍をく《（置）》ひまに、かみしも一具《いちぐ》ぬはぬ女はあらじと也」という。武士階級の女性は夫が馬に鞍を懸けて合戦準備をしている間に、裃《かみしも》一揃いを縫いあげるくらいの裁縫の技術を持っていると述べるのである。

衣類が基本的に自家生産であった中世においては、武士の女性は、一家あるいは一族成員の衣類を、原材料の確保から、繊維の制作、そして反物を織り、裁《た》ち、縫うというすべての工程を管轄し、また担当していた。武将の妻は前章で述べたように、主君や同僚への献上品・贈答品として上質の小袖を必要としたから、勢い女性たちの裁縫技術は向上したと考えられる。

信長以下戦国期の武将たちは美しい小袖を所持していた。片身替わりの小袖が多いのは、そのデザインのおもしろさだけでなく、高価な布、手に入りにくい布地を大切に生かして使うためであったのだろう。左は秀吉が天正十七年に、京都の祇園祭を構成する芦刈山《あしかりやま》のご神体人形に奉納した小袖である。蝶と牡丹の文様が織られた織物を半分ずつ組み合わせた片身替わりの小袖に縫われている。染織の技術の高さをよく示す逸品である。

**小袖（蝶牡丹文書片身替）**（芦刈山保存会蔵）

**戦国期の食**

食事は基本的には二食だったようである。『おあん物語』の語り部おあんは、山田去暦《きょれき》の娘で、父は石田三成の家臣だったので、関ヶ原合戦を経験している。そのおあんの語るところによると、「不断《ふだん》（普段）朝夕ぞうすいを給《たま》いておった」とあるから、下級武士の日常の食生活は雑炊《ぞうすい》の二回食であったことがわかる。

しかし、兄が鉄砲をもって雉《きじ》などを撃ちに行くときは、昼飯用に「菜めし」を炊いて持って行ったので、そういうときはおあんも菜飯をもらって食べたのがうれしかったと述べていることから、ときには昼食を摂る習慣も生まれていたことがわかる。二回食と三回食が混在していた時代なのであろう。

### 戦国期の住まい

住居は秀吉の婚姻時の様子からみても、下級武士では土間・板間をもつ住居が基本であり、そこに薄縁《うすべり》やござを敷いて休むという暮らしぶりが普通であったと思われる。畳は限られた上層身分の者は所持していたが、下級武士以下には無縁の存在であり、大和の国人領主で、戦国武将であった十市《とおいち》氏クラスの武士であっても、冬の間に限って畳を敷く生活であったと思われる。

十市遠忠《とおただ》の後家「十後《とうご》」が天正十八年京に住居を移すと、奈良の多聞院英俊《たもんいんえいしゅん》は九月に畳二畳を届け、十二月には火鉢を届けている（拙稿「戦国・織豊期の十市氏と十市後室の生活」『日本中世女性史論』所収）。おそらく「十後」が英俊に預けていたものであろう。火鉢に大原女《おはらめ》が売り歩いた炭を買っておこし、暖をとる生活であったと思われる。

### 戦国期の女性と馬

戦国期の武士の女性は日常的にも馬に乗る修練を積んでいた者も多かったと推測できる。

馬と武士の関わりは古代末期の「将門《まさかど》の乱」の頃から始まる。乱の主軸は「僦馬《しゅうば》の党」と呼ばれた人々であった。「僦馬の党」とは、平安中期のころ東国で、駄馬を用いて運送業を行なう傍ら、機動力を生かして、略奪や横領を働く人々をこう呼んだ。以後東国では、成立期の武士団は馬と密接な関わりを持つようになり、鎌倉時代以後、「騎乗の武士」が武士階級のあこがれとなり、また典型ともなった。

戦国期に入って、戦国武将たちは騎馬軍団をどのように動かすか、鉄砲隊をどのように編成するかに細心の注意を払う。武田信玄が騎馬軍団を駆使して領国平定戦を成し遂げたことは有名である。戦国大名個人としては、前章で述べたように、織田信長は馬と鷹を趣味としており、信長が出陣することを『信長公記』は「御馬を出され」と表現し、軍を引くことを「御馬を納めらる」と表現している。中世を通じて、まさに武士と馬とは一体のものとしてとらえられてきた。

それでは馬に乗ったのは男性武士だけだったのだろうか。中世初期には馬に乗って戦場を駆けた巴《ともえ》御前の姿があった。源平合戦で活躍した巴は木曾義仲《きそよしなか》の育ての親である中原兼遠《なかはらかねとお》の娘とされている。義仲とは乳兄弟であり、義仲に従い、その妾にもなった。彼女は「荒馬乗りの名手」ともいわれる馬の乗り手であり、また義仲軍中にあっては優秀な武将でもあった。こうした女武者は先稿で論じたように（拙稿「中世の女性と軍役」「中世の合戦と女性の地位」以上二論文は『日本中世の社会と女性』所収）、南北朝の内乱以後、次第に合戦の場から後退しはじめる。その理由は武士の家での相続権の微細な変化、幕府の軍役賦課形態の変化、それらに伴う社会通念の変化などに規定されていた。

**武士階級の女性の乗馬**

しかし今回馬と武士の関わりを調べていて、武士の女性が乗馬をするという伝統は中世を通じて生きていることがわかった。なぜなら、伝統的な行事に騎馬の女性が参加しているからである。女性の騎馬武者は「女騎《めき》」と呼ばれた。

天正十三年（一五八五）、秀吉が関白になった年の同じく七月、武蔵国では太田氏房《うじふさ》が祝言《しゅうげん》をあげ

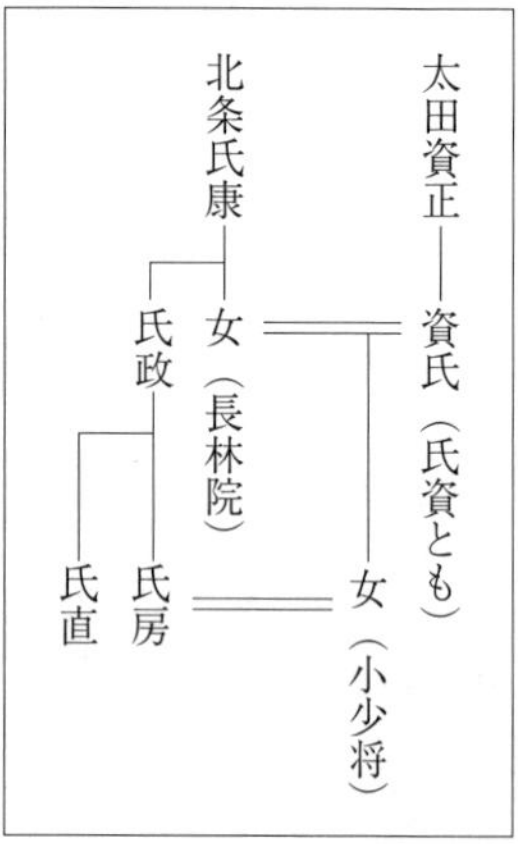


北条・太田氏関係略図

た。氏房の妻となったのは太田資氏《すけうじ》の娘「小少将《こしょうしょう》」である。夫太田氏房は実は北条氏政の次男で、「小少将」を妻にしたことで太田氏の婿となり、太田氏の名跡《みょうせき》を継ぐことになった。北条家の当主は氏政の嫡男氏直《うじなお》が天正八年に家督継承していたので、氏房は他家つまり太田家を嗣いだのである。「小少将」は江戸から夫のいる武蔵岩付《いわつき》（岩槻）まで行列を仕立てて行進した。その行列を左に示す。

一番～七番　長持、貝桶、屛風箱などの荷を担う輿
八番　二〇人の輿添衆の輿
九番　「小少将」の輿
十番　上臈の輿（男性家臣二人が従う）
十一番　局の輿（同右）
十二番　中臈の輿（同右）
十三番　中臈の輿（同右）
（これらの輿の間は五、六間ずつ間が置かれる）

（十間ばかり置いて）
十四番　二〇人余の走衆の得道具
（十間ばかり置く）
十五番　「女騎」の奉行と女騎
（十間ばかり置く）
十六番　女房衆下司以下奉行
（十間ばかり置く）
十七番　荷物奉行（男性家臣二人が従う）
（二十間ばかり置く）
十八番　警護（太田備中守）

右のような長い行列を組むようにと、北条氏政は朱印状で太田備中守・宮城美作守・福島出羽守に命じている。宮城・福島は婚礼行列の惣奉行であった。

この行列次第を読むと、男性家臣が輿添衆や走衆などとして警護のために多数参加していること、女性家臣もそれに劣らず上﨟・中﨟二人ずつと、女房衆それに「女騎」が付き従っていることがわかる。なかでも行列の十五番を構成する女騎は、天野主水《もんど》・岸野山城の二人を奉行としていたようであり、二人の奉行と女騎が行進した。十六番の「女房衆下司以下奉行」でも若海、立石の二人の人名と

「女房衆下司以下女騎」の記載があるので、女騎が付き従ったことがわかる。

このように武将の婚礼行列には、二番にわたって（二グループで）何騎かの女性騎馬武者が参列していた。婚礼という「晴れ」の儀式に多くの女性家臣が参列していたのであり、乗馬の女性たちも行列に加わって行進していたことがわかる。女性が馬に乗る習慣は戦国期にも普遍的に存在したのである。

このことを傍証するのは、戦国大名武田氏の領国において、騎馬で関所を通った「女騎」があったことである。

これらの事例は女性の乗馬が戦国期に見られること、それは合戦のためというよりも、物資の輸送や婚礼行列という日常生活や晴れの儀式において見られる点に、合戦の場よりも、より普遍的なかたちで女性の騎乗姿が戦国期に存在したことを推測させる。

### 女房の役目

婚礼の行列に女騎が参列していたことと共に注目されるのは、女房衆が多数参列していたことであった。この女房衆は普段どのように生活し、大名領国の中でどのような役割を果たしたのであろうか、また城の攻防戦に際してどのような立場に置かれたのであろうか。

普段、平時には女房衆は主君の身の周りの世話、食事や衣類の準備、主君の家族の世話、それに室町幕府の女房や天皇家の女房の役割から推測して（拙稿「室町幕府の女房」『日本中世の社会と女性』所収））、主君への「取り次ぎ」を任務としていたと考える。こうした役割に加えて、前章で述べた小袖の制作などの臨時の役割も加わったであろう。

それでは城持ち大名は城の中に女房衆を常時置いたのか置かなかったのか、どちらであろうか。これについては格好の史料が見付かった。天正十三年正月十二日付けで秀吉は伊木《いき》忠次《ただつぐ》に書状を与え、岐阜城に女房衆を置くように命じている。伊木忠次は池田輝政の老臣であり、輝政はこの年二十二歳であり、前年の長久手合戦で父恒興と兄之助を亡くしていた。池田家の当主となった輝政は同年大垣城を秀吉から拝領し、続いて岐阜城を拝領し、十万石の大名となったのである。

この時、秀吉は次のように命じている。「岐阜城を受け取って、普段は三左衛門（輝政）が在城することが肝要である、女房衆も城に置くように、自然他国への出陣などには、その方（伊木氏のこと）を留守に置くか、またはこの方（秀吉）から人を置くかは、時宜に従うべきである、いずれにしても普請以下申し付け、油断なく申し付けるよう申し聞かせるべきである」と。

秀吉は小牧・長久手合戦で池田父子が討ち死にしたことを悔やみ、輝政をその父と兄の功績によって大垣城、ついで岐阜城の主に取り立てた。輝政の与えられた岐阜城は峻険な稲葉山にある山城である。その岐阜城にも女房衆を置くことを秀吉は命じているのである。山城に女性たちがいたことは、秀吉のこの書状によって証明される。

## 女房という女性家臣

「女房衆」の語は、戦国期、妻を指す場合もあったが、信長がおね宛の書状で「藤吉郎おんなとも」と述べているように、妻はむしろ女房衆とは異なった呼び方をされることが多かった。女房衆はほぼ女性家臣（家臣の妻を含む）を指していたと考える。

天正十三年の正月に輝政が最初の妻中川瀬兵衛の娘糸子と婚姻していたかどうか、はっきりしたことはわからない。婚姻していたとしても糸子付きの女性家臣もあっただろうから、この女房衆は主として池田家に仕える女性家臣を指し、彼女らの在城が命じられたものと考える。

つまり、戦時に限らず平時にも、山城であっても、男女の家臣が在城していたのは事実であると考えられる。女性家臣は取り次ぎや主君とその家族の衣食住を怠りなく整えることを職掌とし、恒例や臨時の行事に供奉してそれを滞りなく実施した。それに加えて贈答品として重要な小袖の制作などに関わっていたのである。

# 第五章　「てんか」秀吉の妻

## 1　秀吉の九州平定

### 秀吉、太政大臣を兼ねる

天正十三年（一五八五）の七月に関白になった秀吉は翌天正十四年の十二月十九日、太政大臣になる。姓は藤原を改め、「豊臣」という独自の姓を拝領する。太政大臣は平安期には太政官を従え、内外の政《まつりごと》を総括する役職であるとされ、国政の最高機関であったが、摂政や関白、内覧《ないらん》などの地位を獲得してはじめて実権をもつ役職でもあったので、秀吉が関白に任じられた意義のほうが、太政大臣に任じられた意義よりも大きい。しかし、秀吉が関白と太政大臣を兼ねたことによって、豊臣家の貴族化は完成の度を増すという効果を発揮する。

既に秀吉は豊臣家の親類筋からあるいは親しい大名家から、多くの養子・養女をとっていたが、関白・太政大臣の兼官により、新たに近衛前久《さきひさ》の娘前子《さきこ》を養女とすることができた。前子は女御《にょうご》となっており、その後十二月十六日、入内《じゅだい》して正式に内裏に入った。後陽成《ごようぜい》天皇の正妻となったのである。後に前子は天皇の子を産む。後水尾《ごみずのお》天皇がその人である。後陽成天皇は正親町《おおぎまち》天皇の子で、天正十四年十一月七日に秀吉の後援で天皇に即位した人である。こうして秀吉は天皇とその妻をいずれも後見する立場を獲得した。後陽成天皇と女御前子への貢献に対しての、太政大臣拝領であったと考えられる。

### 兼官の効果

関白という立場、次いで太政大臣という官職を獲得したことは、秀吉にとってその力を発揮できる場を飛躍的に拡大した。まず第一に右に述べたような、天皇家への援助がおおっぴらに行なえ、またそれが善行として評価される風潮が生まれたことである。天皇家を補佐する役割に就いたことで、秀吉が天皇家に対してなしうる財政的援助は、正しい行為と見なされた。

秀吉は天正十四年正月、黄金の茶室を正親町天皇に見せ、茶湯を献じている。去年から始めている、京に仙洞御所を建設することも、この年の、内野に邸宅を造るのも、当然の行為として許された。天正十四年、秀吉は大坂城の修築を進める一方、京には内野の邸宅工事と仙洞御所の工事の二つの工事を抱えており、その上、大仏殿建立の地を定めて、その材を諸国から集め、明の工匠古道に作事をさせようと、平戸から呼ばせるなど、大工事をいくつも抱えていた。そのため、忙しく京―大坂を行き来している。

関白・太政大臣の地位は、配下の武士の官職を上奏する権限を秀吉に与えたので、武士の家臣化はより一層行ないやすくなった。これが第二の効果である。

### 天皇の勅をいただく秀吉

第三には秀吉の命令に「勅命」という権威を上乗せすることができた点である。これを最も効果的に実施できたのが、九州平定戦においてであった。かねてより九州の大友氏から島津氏の版図拡大を訴えられていた秀吉は、島津に対し大友・龍造寺《りゅうぞうじ》と和睦することを命じる。このたびの特徴はこれが「勅旨」によることを強調できたことである。諸大名を超越した関白の地位が物を言い、天皇の補佐という立場から、勅旨を掲げることができたのは、秀吉にとってその権威をいっそう高める要素が増えたということになる。

しかし島津氏からの返答は「命に従い難い」というものであった。勅旨だけでは大きなインパクトにはなりえない時代になっていた。勅旨を誰がどのように奉じて実行するかで、勅旨の力も異なる時代になっていたのである。もっとも室町幕府の時代も、天皇や将軍が臣下に対して戦闘や争いを止めるようにという「平和令」を出していた伝統があった。こうした平和令を秀吉が天皇家を背景にして、出せるようになったことが重要である。「天下人」としての実質は、秀吉が関白になり、天皇の権威を背景に天下に号令を発することができるようになった天正十四年の当初からがその時期であると考える。

### 九州の役

勅旨を額に掲げて島津に和平を迫ったことについては、実力をもって島津をねじ伏せなければ講和は実現しなかった。天正十四年二月、秀吉はまず家康と和議を結んで東方の憂いをなくし、昨年平定した四国の長宗我部や毛利・吉川《きっかわ》・小早川ら中国・四国勢を進発させる。秀吉方の軍師は黒田孝高《よしたか》、検使は森吉成《よしなり》である。軍勢を派遣し、自らも出陣準備をし、天正十五年三月に島津親征を決めた秀吉は、単に軍勢を派遣するだけでなく、様々な面から合戦の準備をなしていたことがうかがえる。蔵入分の年貢を出陣費用にするため、讃岐の蔵入分代官生駒近規《ちかのり》にその年貢を蓄えさせたり、千石秀久《せんごくひでひさ》に食料と加勢の人数を豊後臼杵《ぶんごうすき》に送らせたりしている。九州南端までの物資と軍勢の大輸送構想を秀吉はもっていたことがわかる。この構想を実現する過程で、道路や海路が整備された。

この九州の陣において九州の諸領主は大友に付くか島津に付くか、続いて秀吉方に付くか島津とともに秀吉に反抗するか、の態度決定を迫られた。そうした時に、降伏の証として人質を出すことが普遍的に見られるようになった。例えばこの年の四月、九州の国境を定めた秀吉は、諸城の守備を固めさせ、諸氏から人質を取ることにして、その人質を軍師黒田孝高に渡させた。秀吉が九州征伐の具体的方針を決めたのは七月末のことであるから、あらかじめ味方となることを決めた諸氏からは人質をとって平和的な関係を結んでおく方針であったことがわかる。龍造寺政家はこの方針を受け入れて、秀吉に人質を入れて島津とは断交し、筑後・肥後で敵将を降《くだ》している。十月、秀吉は龍造寺政家の戦功を賞した。このように九州陣では敵味方を分けるために、人質が大きな意味をもったのである。

### 人質の意義

人質は合戦において敵味方を峻別するためばかりでなく、講和が結ばれた後にその確認の意味でも用いられた。天正十四年の二月に家康との和議を結んだ秀吉は、妹旭《あさひ》姫を五月に家康の妻として送り込み、九月には母親「大政所」を人質に送ることを条件に家康に上京を勧め、「大政所」が十月人質として岡崎城に入ったのと交替に、家康が約束に従って上京した。この見返りか、秀吉が家康邸を内野に造営させたのが十一月であった。

こうして人質は、緊張感漂う両者の思惑の中で、あるいは態度決定を示す指標として、あるいは態度決定後の固めとして、縦横に用いられる時代になった。

### 寺社対策

寺社に対する秀吉の態度も、天正十四年には一段と厳しいものになった。本願寺とは友好関係を結ぶ必要があったので、本願寺には和泉国築尾村の地を寄進したり、本願寺の御影堂《みえいどう》竣工の際に秀吉も参列したりしているが、南禅寺の住持は秀吉が任命し、南都興福寺の指出《さしだし》が、信長時代に提出したそれと異なるとして責めている。

当時大和一国は秀吉の弟秀長に与えていた。秀長も、この年の旱魃《かんばつ》が著しかったことから、興福寺に降雨を祈らせ、また大和国郡山《こおりやま》城修築のために、夫役を法隆寺客僧に課している。こうして、秀吉が天下人であり、秀長が大和の国主であることを、大和の住民には示したのであった。

### 島津討伐

天正十五(一五八七)年の秀吉の最大の関心事は九州島津氏の討伐問題であった。初めて大坂城で正月の挨拶を諸将から受けた秀吉は、その場で島津氏討伐の部署を定め、討伐命令を大坂から九州までの路次《ろじ》(みちすじ)に下している。二月十日、秀長が大和から九州へと出陣し、秀吉自らも三月一日には兵を率いて大坂を出発している。

留守は甥の秀次と前田利家が京都にいて守ることになった。おそらくおねは大坂城にいて、留守を預かる役割を担ったのであろう。大坂のおねと京都の秀次が通常の行政に当たったと考えられるが、天皇家や公家関係の業務は北政所たるおねにしか果たせなかったと思われる。天正十五年はまだ聚楽《じゅらく》次が執り行なったのであろう。秀吉の命令で木石は徴収されていたが、建設の監督や京の治安維持は若い秀次が執り行なったのであろう。

島津氏は正月に秀長と石田三成に書状を送り、秀吉に反抗する意志のないことを弁明していた。しかし、書面の上だけの服従を秀吉は信用していない。秀吉は三月一日に出発して、十二日に備前《びぜん》岡山、十七日安芸《あき》二十日市《はつかいち》、二十五日長門《ながと》赤間関《あかまがせき》、二十九日筑前小倉《こくら》に到着している。九州に入ると戦闘の指揮を執り、人質を取るなどあわただしい日々が始まる。四月九日には陣立てを改め、筑前から肥後へと進む。秀吉の先鋒を務めていた秀長らも島津軍を破ったので、ついに島津義久は一族の伊集院忠《いじゅういんただ》棟《むね》を人質として秀吉に降るのである。

しかし秀吉はこの知らせをすぐには受け取ることができなかったらしく、軍を水俣から薩摩出水《いずみ》に進め、島津忠永《ただなが》を打ち破り、水軍の大隊を薩摩平佐城に差し向け、五月三日には薩摩川内《せんだい》の泰平寺に本陣を構えさせるまでになった。同日、秀吉はここで初めて島津義久の降伏を知り、義久を許し、諸軍を停止させた。そして日向・大隅の島津方の武将から人質を取り、日向・豊後・大隅を大友宗麟《そうりん》・伊東祐兵《すけたか》・大友義統《よしむね》・長宗我部元親・伊集院忠棟などに与える「国割り」を行なった。島津氏は義久が剃髪《ていはつ》して、秀吉への恭順の姿勢を明確にし、泰平寺に出向いて秀吉に罪を謝罪したので、秀吉は義久にその所領薩摩を安堵し、人質は提出させた。島津方から人質となったのは、十五歳になる娘や家老たち十人ばかりであった。

薩摩など九州の仕置きの第一次案を定めた後、五月十八日には秀吉は帰坂の途に就く。帰り道においても義久・家久などへの仕置きを次々と命じ、六月七日には筑前箱崎で九州諸大名の国割りを最終決定し、十一日には博多町の再興を命じ、七月十日には岡山に着き、備前片上《かたかみ》（備前市）からは海路をとって、七月十四日大坂に凱旋した。

こうして島津征伐は成功し、畿内から九州までが秀吉の版図となった。家康支配下を加えれば東海地方も版図に入ったことになる。

### 征討成功の鍵

九州の陣は秀吉が目指した全国支配の夢からいえば、四国征討に続く大事業であったが、秀吉自らの出馬によって、予想外の早さで決着した。九州征討が早期に決着したことの背景には二つの要因があったと思われる。

一つは討伐したばかりの長宗我部氏など四国衆を先鋒として働かせた点である。新参の武将、しかも帰属を許されたばかりの武将は、恭順《きょうじゅん》の証として、真っ先に敵に向かわなければならないという意識を利用して、上手に先陣に配置されている。新参者は必死で働かねばならなかった。

もう一つは、秀吉自らが出馬したことにあった。関白として、天皇の補佐を任務とする秀吉は国家の安寧をはかる立場にあった。それこそが天皇・中宮の後見者に任された大きな任務であるからである。前年の年末に天皇の中宮として養女近衛前子が入内したことは、秀吉の関白としての天下平定・安寧の確保に正当性を与える条件をさらに一つ増したと考える。

## 2　九州の役の頃のおねの役割

九州の役が終わった直後、秀吉はおね宛に書状を出している。この書状を手がかりに、おねのこの頃の役割を考えてみよう。

### 「てんか」を多用する秀吉

秀吉が関白になって以来、おねが「北政所」と呼ばれたことは、前述のとおりである。秀吉が武将たちやおね、その侍女たちに与えた書状は約百四十通ほど残っている。そのなかで初めて「天下」と署名した書状は越前北ノ荘から北政所の侍女「いわ」に与えた十一日付書状である。この書状には「きたのせうより　天下」と秀吉は署名している。無年号の書状ではあるが、「越中から凱旋した、若狭へすぐに移動し、国割りをして、二十七、八日頃大坂へ凱旋する」と述べているところから、佐々《さっさ》成政《なりまさ》を降した天正十三年（一五八五）閏八月十一日付の書状であることがわかる。同年の七月十一日に秀吉は関白になっているから、それから二カ月後には「天下」と自称していたことがわかる。

その後秀吉は書状で「てんか」「天下」を多用し始める。武将宛の朱印状では黒田孝高《よしたか》、毛利輝元などに「秀吉」の朱印状を用い、家康の重臣石川数正《かずまさ》を招いたときの書状も花押《かおう》を書いているのに対して、おねやその侍女、養女摩阿《まあ》姫に対する書状は「天下」「てんか」と署名している。男性の武将に対する書状と女性群に対する書き方が区別されているのである。

ただし一点のみ例外があり、それは七月四日付の北政所に与えた自筆書状であって、それには「秀吉」と記し花押を据えている。この書状の内容は「大政所(秀吉の生母)の看護に献身してもらって満足している、母の機嫌に合うようにお頼みする、養女たちも気なぐさみにそちらに留め置いていただきたい、そのためにも金銀は心置きなく使ってほしい、白銀がそちらにないと聞いているのでまず百枚お送りする」というものである。この書状の出された年は、大政所の病という事実から、天正十四年の六月末以後のものであったと推定できる。

秀吉はこの書状ではなぜ「秀吉」の花押を書いたのであろうか。これまでその理由について考えられたことはないが、私見では、その理由は、主文の部分が金銀の使用許可、白銀の送付という、「公」金の使用に関するものであったからではないか。大政所という自身の生母ではあるが、「大政所」の称号を与えられた関白の母親への公金の支出を、公務として「北政所」に依頼し、公金の支出を許可したという性格の文書であると考える。

## 「北政所」への手紙

天正十三年七月に関白となって以来、男性武将や北政所に与える公文書・武家文書は朱印状や「秀吉」の花押で文書を出し、家族の女性や侍女に与えた私信は「天下」「てんか」という署名で書状を発信したといえる。桑田忠親氏は「てんか」は関白殿下の「殿下」であったという見解も示されているが(『太閤書信』)、「天下」「てんか」を併用している点から見て、「てんか」は「天下」の語を宛てるのが正しいと思われる。

## 「こほ」宛書状

九州の役の最中に秀吉は先述のように黒田孝高や毛利輝元などの武将に合戦の部署や戦略について指示を与える朱印状を出している。それとは別に、女房「こほ」に与えた書状と、九州の役直後に北政所に与えた自筆書状がある。

「こほ」宛書状は五月九日に記されている。ここでは次のように述べている。「四月八日の文を五月九日に泰平寺で受け取った、筑紫を平定し、島津の頭を刎《は》ねようと思っていたところ、降伏してきたので命は助けた、国の仕置きを申し付け、博多の城を整備してから帰る、対馬・壱岐の者は残らず出仕した、島津の一類を引き連れて、七月初めには上坂する」。大坂―鹿児島間は早馬でも一カ月かかったことが知られる。大坂からの通信に対して戦況を報告している書状である。

戦況報告は、宛名は「こほ」ではあるが、北政所に対して成された報告であるといえる。留守を大坂城で守っている北政所に、合戦の状況を報告したというのがこの書状であった。読んでほしいのは妻たる北政所であった。関白の不在期間に留守を預かる「北政所」という関白正妻に、九州の情勢を知らせる公文書であったために、以上述べたとおり、この書状の署名は「ひて吉」とされていると考える。この「こほ」宛書状は公文書として出されたものであると考えられる。

## 北政所宛書状

次に北政所への秀吉自筆の書状を取り上げる。この書状は九州の陣が一段落した時期に出されたものである。この全文を左に引用する。

昨日さつま《(薩摩)》のくによりひこ《(肥後)》のくにまてひき申候間、御心やすく候へく候。六月五日ころにちく《(筑せん《前》のくにはかた《博多》まて参可申候。これははや〳〵はんふ《半分》ひき申候。大さかへははんふみちにて候。はかたにてふしん《普請》申つけ、六月中にて、もし七月は十日ころに大さかへかへり可申候。御心やすく候へく候。ゆきつしま《壱岐対馬》のくにまて人しち《質》をいたし、しゆしん《出仕》申事。又こうらい《高麗》のほうまてにほう《日本》の大いりゐ《内裏》しゆし《出仕》可申よしはやふねをしたて申つかわせ候。しゆし不申候はゝ、らいねんせいはい《成敗》可申よし申つかわせ候。からこく《唐国》まてていれ、我等一こ《期》のうちに申つく可候。さけすみをいたし候へは、一たんほねをれ申候。こんとのちん《陣》にしらか《白髪》おゝくてき《出来》申候て、ぬき申事もなり不申候。御めにかゝり候はん事、は《母》もしにそもしへはかりはくるしからすと存候へとも、めいわくに候。

五月廿九日

五月十日の文、今月廿八日ひこのくにさしき《佐敷》にてはいけん候。明日は八つしろ《八代》までこし可申候。

しまつ《島津》はしりいり候、其すましよう《済様》の事。

一しまつよしひさ《島津義久》人しち、十五はかりのむすめ一りこ《一人子》。

一よしひささいきやう《在京》の事。

一しゆくろ《宿老》とも人しち、十人はかりの事。

一しまつひやうこのかみ《兵庫頭》人しち、十五になり候そうりう《惣領》のこ《子》大さかにつめさせ、又、八になり候こを人しちに出し候事。

一しまつ中せう《中書》めこ《女子》をつれ、さい《在》大さかいたし候間、さつまのくに・大すみ両こくとらせ、ゆるし、こと〳〵くいへんいさせ（マヽ）

この書状は本文の最後が欠けているようである。秀吉の自筆書状で、五月二十九日の日付が記されている。薩摩から肥後まで撤退したとの内容からみて、天正十五年の島津征伐直後に大坂にいたおねに宛て出されたものであることがわかる。

先述のように、秀吉は五月八日に島津義久が剃髪して恭順の姿勢を表したので、彼を許し、薩摩を安堵したが、人質を取った。その人質がこの書状に見える義久の十五歳の娘「菊若《きくわか》」である。義久には在京を命じたことも、この書状からわかる。人質は菊若だけではなく、宿老十人ばかりも人質になっている。島津兵庫頭(義久の弟・義珍《よしまさ》・義弘《よしひろ》)も十五歳の惣領と八歳の子を人質に出すこととされ、島津中書《なかつかさ》(中務)大輔《だいぶ》家久《いえひさ》も妻子を連れて大坂在住を命じられた。このように島津氏降伏後の人質徴収についての内容を詳しくおねに記したのである。

追而書《おってがき》では帰坂の日程を記し、高麗に対し、日本の内裏へ出仕するようにと早舟を遣わし、出仕がなければ、来年征討する、中国まで手に入れると述べている。そして、「今度の陣で白髪がたくさん出てきて、抜くこともできなくなった、母やそなたには隠すこともないが、迷惑をしている」と述懐している。妻と母親にはあるがままの秀吉を見せていて、ほほえましい。

### 人質を預かるおね

この書状の本文で、秀吉が島津方からどのような人質を取るのかを事細かに記していることが注目される。なぜ人質のことや大坂在住の人数をおねに記したのであろうか。

その理由は、おねこそが人質を預かる主体だったことにある。大坂にいて、秀吉の留守を預かっていたのがおねであったということも、家臣ではなく正妻こそが留守部隊の指揮者であることを物語る。そうした正妻一般の役割に加えて、降伏した武将から差し出される人質を預かるのがおねの役割であったことを、この書状は明らかにしている。降伏したとはいえ、これまで秀吉に軍事力をもって対抗してきた武将から出された人質であるから、細やかな神経を使って待遇しなければならない人々、対処法の難しい人々を、おねは預かったことになる。またこのように難しい人質の処遇は、正室おねでなければ任せられない問題であったと思われる。

**養子・養女たち**

実子が生まれないおねは、秀吉の実家からまた自身の生家から養子をとり、また小牧陣後の講和の証として家康からも天正十二年に秀康を養子に迎えており、近衛前子は天正十四年に養女として入内していた。

秀吉の親族から迎えていた養子を左の系図で示しておこう。秀吉の姉日秀《にっしゅう》の子のうち、秀次と秀勝が秀吉の養子となり、秀保《ひでやす》は秀吉の弟秀長の養子となっている。

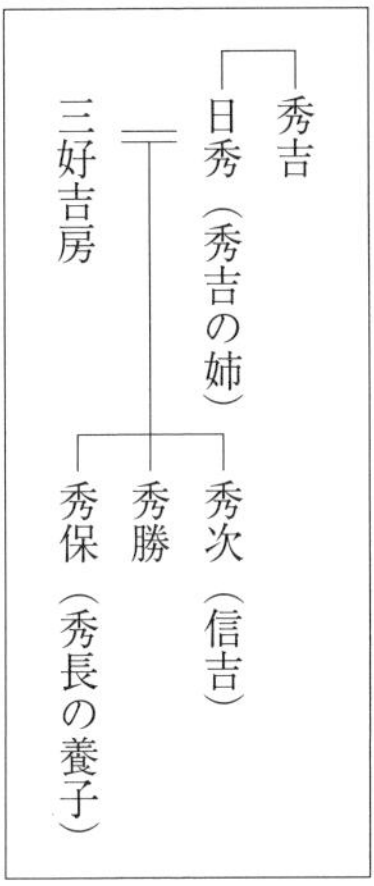


秀吉の親族から迎えた養子

おねの実家からは秀秋が養子となり、また信長時代からの同僚前田家から二人の女性、つまり豪《ごう》姫・摩阿《まあ》姫が養女の位置にいた。宇喜多家からは秀家が養子として迎えられていた。天正十四年から十五年にかけての聚楽第普請最中に秀吉がおねに出した書状の中では、「きん吾（金吾）」「五もし（五もじ）」「よめ」は元気にしているかとおねに尋ねており、今建設中の聚楽第は「五もし・きん五・そもし」の三人、つまり豪姫・秀秋・おねに差し上げるものなのだと、お世辞を込めた消息を出している。豪姫や秀秋など、他家から養子に迎えた子供たちの養育責任はおねにあり、その点からも秀吉はおねに一目置いていたことがこの書状からうかがえる。そしてこの時期には秀吉の実母「大政所」の病気の看護もおねの役割であった。

### おねの役割の拡大

これらの多くの養子・養女の統括はもちろん、おねの役割であった。それぞれ意義の異なる多くの養子・養女の世話と配慮だけでも重い役目である。それに加えて降伏した武将から出された人質までもおねの管轄事項となったのである。秀吉が信長の武将・奉行の地位から、後継者の地位に昇り、家康との講和が成立して、関白を拝領し、このたび九州を平定したという、各段階において、おねの管掌事項は一つずつ増え、この段階にはそれまでの養子・養女の養育と管轄から、人質の統括へと一気に拡大したと考えられる。

## 3　島津氏の人質

### 島津氏から見た場合

この人質問題を島津氏の側から考えてみよう。

天正十五年（一五八七）、秀吉に降ったのは島津義久である。義久は降伏の証として、剃髪して龍伯と号し、代わって弟の義弘が当主となる。義久には別の弟家久があったが、講和後の六月五日に亡くなった。義久が自ら秀吉に従って上京する道を選んだのは、島津氏の旧領薩摩などを確保するためには、やむを得ない選択であったといえる。

義久から出された人質は自分の娘「菊若《きくわか》」である。この時十五歳と秀吉書状にあるので、彼女は天正元年（一五七三）生まれであったことになる。『島津家文書』『寛政重修諸家譜』などによると、義久には三人の娘があり、家臣島津義虎室、島津彰久室となった二人の娘の他に、島津家久室となった女性があることがわかる。この三人目の女性が亀寿（菊若）であると思われる。姉二人と異なり、まだこの頃には婚姻前の十五歳であったため、「一りこ《一人子》」と書状には記されたのであろう（亀寿がこの年十七歳であったとする桑田忠親氏の見解がある。しかし十七歳説の論拠は見付からない）。

また書状に「義久在京の事」とあるとおり、島津義久は龍伯と名を変え、かつ上京を余儀なくされたのであった。

## 島津久保

おね宛書状中の島津兵庫頭とは義久の弟の義弘のことである。義弘は兄が剃髪して恭順と隠居の姿勢を示したため、島津家の家督を継承した。自分の代わりに十五歳になる惣領子息久保《ひさやす》を大坂詰めとさせ、八歳になる子を人質としたとされる。このことから、久保も亀寿と同じく、天正元年生まれであったことがわかる。

もう一人のこの年八歳になった子がだれを指すのか判明しない。義弘の家督を継いだ忠恒《ただつね》（家久）は天正五年生まれである。したがって家久より年少の弟妹でなければならないから、「万千代丸」か、「忠清」か、女子「千鶴」かであることになる。しかし万千代丸は天正十六年に亡くなっており、忠清は文禄四年に亡くなっている。千鶴は彼らより長命で、慶長十八年か十九年の頃に、江戸から消息を国元に出している。

### 中務大輔家久

書状中の島津中書とは中務大輔家久のことで、家久は妻子を連れて在坂するべきことが命じられた。とすれば家久の妻は樺山氏、子息は豊久であるから、家久一家はすべて大坂在住を命じられたことになる。こうして島津氏の男女は義弘と忠恒（家久）を除き、成年の者、子供に至るまで、多くの者が人質として大坂に送られていることがわかる。

戦国末期から近世初期にかけての島津氏宗家の系図を次頁に掲げておく。

秀吉の島津征伐の頃の当主は義久であったことは前述した。家久が島津氏の降伏直後に亡くなったことから、義弘は家久の治めてきた佐土原《さどわら》（宮崎県佐土原町）をも領有することになった。家久の妻子も人質になったからである。こうして島津氏は国元の義弘・忠恒（家久）らと、在坂を命じられた義久、人質になって大坂・京に住んだ久保・亀寿・家久の妻子らの二集団に分裂させられた。

### 島津氏からの人質の意義

このように見てくると、降伏した武将から人質を取る策はその武将の勢力を大きく削減する、極めて有効な方策であることがわかる。領国を削減して安堵することに加えて、人質を大坂や京に住まわせることで、その領国の経済的打撃・政治的打撃は大きなものになるからである。島津氏への人質作戦はこのように重大な影響をもたらした。

### 亀寿の苦労

人質となった亀寿は、のち慶長四年（一五九九）に当主で夫の父である義弘から薩摩国日置郡内の串木野《くしきの》村など五千石の地を「無公役《むこうやく》」の地として与えられている。その

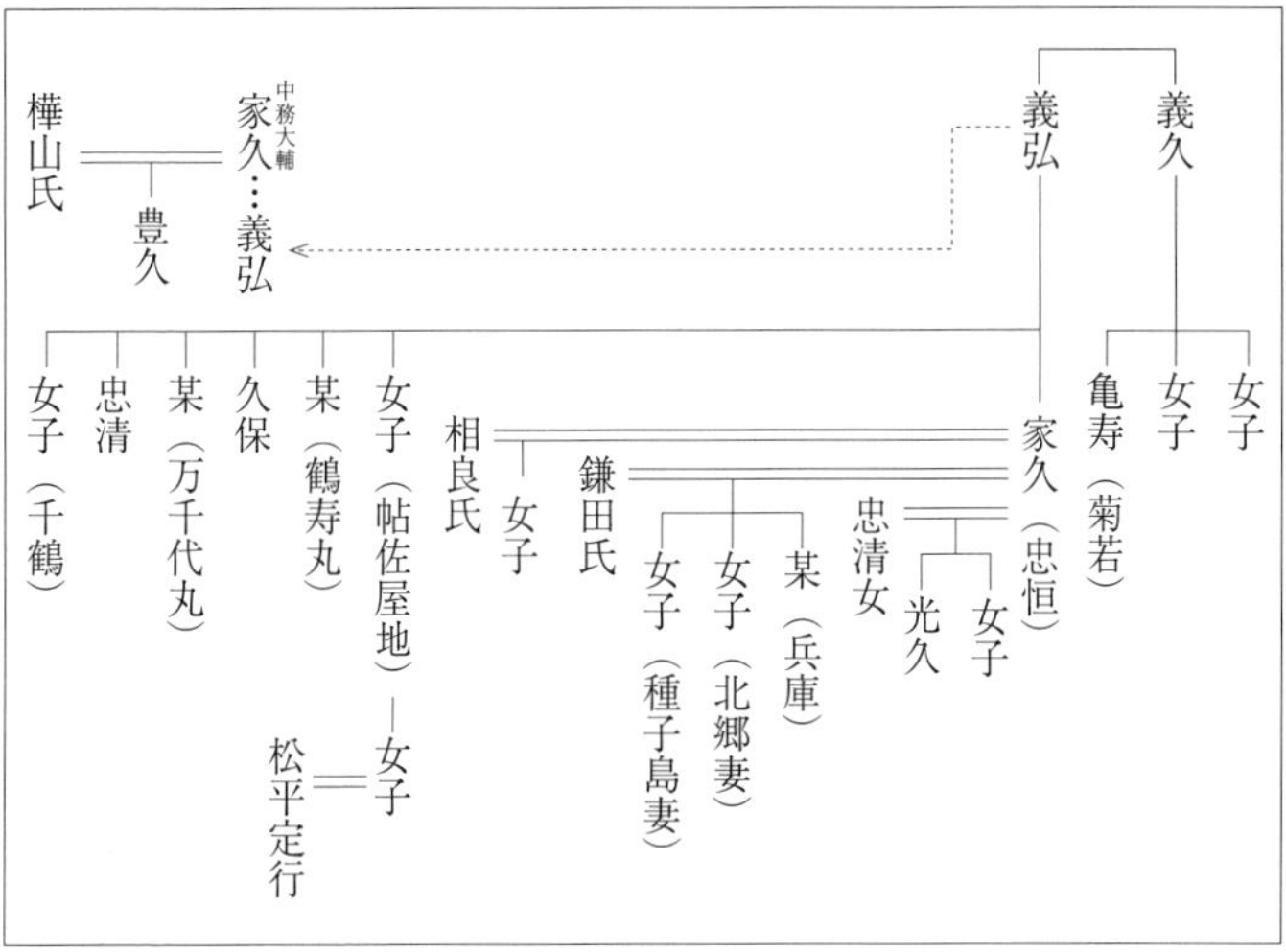


秀吉・家康時代の島津氏略系図

理由は「幼少より今に至るまで在京」しているご苦労に対してであるとされる。「御家の御奉公はこれに勝るものはない」とも褒められている。亀寿は十五歳から二十七歳までの十二年間を京で「島津家」を代表して人質として生活していたことがわかる。翌慶長五年には、父から大隅国内大根占《おおねじめ》村において二七三九石余を、同じく無役の公領として与えられている。理由は前年に述べられた理由と同じく、幼少より多年在京してのご苦労は当家の奉公の随一である、というものである。

秀吉政権に対する人質の随一として、十年以上苦労を重ねた亀寿に対して、島津氏はその苦労を重いものと評価していたことがわかる。のち寛永元年頃には亀寿は一万石を無役として与えられていたようである。

忠恒（家久）の姉「帖佐屋地《ちょうさやち》」も、忠恒が朝鮮に在陣中に彼に書状を出し、日本では「ことごとしき大地震」が起こっていて、七月八日から閏七月二十九日になっても揺れが続いていると述べ、京・伏見の館が崩れ、死者は無数に出たが、島津邸は小損で済んだのは不思議なことであり、いよいよ御信心が肝要です、やがて帰朝されるとのこと、その折りに申し上げましょうと結んでいる（『島津家文書』）。大地震のことを記しているので、この書状は慶長元年（一五九六）のものであることが判明する。

## 帖佐屋地の書状

帖佐屋地は京で島津氏の人質として、当主に対して様々な情報をもたらしていたことが推測される。帖佐屋地自身は後に、千石の知行を無役として与えられたようである。

## 江戸へ行った千鶴

その妹千鶴は長文の消息を残している。この消息は慶長十八年の年末から十九年の初旬にかけての間に江戸から当主である父義弘宛に出されたものである。まず手紙をもらったことに対し礼を述べ、この年になって江戸へ下ることになり、名残は尽きないが「御家のご奉公と念じかえし」江戸にやってきましたとしている。ふるさとの月も吾妻の月も変わらないのだからとなぐさめている、などと述べ、富士の高嶺の雪をながめても、ご一緒ならばどれほどうれしいかと、人質として見知らぬ土地に出かける不安をにじませている。

追而書《おってがき》では付き添って上洛した女房を帰したことなどを記しているので、千鶴はこの時初めて江戸に人質として下ったのではないかと想像される。それから三年後の元和《げんな》二年（一六一六）にも千鶴が人質として江戸にいることが確認される。父親の元を離れて遠い江戸で人質として生活することになった千鶴に対しても、後に三〇〇〇石が無役として給付された。

### 「御家」のための人質

千鶴と同じく徳川の世になってから人質となったもう一人の女性は、帖佐屋地の娘である。彼女が人質になった理由は、関ヶ原合戦の際に島津氏が西軍に加担したためである。敵中突破して鹿児島に帰り着いたとはいえ、その事実はぬぐえず、関ヶ原後、帖佐屋地の娘が「御家之御為」松平定行と縁組みをし、人質の役を果たすことになったようである(『島津家文書』)。

松平定行は慶長六年掛川城主になった松平定勝の嫡子であり、慶長六年には十五歳であったという(『寛永重修諸家譜』)。定行は慶長八年に近江国日野・音羽二郷を賜り、十年に島津「家久」の娘と婚儀をあげたとされる。帖佐屋地と島津朝久《ともひさ》との間のこの娘は、当主家久(忠恒)の「養女」として定行と婚姻したのであろう。松平家譜には家康が「島津は累世の巨室」であるので、婚礼の「重儀」に備えるべきである、と述べたため、「一位局」や官女十数人に婚礼の儀を執り行なわせたといわれる。松平家にとって島津氏との婚姻は重大事であったことがよく示されている。

この娘は元和二年には忠恒の「姪」として息災であったことが確認できるが、寛永元年には亡くなっていたようである。そのため母親の帖佐屋地が、亀寿や千鶴に倣って、娘の奉公に対する知行を、娘の代わりに養子に与えてほしいと島津家中に願い出ている。

### 島津重臣の人質

島津氏は秀吉に降伏したことで、降伏直後には多数の人質を出した。島津氏の宿老は、島津庶家や譜代の重臣で城持ちの武将たちであり、彼らは島津氏が秀吉軍に降伏するにつれて順次出されたものである。例えば秀吉軍が筑前に入ったとき当地の豪族秋月種実《あきづきたねざね》・種長《たねなが》父子は頑強に抵抗したが、城は焼け、戦死者四百人余りを出して陥落したので、戦後処理として、秋月氏父子は剃髪して種長の妹（十六歳）が人質となり、「楢柴《ならしば》の肩衝《かたつき》」という名物茶入・金子百両・米二千石を秀吉に献上して許された。武将の降伏の証として、親族が人質となっている好例である。

島津義久が最終的に降伏を決意した時、真っ先に決めたのは伊集院忠棟を人質として出して秀吉との講和の道を探るということであった。羽柴秀長に頼って講和の道を追求しようとする島津氏にとって、人質の提供は最も相手にわかりやすい条件の提示だったのである。

秀吉が島津氏の降伏の意志を知ったのは、五月三日である。この日、秀吉は泰平寺に本陣を設営したばかりで、ここを島津攻撃の本拠地としようと考えていた。そのとき日向から秀長の使者福智長通《ふくちながみち》と伊集院忠棟が来て、島津義久の意向を伝えた。そこで秀吉は島津氏を許し、日向・大隅・豊後・豊前などの国割りと城の修築または破脚を命じる戦後処理の第一段を発表し、その後戦後処理の第二段に移るのである。この第一段では、人質として秀吉の元にいち早く訪れた伊集院忠棟には、大隅国の一郡の知行を許している。

義久が秀吉の元に剃髪して訪れたのはその五日後であり、義久が謝罪したので秀吉は薩摩一国を安堵し、新たな人質を要求した。その人質がおね宛の書状に見える人々であった。

**義弘の降伏と人質**

五月八日に秀吉が龍伯（義久）を許し、十八日に帰路に就いたあとも、島津義弘は秀吉の元にはまだ訪れていなかった。義弘が秀吉に謁したのは二十二日鶴田においてである。ここで義弘は子息久保（十五歳）を人質として差し出し、銀子二百枚と刀を進上したので、秀吉は義弘・久保父子に大隅と日向の地を安堵した。次いで家久・征久《まさひさ》に対して領地を安堵している。征久は島津の庶家で、重臣の家である。しかしこの時点でもまだ都城《みやこのじょう》の北郷《ほんごう》一雲と大口城主新納忠元《にいろただもと》が服属していなかった。そのため秀吉は北郷に対しては義弘に人質を取らせ、服従しないのなら征服するとの姿勢を見せた。そのため北郷は二十七日秀長に人質を出す。新納に対しては堀・前田・長谷川などの軍勢を向かわせ、自らも曾木《そぎ》に着陣したので、新納は龍伯・義弘の勧めに従い剃髪して降り、銀子と刀を進上して決着した。

**多数の人質を出した島津氏**

降伏の姿勢を表明するために、あるいは降伏したことの証として、人質がさかんにとられていることがわかる。

このように島津氏からは亀寿をはじめ十五人ばかりも人質が差し出されることになった。島津当主の家族の男女ばかりでなく、庶家で城持ちの武将が「宿老」（重臣）となっていたので、彼らの家から「十人ばかり」が人質として大坂にのぼった。しかし重臣たちからの人質は、秀吉の島津制圧が確定すれば、順次返されたと考える。それは伊集院忠棟が早速帰されたのと同じ理由によると思う。秀吉に対して島津宗家の恭順の姿勢が確認できれば、必要性は少なくなるからである。そして未成年の男子と、女性の人質が、長らく人質としての役目を果たすことになったのであろう。

## 4　九州の陣の意義

### 秀吉の「制圧方式」の成立

豊臣秀吉の九州征伐は、秀吉の全国制覇への諸階梯のうち、重要なものであったことはいうまでもない。桑田忠親氏は『豊臣秀吉研究』において、九州の経略は四国平定以後、「当然の順序」として進められたものであるが、四国陣と異なる点は、九州は高麗の船着きであるという一事にあり、「秀吉の宿願でもある大陸経営に向かって如実に一歩を踏み出したもの」であると評している。

桑田氏が論述されたように、また筆者自身も史料から確かめたとおり、毛利軍を先鋒として四国を制圧し、四国勢と毛利軍を先鋒として九州の制圧を行っている。四国陣で新たに服属した長宗我部《ちょうそかべ》氏は、最近服属したが故に真っ先に前線に配置されている。九州の陣でもこの原則は継承されており、先述の秋月氏は降伏の次の戦いで、他の新規服属武将と共に「先鋒」を命じられている。

このように、秀吉の戦略は、新規の服属者を次の合戦の先鋒に任じて忠節の度合いを計る、というものであったようである。したがって桑田氏の九州経略は四国平定の次に予定された既定の方針によったものであるとされる点には賛成である。これに加えて新たな服属者を次の合戦の先鋒衆とするという、独自の戦略を秀吉は確立していたことも読み取れた。

## 九州の陣での新戦術

もう一点、九州の陣においては秀吉独自の戦術があった。それは右に述べた人質を取るという戦術である。武力討伐を受ける以前に出した人質と、降伏後に差し出した人質があったことを見た。先に出された人質は和平講和の条件設定のためのものであり、これによって合戦が避けられた。後者の人質は敗戦処理のためのものである。

秀吉の九州平定では、九州という広大な地域を平定するには時間を要したためか、要になる城を落とし一地域を平定するとともに人質を取り、次の地域の平定戦に臨むという行為が繰り返された。講和を結ぶたびに、あるいは勝利を収めるたびに、服属した武将を次の合戦の先鋒にするとともに、その武将の家族を人質とする戦術をとった。このように人質収容作戦が正式に秀吉の作戦に編み込まれたのが九州の陣であったと考える。

この人質は、人質を差し出した武将からみれば、当主の弟や子息、娘などであり、当主にとって極めて大切な人々であった。おね宛の書状にあるように、「妻子」が人質にされることは普遍的に存在した。男性親族だけが人質になったわけではない。女性たちも男性と同じく「御家のため」に人質としてつとめを果たし、京や大坂また後には江戸からその地の情報を国元に送ったのである。

## 人質の役割に対する評価

戦国期から織豊政権期の人質は、「御家」への奉公として務める公役であった。家の存続と名誉を守るために務める重い役割であった。したがってその役目は評価されて当然の苦労であると、人質になった者は思い、周辺の人々も人質役割に対しては、堂々と評価を求めて当然であると考えていたことがわかる。帖佐屋地の主張は、戦国期の人質になった人々すべての意見を代弁していたように思える。

こうして数が急に増え、服属した武将からの人質という、難しい人質を預かる役目に就いたのはおねである。秀吉の家臣に大名家の人質を預けるのは、相手に対する侮辱になる。であるとすれば、秀吉の信頼する正室おね以外に、この任務が遂行できる人はいなかったのである。

## 5 「天下」秀吉の役割、おねの役割

### 九州の陣優先の背景

秀吉は天正十三年（一五八五）七月に関白に任じられ、翌年十二月には太政大臣を兼ね、同年関東・奥州総無事令《そうぶじれい》を出して、戦闘を止めさせるのは天皇を補佐する関白・太政大臣たる豊臣秀吉であることを天下に明らかにしていた。実際には四国征伐に続く九州征伐を、関東・奥州より先行させたが、全国統一を目論む天下人秀吉には、関東の後北条氏や奥州の伊達氏などを跪かせることは思案のうちに入っていた。

秀吉が、関東・奥州の平定の先に高麗・大唐への遠征を夢見ていたことは確かである。九州平定を優先させた理由は、博多や長崎が「高麗・大唐・南蛮の船着き」であったからである。その九州を平定したからには、秀吉の関心は関東・奥羽に向けられる。後北条征伐は天正十八年早々に開始される。

その間の天正十五年から十七年の年末にかけては、秀吉政権の根幹ともいうべき重要な施策が次々に出される。この節では惣無事令に関わる大名に対する実力での平定以外の部分に光をあて、秀吉の

諸施策実施に対しておねはどのような役割を果たしたのかを考えてみる。

天正十三年七月に関白、次いで天正十四年十二月に太政大臣となった秀吉の政庁としての聚楽第《じゅらくてい》は、天正十五年（一五八七）七月末にはほぼ完成していたようで、秀吉は七月二十五日、大坂から聚楽第に入った。秀吉は参内して物を献上し、九州征伐の報告を天皇に行ない、廷臣たちは八朔《はっさく》（陰暦八月一日の「田《た》の実《み》の祝い」）を聚楽第に出向いて祝っている。八月十四日、いったん大坂城に帰った秀吉は八月の末に再び入京、しかしすぐに大津へ向かい、九月十三日再度大坂から聚楽第に来ている。九月の「移徙《いし》」は、聚楽第の造営が成ったからであり、この日は北政所おねも上洛し、移徙している。この時のおねの行列について西洞院時慶は「輿の数は二百丁ほどもあったようだ」と日記に記している。廷臣たちは十六日、秀吉に聚楽第移徙を賀したが、この日は「摂家・清華・門跡のみ」であったにもかかわらず、たいへんな人数であったという。秀吉は養子格の「六宮」に銀百枚を贈り、西洞院家には小袖が北政所から下された。そこで翌日、時慶が老母や時康を引き連れておねに会いに行ったところ、盃を賜り、老母には白綿十把が下されたという（『時慶卿記』）。

聚楽第跡の石標
（京都市上京区中立売通浄福寺東）

　このように、秀吉夫妻が関白・北政所となったことにより、豊臣家では公家社会や門跡層との交友関係が以後形成されるようになっていた。そうした日常の交友関係を、物のやりとりなどを介して暖めておく役割も、おねが担当することになったのである。

## 官位と姓の付与

天正十五、十六、十七年の三年間に、秀吉は配下の諸大名・武将に対し、天皇に奏上して官位を付与してやり、またそれだけでなく「豊臣」姓と「羽柴」姓を与え続けた。かつて藤原氏が様々な家系に別れたことの逆、すなわち諸姓を豊臣・羽柴姓に統一しようとしている。これは武士階級を関白秀吉を頂点として官位で再編成しようとしたことにほかならない。従来の官位ヒエラルヒーの中にいた公家に加えて、大量に武士をこのヒエラルヒーに滑り込ませようとしたのである。

そうすれば御恩と奉公の主従制に加えて、官位と姓の授与による武士階級の統制が可能になり、秀吉との主従関係ははるかに強力になるはずであるとの読みがあったのだろう。賜姓《しせい》は本来は天皇家の権限でなされたが、秀吉政権の独自な点は、秀吉個人が豊臣・羽柴の姓を与えた点にある。

## 聚楽第への行幸

この三年間に秀吉は聚楽第を完成させた天正十六年四月、後陽成天皇の行幸を実現し、天皇以下公家衆・武家衆の頂点には関白秀吉がいることを天下に示した。この行幸は織田信長の天正九年の馬揃えに対比される「晴れ」の大行事であった。秀吉が武士階級のみならず公家をも配下においていることを、行幸の行列は如実に天下の人々に示した。

京の町の人々に対しては、天正十五年九月に完成したばかりの聚楽第を外から見物させることを考

「聚楽第行幸図屛風」（堺市博物館蔵）部分

えた。秀吉が同年十月一日に北野で「大《おお》茶湯《ちゃのゆ》」を催した理由はここにあった。聚楽第は関白の政庁として設けられたものであり、その完成直後の大々的な茶会は、京の町衆たちにこれをじっくり外から見物させようとの目的でなされたと思われる。そして翌年この聚楽第に天皇の行幸を得たのだから、秀吉の天下人としての武士・公家・町衆に対するアピールは完成する。

### 秀吉の大仏造立

秀吉は紀州雑賀一揆討伐の時より、本願寺には三顧《さんこ》の礼を尽くして援助に努めており、寺社に対してはほとんど対立的態度は採っていない。そうして旧来からの寺社勢力をなだめつつ、天正十二年には紫野《むらさきの》に天正寺《てんしょうじ》を建てようとし、天正十

**東山の大仏殿**　「洛外図屛風」（南蛮文化館蔵）部分

四年四月には東山に大仏殿の造営を始める。この大仏殿の建設はうまく進行せず、開山は大徳寺古渓宗陳《こけいそうちん》がその地位に任じられたが、のち聖《しょ》護院道澄《うごいんどうちょう》が別当職に就くなど、難航したさまがうかがえる。方広寺大仏殿の基礎が出来たのは天正十六年の五月、大仏の修彩は十七年の八月である。修復と彩色には明人の塗師古道《こどう》が招かれてこれに当たった。

　後に大仏殿は慶長元年（一五九六）の大地震で倒壊し、信濃善光寺の本尊を請じたり、豊臣秀頼《ひでより》による再建という事態を迎えるのだが、秀吉時代の天正十四年から十六年にかけての大仏鋳造の意義は、秀頼時代とは別に考察されなければならない。秀吉が東山に大仏と大仏殿を建造したのは、新たな権力にふさわしい大仏、新たに万人の上に立つ天下人秀吉の権威を示す仏殿として建てたと考えられる。

　信長は宗教に対してはキリシタンに寛容であり、安土に教会や学校を建設する一方で、宗論を行わせて法華宗を弾圧し、一向宗には武力対決を続けてきた。それに対して秀吉は本願寺とも和解し、堂社の建設を許し、根来・雑賀一揆には対戦したが、京都とその周辺や近江の寺社には自ら、また京都奉行前田玄以《げんい》を通じて領地を安堵するなど、旧来の権益を復活させたり、認める方策を基本としている。また寺社が結集している庶民の信仰の力の強さを、信長の配下にいた時代から十分に認識していたに違いない。そのため天正十五年にキリスト教の宣教師追放令を出してキリシタンのこれ以上の増加を阻止するとともに、旧来の宗教的環境を現世の世俗政権の側から変えようとしたのがこの大仏建立であったと考える。

### 秀吉の宗教観

戦国期のキリスト教宣教師は貿易とは切り離せない関係にあったので、秀吉の宣教師追放令は実効性が薄かったが、秀吉の考えがどこにあったかはこの追放令がよく示している。宗教に基づく一揆は徹底して排除し、一揆とは結びつかない信仰は許可する、というのが秀吉の姿勢であったと思われる。

関白として公家となり、寺社との関係も密になった秀吉は、かつて天皇家が奈良に大仏殿を造立し、鎌倉将軍家が鎌倉に大仏を造立した故事を十分に知っていたに違いない。大仏を拝することは、現世利益であるから、参拝に多くの人が集う。「洛中洛外図」には壮大な東山の大仏殿と多くの参拝者が描かれる。秀吉はこれらの多くの参拝者がこの大仏を見上げて秀吉の威光の大きさを実感することをねらいとして大仏殿を建立したと思われる。一揆を組織して対決する宗教は弾圧するが、仏教的環境は温存し、庶民が気軽に寺社参詣を楽しむうちに、大仏と大仏殿を見ることによって、天下人の新しい権威と力を感じ取らせたかったのであろう。

## 全国支配態勢を整える

天正十六年に秀吉が実施した「刀狩り令」については藤木久志氏の研究が詳しい。この法令は大名衆に対して出されたもので、百姓から大小の刀を提出させたものであるが、武器を根こそぎ取り上げたものではないことを藤木は明らかにした。刀狩りと並行して秀吉は検地も全国で実施しており、天正十六年の肥後検地をはじめ、十七年には太閤検地がピークを迎える。海賊禁止令は従来「海の刀狩り令」といわれるが、これが出されたのも天正十六年である。

この年には「天正大判」を鋳造させており、貨幣政策も刷新された。「蔵入領」といわれた直轄領も増大し、近江は一国が蔵入領であり、貿易の利の大きさから長崎も天正十六年には直轄領になっている。直轄領には代官や奉行を置いて支配した。

このように天正十五、十六、十七年の三年間の間に秀吉の諸政策は完成をみており、全国支配態勢が整ったことがわかる。まだ関東・奥羽は秀吉に服属したとはいえなかったが、制度・法令の上では全国支配が可能な態勢は整えられたといえる。

## 大名対策の前進

この三年間の秀吉の治世は順風満帆に展開した、と言ってよい。しかしその中で最も秀吉が気を遣ったのは、諸国大名衆の統制であったと思われる。とくに新たに服属した大名たちが、関東・奥羽と気脈を通じて反抗することがないようにしなければならない。そのため、大名たちには「在京料」を与えて国元の負担を軽減する策をとった。

島津氏は天正十五年十月、北野大茶会のすぐ後に在京料として一万石の地が義弘に対して与えられている。加藤清正は天正十六年九月、河内讃良《さらら》郡の地を「在京の飯米料」として与えられている。黒田孝高は肥後・豊前方面に一揆討伐のために派遣されていたが、その留守中に秀吉は孝高の妻子に河内の地を与えている。小出吉政には和泉の地を、木下家定・林与平治には播磨の地を与えていることからみて、新たに服属した大名だけでなく、直臣層にも次々と畿内近国の地を配分していたことがわかる。佐々成政は天正十六年に秀吉から処分されるが、それ以前には女子を連れて在大坂を命じられており、「不便」だろうからという理由で、摂津国能勢《のせ》郡一職《いっしき》が女子の「堪忍《かんにん》」分として与えられていた。

なぜ妻子にも所領を与えたのであろうか。それは島津氏の一万石の地が「在京料」であり、加藤氏のもらった所領が「在京の飯米料」であることから推測可能である。諸大名・諸侯の妻子を京・大坂に居住させるというのが秀吉の方針であり、その生活費として秀吉は畿内・近国の所領を大名や近臣に与えたと考えられる。この方針は天正十七年九月には諸大名の妻子の在京命令として具体化される。

## 京のおねの動静

京には聚楽第が完成し、大坂城は秀吉の本拠地であった。天正十六年には淀城を築き始める。この城は未完成であるにもかかわらず、天正十七年五月二十七日、淀殿がここで長男「鶴松《つるまつ》」を出産している。秀吉は天正十五年から十七年の間、聚楽第と大坂城を行き来し、九州まで出陣するなど、精力的に動いている。それに対しておねは主として聚楽第にいたと考えられる。なぜなら、聚楽第が関白の政庁であるから、北政所の居所はここであるべきだからである。

聚楽第建設中に秀吉はおね宛の書状を出しており（『益田文書』）、その中で「此の檜割《ひわり》（設計）は五もし・金吾・そもし三人ゐまいらせ候」と述べているので、建設中から北政所の居住を想定していたことは確かである。聚楽第が完成するのは天正十六年六月であり、右の書状から、聚楽第にはおね、大政所、養子・養女たちがここに入ったと思われる。また秀吉の母親大政所が病気がちであり、この人の看病は外出がちの秀吉にはできないことであった。それに、京・大坂には秀吉近臣の家臣団や大名の屋敷が建設され、そこには近臣の妻子や大名家からの人質たちが住んでいた。このような大名家の人質や近臣から送られた妻子と良い関係を取り結ぶ必要があり、この役割もおねの役目であった。

### 朝廷への挨拶

もう一つ重要な役割は、朝廷に挨拶にでかけること、贈り物を持参して、良好な関係を持続させることであった。『お湯どのの上の日記』には、おねが贈り物を持参して節季ごとに訪れたことが記されている。天正十六年四月の行幸が挙行された後、おねが従一位、秀次が従二位に叙された直後の五月五日、おねは節句の祝いを内裏に持参している。淀殿が産んだ「鶴松」に対して、天正十七年五月に天皇家から太刀を与えられると、正室おねが返礼の役目を務めることになる。九月二十七日、おねは女房「孝蔵主《こうぞうす》」に銚子の袋二十などを進上させている。十月二日には樽（酒）などを、三日にも折、鯛、樽を進上した（『お湯どのの上の日記』）。これは朝廷で連歌会があると知ったためである。

このような天皇家との良好な関係を保つという、気の抜けない重い役割は、北政所であるおねにしか務められなかった。

## 天下人の代理として聚楽第と大坂城を管轄

天正十六年閏五月十日、おねは大坂に下ろうとした。すると准后勧修寺晴子《じゅごうかじゅうじ》らは餞《はなむけ》を携えて見送っている。この事実からみて、おねは天正十六年の半ばまで、完成してから八カ月ほど、京の聚楽第に大政所と住んでいたが、いったんこのとき聚楽第から大坂城に移り、大政所も遅れて八月に大坂に移ったと推測される。おねの移動はさすがに北政所の移動だけあって、公家衆が見送るというものものしいものであったことがわかる。その後は京と大坂をおねも行き来したことであろう。しかし、その移動の記事がほとんど見られないことは、おねが聚楽第や大坂城に安定して住んでいたであろうことを推測させる。

おねがなぜ聚楽第と大坂城の二カ所を行き来したかというと、両所にそれぞれ女房衆が置かれていて、その管轄はおねの役目であったと思われるからである。「孝蔵主」がおね付きの女房の上位にいたらしいことは、内裏への進上物をこの人が持参していることでわかる。この三年間に秀吉は「こほ」や「ちく」という名の女房に宛てて、九州陣の様子を知らせたり、送った小袖の礼を述べたり、「五もし」（豪姫）や「金吾《きんご》」（小早川秀秋）への言づてを頼んだりする書状を出している。宛名は女房名であっても、小袖を九州の秀吉の元にまで送らせることができたのは北政所であると考えられるから、これらの手紙は、北政所の管轄する女房を介して、北政所が読むことを期待して書かれたものであると考える。要するに秀吉の留守中、おねは天下人の代理として聚楽第と大坂城を管理する責任を負っていたのである。

日常おねが天皇家との間に形成してきた太い絆は、秀吉の朝廷対策を力強く支援するものであった。天正十七年十一月の内侍所御神楽《ないしどころみかぐら》は、おねの奏請によって行われた。

### おねの奏請による内侍所御神楽

内侍所の御神楽とは、天皇が臨席して内侍所の庭先で行なわれる、神鏡に奉納される神楽である。十二月の吉日を選んで行われるのが平安期以来の慣例であったとされる。この時十一月の七、八、九日の三日間挙行され、「龍顔の御かくら」と呼ばれたように、天皇の出席があり、奉行甘露寺《かんろじ》氏以下十一人の公家衆が供奉し、「大すけ」以下多くの女房衆が動員される、大がかりな神楽であった。

これ以前に秀吉が奏請して臨時の御神楽が催された例はあった。天正十六年六月二十一日、秀吉生母「大政所」の病気平癒を祈願しての神楽である。おねが奏請して、関白奏請の場合と同じように神楽が挙行されたという点に、おねが「北政所」であるという点と、おねのそれまでの役割が反映されているように思える。おねは天皇家や公家との関係をよりよく保つ役割、北政所にしか出来ない役割を見事に果たしていたのである。

### 塔を図写させる

天正十七年、おねは天王寺の番匠を大和、奈良に遣わし、法隆寺の塔を図写させている。なぜこのようなことをしたのであろうか。それは、おねが天王寺に五重塔を建立しようと思ったからである。後の天正二十年に秀吉は平野や天王寺などの地をおねに安堵している。このことから考えると、天王寺はこの頃には既に豊臣家直轄領と認識されていて、その天王寺におねが塔建立を考えたと推測される。

おねが豊臣氏の直轄領に塔を建てることを思いついたのは、妻は夫や夫の一族の菩提を弔う役割をもっていたからである。菩提を弔うという役割に付随する権限として、仏事を挙行したり、所領の一部をその費用に充てたりすることは、中世の武士・公家の家では普遍的に見られた。おねもその武士の妻一般の権限の範囲で、塔の建立の指図をしたのであろう。

しかし豊臣家の指図であったことが、世の中を驚かせた。寺社勢力が衰微して、寺の修造に苦労している多聞院英俊《たもんいんえいしゅん》は「末世とは云ながら不思議不思議」と驚き、「僧徒は悪逆故空《ゆえむなし》く衰《おとろえ》、社伽藍は過《あやまち》なき故、今夕残るべきの式也」と喜んでいる。おねはこのように豊臣家の正妻として、仏事執行権をもっていたから、豊臣家の財産を使って仏事を行う権限を発揮できたと考えられる。

以上のように、おねは関白の北政所として、朝廷に対する挨拶を担当し、朝廷行事に援助を惜しまず、また豊臣家の正妻として、仏事に関わる一定の指揮権をもっていたといえよう。おねにはこれ以外に聚楽第や大坂城の周りに住んだ大名の妻子の統率役割がある。この最後の点については、次節でその後の役割とあわせて述べることにする。

## 6 関白の東征——北条氏討伐

**関東の平定**

天正十三年（一五八五）関白になり、十四年太政大臣を兼ね、天皇の補佐という地位に上り詰めた豊臣秀吉は、天正十五年の島津征伐に続いて、関東と奥羽を平定して全国統一を成し遂げる目標を掲げて実行に移した。

島津征伐は四国平定戦に続く西国最後の大軍事行動であったが、これを成功させたことによって、吉川・小早川などの大名や側近衆をすべて関東に振り分けることが可能になった。最強の武力を関東・奥羽に向かわせることができたのであるから、「武家の棟梁」としての実力だけで関東・奥羽の平定は可能であり、それだけで成功しただろう。しかし私見では、関東・奥羽の平定戦には、「武家の棟梁」の地位よりもむしろ「関白」としての地位をフルに利用したと考える。

### おおげさな振る舞い

秀吉は天皇家や廷臣に対しては、しばしば金銀を提供している。天正十七年五月二十日、聚楽第《じゅらくてい》で養子格の智仁《としひと》親王や廷臣・諸将に金千枚、銀千枚を分配したという（『多聞院日記』）。「蓮成院記録」では金子四千九百枚、銀子二万千百枚、都合二万六千枚に及んだと記され、京の秀次の館の門前から東へ二町ほど、三通りに並べて金銀を台に積んでおり、大名衆三百人ばかりが赤装束で御使の役を務めたという。見物している人々は「希代見物古今不可有事也、驚耳目」と述べている。天皇家や公家に対しては、おねが節季の贈り物を担当したのに対して、秀吉は時に華々しい大々的な贈与を行ない、関白の権威を世に示している。

### 「関白」を輝かせた秀吉

武士階級に対しては秀吉は官位を取り次ぎ、また独自の豊臣姓を与えて主従関係を確認した。関白の政庁は聚楽第であり、そこへ天皇が行幸したときに、武士たちも供奉したことは、武士は主君としての秀吉と、官位の職階制を通して関白としての秀吉に、二重に仕える身であることを認識させる効果があった。

関白の政庁は聚楽第であるから、秀吉は関白の政務を執るために聚楽第にいる必要があったので、大坂城との間を忙しく往復した。聚楽第は天皇家、公家そして武家支配の拠点であったばかりでなく、寺社支配の要でもあった。関白の管掌事項には寺社があったからである。

天正十七年（一五八九）の正月十六日、京畿の諸住持が聚楽第に来て、秀吉に歳首《さいしゅ》を賀したのは、この関白の地位を如実に示している。秀吉は個別寺社に対して寺領を安堵したり、料米を与えたりして保護する一方、寺規を厳しく遵守させたり、巻数を提供させたりしており、飴と鞭を使い分けて統制を図った。例えば鞍馬寺は天正十七年、楼門再建費用として秀吉から料米を寄進されたが、寺務の任にある青蓮院から秀吉の命として妻帯僧の追却と法事の勤行を命じられた。

## 聚楽第を様々に活用

聚楽第は秀吉の関白としての外交の場でもあった。天正十七年五月二十八日琉球王尚寧《しょうねい》の使者として天龍寺の桃庵《とうあん》などが島津龍伯（義久）に伴われてやってきて、秀吉に謁見している。また秀吉の養女となっていた織田信雄《のぶお》の娘を徳川秀忠と婚姻させたが、その婚儀を聚楽第で天正十八年の正月二十一日に挙行している。信雄は信長死後その後継者として秀吉にはやっかいな存在であった。関白の地位を楯に、秀吉は信雄を圧倒しつつあったので、これは信雄に対する勝利を宣言する儀式でもあったと思われる。

聚楽第は秀吉の家族の居所であり、大政所をはじめ、正室・側室、養子・養女たちが暮らしていた。家康に嫁した旭姫は天正十八年正月十四日、ここで亡くなっている。

このように秀吉は関白、ついで太政大臣に任じられて以来、その政務を聚楽第で執行した。ただし政務の内容は秀吉がもう一方で武家の棟梁であったために、公武にわたる内容に変化していた。こうした幅広い政務の執政の場、そして家族の生活の場が聚楽第であったといえる。

**北条氏討伐の理由付け**

この聚楽第から発せられたのが北条氏の討伐命令であった。天正十七年十一月二十四日、秀吉は北条左京大夫氏直《うじなお》宛にこの命令を朱印状として出した。その文面には秀吉の北条氏討伐の理由が示されている。秀吉は自身の若い頃、信長に仕えたことから自らの経歴を述べ、毛利征伐に向かったこと、明智光秀を誅伐し、次いで柴田勝家を退治したことを述べ、天命に叶って関白となり、「万機の政に関わった」とし、しかるに北条氏直は「天道の正理に背き」「帝都に対し奸《かん》謀《ぼう》を企て」ている、どうして天罰を蒙らないでいられようか、所詮、天下に普《あまね》く、勅命に逆らう輩は、早く誅伐を加えなければならない、と結んでいる。

桑田忠親氏によれば、この秀吉の「宣戦布告状」は右大臣菊亭晴季《きくていはるすえ》の手になるもので、京都相国寺《しょうこくじ》の住持西笑承兌《せいしょうしょうたい》にも相談があったと承兌の日記『日用集』に記されているという。もともと書札五、六カ条と文章一カ条が原案として出されたが、秀吉が書札を削り、文章と合わせて全五カ条にしたとされる。右に紹介した部分は文章の部分である。

書札の部分には、「北条事、近年蔑公儀、不能上洛、殊於関東任雅意《(我意)》狼藉之条、不及是非、然間、去年可被加御誅罰処、駿河大納言家康卿、依為縁者、種々懇望之間、以条数被仰出候へは、御請申付而、被成御赦免、即美濃守罷上、御礼申上事」とある（『真田文書』）。

この朱印状で秀吉は自らを「公儀」と呼び、関白として万《よろず》の政治に関わったと誇らしく述べている。そして公儀を侮る北条氏、天道の正理に背《そむ》く北条氏は、誅罰を受けるのは当然だと述べ、天皇の勅命に逆らう者は誅伐を加えなければならない、と断定したのである。秀吉が公儀であり、関白として勅命に逆らう者を誅伐する権限をもつ、という点に北条氏討伐の理念があったことがわかる。

天皇を補佐する関白が、勅命に逆らう北条氏を討つ、これが北条氏討伐の名目であった。まつりごとの一環として、武力行使によって勅命をまもらせる秀吉は正義であり、「公儀」そのものである、というのである。関白は昔の関白ではなく、武力をも行使して天皇のまつりごとを補佐し、正義たる勅命を遵守させる、天皇に最も近い臣下である、と新しい姿が付与された。したがって秀吉の北条氏討伐は、「関白の東征」という前代未聞の姿で立ち現れたのである。

### 秀吉出陣の偉容

右の「北条氏討伐の趣意書」に基づいて、秀吉は天正十八年（一五九〇）三月一日に軍勢を率いて京を出発する。出発の行装は秀吉自身のものは公家の高倉永孝《ながたか》に選定させ、大名衆にも「奇麗（綺麗）」にして出陣するように命じている。そのため具足《ぐそく》（甲冑《かっちゅう》）細工師《さいくし》は大忙しの状態になった。奈良の蓮成院の僧などはこの行列を見物するため、二月二十九日急遽京に上り、三条に宿をとって一日の未明から三条橋の東北脇で見物している。

まずやってきたのは荷を担ぐ人夫たちであり、その数は「幾千万人」とも知れない多勢であったとしている。秀吉は聚楽第から内裏に暇乞いに参内し、直ちに出陣したが、従う者は鎧・冑・小具足を付けており、金の大幡十本、母衣《ほろ》、吹切、指物、鉄砲、弓、鑓《やり》を運んだのはもちろんのこととして、鷹、輿、乗り替えの馬、馬の鎧が行進し、黄金を積んだ馬が十駄従っていた。また「御茶の湯衆」なども付き従うという大行列であった。見物衆は「希代の見物」ができたと喜び、「古今有り難きこと」であると、こんな機会に遭遇したことを喜んで日記に記している（「蓮成院記録」）。

この蓮成院の僧は、「八つ」時分になってようやく行列が通り過ぎたので、三条の橋の上で出会った喜多院の僧と聚楽第近辺を見物し、「七つ」時分に三学院の僧と同道して宿に帰ったという。わざわざ奈良の寺社からこの出陣の模様を見物するために出かけていたことがわかる。そしてこの出陣には黄金や鷹などまで運ぶ贅沢なものであり、武士だけでなく茶人まで従えるという、秀吉配下の人々がどの範囲にまで広がっていたかを示すよい機会として利用されたことが知られる。

公家に衣装を選定させたり、趣意書の案文を考えさせたりして動員し、寺社からは年頭に戦勝祈願のために巻数が送られていた。出陣の際には内裏に挨拶に行き、天皇が行列を叡覧している。そしてそのものものしい行列を、天下の人々が見物しに集まったのである。秀吉の北条氏征伐は勅命を受けた関白の東征であり、その行進のありさまは、天皇以下公家・武家ばかりでなく、天下の人々に関白秀吉の権威を知らしめる絶好のイベントとなっていたことがわかる。

### 寺社の対応

京周辺の寺社はこの関白の東征に巻数を送るなどして戦勝を祈り、協力の姿勢を示した。注目されるのは、これから秀吉が向かおうとする、関東の寺社である。出立の前年、天正十七年の十二月、秀吉は遠江、駿河、伊豆、相模の寺社に禁制を出し、天正十八年正月、軍法を制定すると同時に、もう一度遠江、駿河の寺社に禁制を出している。そして諸将に小田原城を囲ませた四月三日、伊豆三島社、相模金井島、武蔵関戸郷、上野長楽寺、下野大中寺など関東一円の、これから最終的な攻撃に当たろうとしている、かつての北条氏の領国の寺社などに禁制を下した。その上で東征が終わった後、十二月二十八日、遠江、駿河の諸社寺に領地を安堵した。

合戦が始まる前に軍勢の乱暴・狼藉を禁じる禁制を寺社に与えて安心させ、秀吉に親近感を持たせ、勝利した後で寺社領を安堵するという、見事な誘引作戦を用いていた。このように遠国の寺社に対して禁制が出せたのも、関白としての立場がものをいったからである。公家だけでなく寺社を率いる関白としての立場は、秀吉に信長以上の権威をもたらしたと考える。

### 天皇、上皇が戦勝を祈願

北条氏の討伐時には秀吉と天皇家の関係はもっとも良好であった。出発の前の二月二十八日、秀吉は天皇家から戦勝祈願を受け、「太刀」と「馬」を賜る。天皇（後陽成天皇）は三月一日の秀吉の出陣の行装を叡覧し、三月十七日には上皇（正親町天皇）が諸社に秀吉の戦勝を祈らせている。四月十七日には上皇は再び護摩法を修して秀吉の戦勝を祈らせ、天皇は二十三日に戦勝を祈らせている。これは違例のことであり、上皇・天皇が関白秀吉と極めて親しい関係を結んでいたことがわかる。

天正十八年の後北条氏討伐は、天皇家以下公家、武家、寺社の支持を得て実行した、秀吉の関白としての最大の武力行使であり、天下の人々に関白の権威を明示するための絶好の機会となった。

# 7 「関白」秀吉の働き

天正十八年（一五九〇）の北条氏討伐に出陣した秀吉の行動は極めて多彩である。彼の行動を見ることによって、特異な関白の姿を再現してみたい。

## 秀吉の多面的な作戦

秀吉は自ら三万二千の直属部隊を率いて京の聚楽第を出発したという。この合戦に動員された秀吉方軍勢は、二十一万にも達したといわれる。三月中に伊豆山中城を攻略し、韮山《にらやま》城を包囲し、四月には北条氏政《うじまさ》・氏直《うじなお》親子を相模の小田原城に囲んだ。このような合戦の指揮を秀吉自ら執っている。五月二十日には黒田長政・木村常陸介らが房総の小城を攻めていたのを叱り、前田利家と共に武蔵鉢形《はちがた》城を攻撃せよと命じている。六月二十六日には秀吉の石垣山の陣営が出来たので、諸陣に命じて小田原城に向けて一斉に鉄砲を撃てと命じている。

直接的に戦闘の指揮を執る前や戦闘の間に、並行して四月から「諭降」作戦を進めており、家康を通じて北条氏勝や川村兵衛大夫を諭して降伏に持ち込み、五月二十七日には陸奥の田村宗顕《むねあき》に「来閲」を促している。このように武力だけに頼らない、自主的な降伏を作戦の一つに取り入れていた。「内応」作戦が成功したのは北条氏直の将・松田憲秀《のりひで》についてであり、六月八日、秀吉は小田原城中の松田氏に伊豆・相模を与えることを約したが、結局松田氏は北条氏が敗れた七月五日、切腹を命じられている。

そのほかに北条氏政を「威嚇《いかく》」したり（五月二十七日）、伊達政宗を詰責したり（六月七日）、武力行使以外の様々な手段を駆使している。圧倒的な軍事力を持っている秀吉であったが、様々な手段を駆使して平定戦を展開していたことがわかる。

**流通路の整備**

この北条氏の討伐に際し、軍事行動の周辺を固める様々な工夫が採られていたことも注目される。天正十八年正月、出立以前に秀吉は京の三条橋を増田長盛《ましたながもり》に命じて架けさせている。大軍を輸送するためである。この新しい橋のたもとで前述の蓮成院の僧は行列を見物したのであった。

そして二月、秀吉は出陣前に、東へ向かう街道の沿道の宿宿に伝馬《てんま》を出させている。この伝馬制は、小田原へ淀殿を呼び寄せ、また送り返した時にも活用されている。秀吉自身が七月半ばに京への帰り支度を始めた時にも、小早川隆景、吉川広家に金子三千枚や荷物を聚楽第に輸送させ、そのための役夫百人を準備させた。家康も軍勢や物資輸送に備えて二月、富士川に舟橋を架けさせている。

これらのことからわかるように、この東征では、伝馬や継飛脚だけでなく、物資や人馬の大規模な移動に備えて街道が整備された。東海道の物資輸送体制が整えられたことは、秀吉の建設中の大仏殿へ、用材を富士山麓から運搬させることを可能にするという副産物を生んだ。

そして北条氏が降伏する前に、秀吉は奥羽の道路、橋梁を修築させている（七月二日）。秀吉は北条氏討伐に水軍も動員しており、北条氏の水軍と伊豆巌殿（岩殿・逗子市）で合戦が行なわれた（三月二十五日）。水陸で合戦が行なわれ、また兵糧米や大豆がそのために各地に送られた。こうして秀吉の関東・奥羽の平定は、日本の水陸の流通路の飛躍的整備を伴ったのである。

秀吉の卓越した能力

関東・奥羽を自ら討伐している秀吉は、その傍ら、蔵入地の百姓の逃散に対して還住命令を出し（六月）、人身売買を禁じ（四月）、伊豆修善寺に対して修造させる一方、門前の百姓を還住させ（五月）、上杉氏らに出羽の検地を命じ（八月一日）、仙北の刀狩りも命じている（十月二十五日）。こうした一般政務を、最近の征服地に対してぬかりなく実施している点に、秀吉の総合的な判断力の優れているさまが表明されている。

前年降伏したばかりの島津氏も合戦に動員された。島津氏からは義弘の息久保が小田原に出陣するよう求められ、二月二十二日に大坂に着陣している。鍋島氏などは、妻を連れて上京している。妻たちは京、大坂にいて、人質として、おねや留守部隊に統括されたと思われる。

## 8 おねと淀殿

留守を預かるおね

天正十八年の関東・奥羽征討の最中と直後に、秀吉は何通かの手紙を書いている。それはおねとその女房宛が五通、淀殿宛が一通、鶴松宛が一通、大政所宛が一通、吉川広家宛が一通であり、その他に浅野長吉・木村重茲《しげとし》宛の朱印状がある。この手紙の数だけを見ても、秀吉がだれを留守部隊の統括者と見ていたかがよくわかる。おねこそが、秀吉のいない京・大坂の主人であったといえる。

次におね宛の書状（女房名宛のものを含む）を検討し、おねの役割について考えてみる。

### おね宛の手紙からわかること

四月十四日付「五さ」宛の書状では、本文の部分で何度もおねから連絡があったことを謝し、小田原城から二、三丁のところまで取り巻いて、籠っている板東八カ国のものを「ひころし（干殺し）」にする、そうすれば日本の三分の一が手に入るのだから、将来のため固く決心をしている、「てんか」の「御ため」であるから、長陣になっても「のちさき《後先》な《名》ののこり候やうに」して凱陣すると述べ、追而書《おってがき》では、既に敵を鳥籠に入れたも同然であるので安心するようにとし、大名どもに女房を呼ばせ、長陣を申し付けたので、自分も「よとの物」を呼びたいので、「其《そ》もし」より言い聞かせて準備をさせてほしい、「其もし」に次いで淀の者が気に入っていると「其もし」より言ってやってほしい、と言っている。

この手紙の宛名は「五さ」であるが、手紙の中で「そもし」と呼んでいるのは、おねであるから、おね宛の手紙と考えてよい。おねから「さい〱」人が遣わされていたこと、つまりおねは秀吉と常に連絡しつつ留守を預かっていたことがわかる。そのおねに、秀吉はおねが最も気にしている戦況を報告し、安心させ、そして側室淀殿を小田原に呼び寄せることの了解をとり、準備させるよう指示している。

おね宛の手紙で側室を呼び寄せることを指示したことについて、桑田忠親氏は「正室としての立場を認めたもの」と評された。たしかにおねと淀殿二人の間の関係では妥当な評価である。しかし、淀殿招致をおねに指示したのは、秀吉の留守を預かる責任者がおねだったからであると思う。関白の東征の留守を預かったのは「北政所」たるおねである。北条氏討伐が勅命を受けた関白の討伐であったから、関白不在中の京での関白の代理として、挨拶や年中行事への出仕などの仕事は、前年のように北政所が果たしたと考える。秀吉は北政所に宛て、淀殿の招致を指示したと考えられる。

伝・淀殿画像（奈良県立美術館蔵）

### 大政所宛の書状

右の手紙から半月ほど後に出されたのが「大政所」宛の書状である。五月一日付のこの手紙には、はや、八割かた平定した、小田原は関東ばかりでなく日本中の平定には重要なところであるから、「ほしころし（干殺し）」にするよう申し付けていると述べ、母親の健康を気遣い、「ゆさん（遊山）」でもして気若くなってほしい、としている。母親想いの秀吉の心情が溢れている。

続いて秀吉は五月七日付けで吉川広家に対し朱印状を出し、淀殿の小田原下向に対して伝馬・人夫を用意して待ち、早速送るようにと命じている。

伝馬の準備を命じてから七日後の五月十四日、おねにあてた二番目の手紙を出している。おねから「ねんころ」な文をもらったことを謝し、小田原城の堀際一町のところまで寄せ手は迫っているが、「ほしころし」にする覚悟は変わっていない、石蔵（城）もできあがった、鶴松・大政所・豪姫・金吾（秀秋）・「そもしさま」は息災だとわかって満足している、鶴松は独り寝できるようにしてほしい、などと述べている。

### 書状から読みとるおねの役割

これらの書状からみて、淀殿を小田原に呼んだのは、通説として云われているように、淀殿をおねよりも溺愛したからではないと考える。淀殿を呼んだ理由は、おねに北政所としての留守を預かる大任とともに、鶴松の養育責任を託したからであったことが見えてくる。鶴松は秀吉の初めての男子として、正室おねが養育すべきものと秀吉は考えたと思われる。中世、正室が跡継ぎの男女を養育することは武士の家では普遍的に見られていた。おねは養子・養女のほか、大切な跡継ぎ鶴松の養育責任をこの年から負ったのである。

### おねと秀吉の役割分担

秀吉は五月二十日付けで浅野・木村両氏に鉢形城攻略の指示を与える朱印状を出したあと、後欠の書状を北政所あてに出している。これがおね宛の第三の書状である。そこには、おねから久しく音信がないので心もとなく思っている、「大まんところ、そもし、わかきみ（鶴松）、おひめ、きん五（金吾）」は息災か、敵北条氏が持っている城は五つ以下に減少した、はや城は百ばかりも分捕った、とある。ここには、おねからの便りを心待ちにしている秀吉の姿が見える。そして秀吉からは戦況を報告しているのである。小田原の秀吉と京・大坂で留守を預かる責任者たるおねが、役割分担している状況がよく表れている。この手紙が、北条氏との和議が未成立の時期のもの、六月頃のものであるとされた桑田氏の推測は当を得ていると思われる。

## 手紙で伝える戦況

おね宛の四番目の手紙は、北条氏が降伏を申し出た七月五日の直後、七月十二日に出されている。手紙の内容は、生身魂《いきみたま》の祝（健在な父母や尊長者に贈る祝い物）として鶴松から黄金五十枚をもらった、袋の仕立ても見事である、小田原城を取り、氏政・氏照《うじてる》の首を取って京へ送った、この手紙より先に着くだろう、鶴松からの黄金が着いた日に、北条の首も着いたので、座敷にいた者に黄金を一枚ずつ取らせた、十七日には会津に進発する、九月には帰るので安心してほしい、であるから「よとの五」（淀殿）は十五日に上洛させる、というものである。

北条氏を討伐した節目の時に、ちょうど京から鶴松が贈ったものとの名目で、おねから黄金が届いたのを喜び、関東平定の完了と今後の予定を知らせた手紙である。自身の署名は「てんか」と記し、おねには「まんところ殿」と宛名を記している。関白秀吉が北政所宛に、戦況と予定を報告した公式書状であるといえよう。

## 二人の母親

おね宛の五番目の手紙は、それから一月半ほど後の八月末頃のものと推定される。その内容は「おひめ」が少しよくなったそうでめでたい、鶴松も機嫌良くしているか、やがて還京する、というものであり、秀吉が奥州から京都に凱旋した九月一日の直前つまり八月末の手紙であったことがわかる。

八月末の書状がこれであったとすれば、第四の手紙に淀殿は七月十五日に帰京させるとあるから、遅くとも七月末には帰っていたはずである。そのため鶴松は淀殿のもと（淀城）に帰り、その他の養子・養女がおねの元にいたのであろう。この「おひめ」は織田信雄の娘で、天正十八年正月二十一日に徳川秀忠と婚儀をあげた人であったのではないかと思う。信雄の娘は「小姫君」と呼ばれ、この年六歳であった。十三歳の秀忠と婚姻の儀を聚楽第で挙げている。秀忠も小姫君も、秀吉・おねにとっては養子・養女であると同時に人質でもあるから、そうした子供たちの養育責任は重い。この責任をおねは聚楽第で果たしていたのである。

**鶴松の「かゝさま」**

鶴松は淀殿の帰京後淀城に実母と共にいたことは、秀吉の淀殿宛の手紙から知られる。秀吉は淀殿には「おちや〳〵」と幼名で呼んでいる。おねを「まんところ殿」と呼んでいるのとは区別していることがわかる。しかし実母ではないおねも鶴松の母親として扱ったことは、鶴松宛の手紙の中に「両人の御かゝさま」（寺村文書）と述べている点から明白である。三歳になった鶴松に、二人の母親にことづて（伝言）をするようにと書いていることは、秀吉がおね・淀殿の二人を鶴松の母親としては同列に扱っていたことを示す。

天正十八年の秀吉の関東・奥羽平定戦の最中、おねは関白の留守を預かる北政所として、京・大坂を統括する責任を負っていた。特に京の朝廷や公家そして京にいる武家の人質として住んでいる妻子に対する心配りは、神経をすり減らすやっかいな仕事であった。しかしそれができる人は関白の正妻で従一位を与えられているおねをおいて他にはいなかった。こうしたいわば公務の他に、秀吉の実子鶴松やほかの養子・養女の養育責任を負っており、まさに正妻としての日常の役目がおねの肩には重くかかっていたと思われる。

## 9 小田原城と石垣山城

**小田原城とその城下町**　秀吉の総攻撃を受けて亡んだ北条氏であるが、近年の研究では、その城小田原城と城下町小田原の状況がどのようなものであったかについて解明が進んでいる。

小田原は北条氏の戦国大名化以前の大森氏の時代（十五世紀）から城下の建設が始まったとされ、城下中心部の惣構《そうがま》えの中には、城の南側を走る東海道と、城の東から北上する甲州街道との二本の幹線道路を中心にして、街区が形成されていた。

この小田原城や城下の中心部を取り囲むように惣構えが造成されるのは、天正十四年の秀吉の惣無事令発令時であるといわれている。惣構えの内部には八幡山の本曲輪《ほんぐるわ》を中心とする曲輪群と、平地部の本丸を中心とする曲輪群の二極構造が存在し、前者には先代当主が、後者には現当主がいた。十六世紀後半以後は、この二極構造を囲むように堀が造成されたといわれる。

そして小田原城下には北条氏の当主・妻子をはじめとして、一族や家臣団が居住し、その他に豪商をはじめとする商人や、諸職人たち、医師や舞々大夫など、諸々の人々が住んでいたことが明らかにされている（市村高男「戦国期城下町研究の視点と方法」）。秀吉軍は北条氏のこの惣構えの外側に大軍を駐留させたのである。

この小田原城下町の特徴は、城主北条氏―北条氏一族―重臣―一般家臣という同心円構造をとって

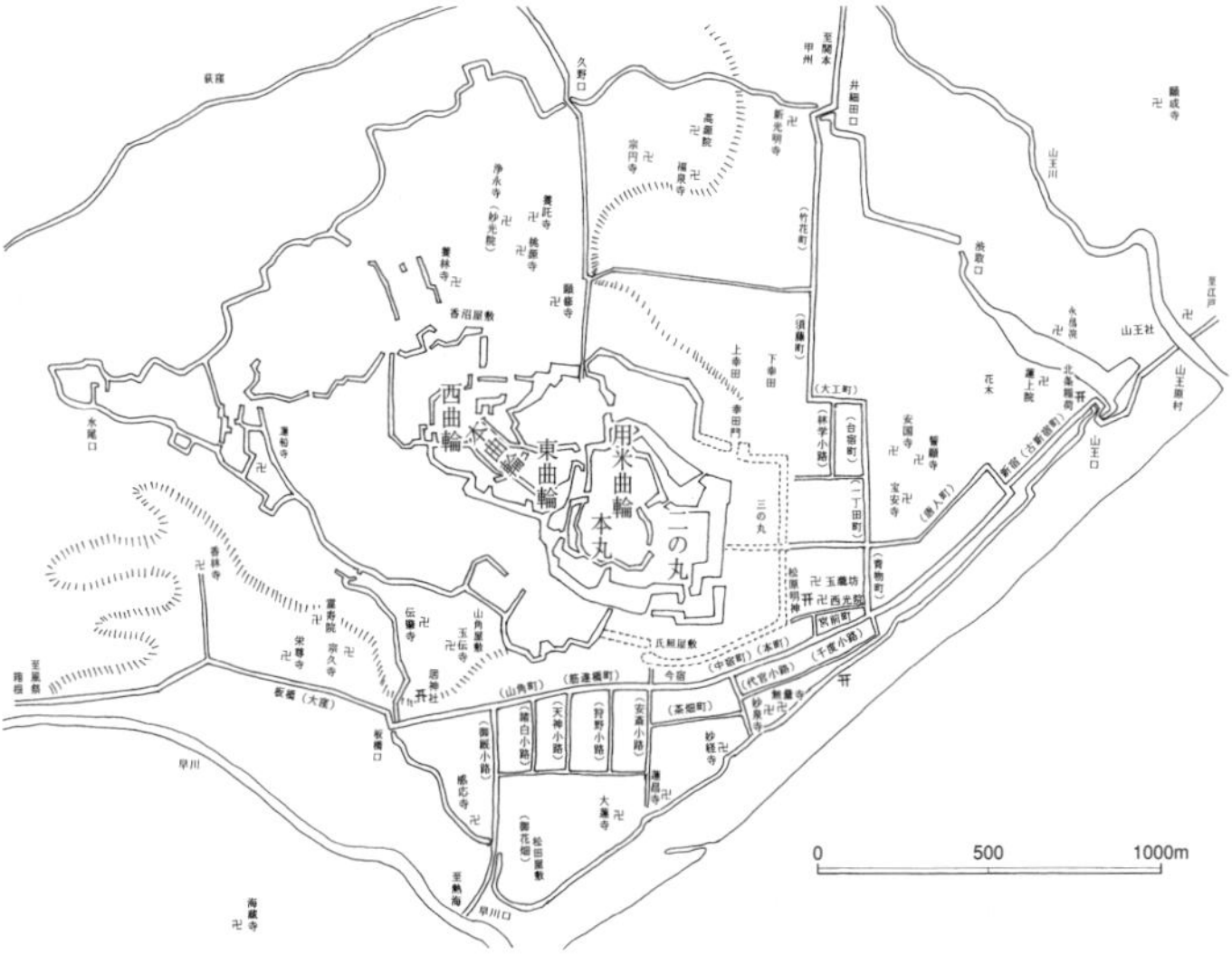


戦国期小田原城と城下町復元図（『国立歴史民俗博物館研究報告』第127集，より）

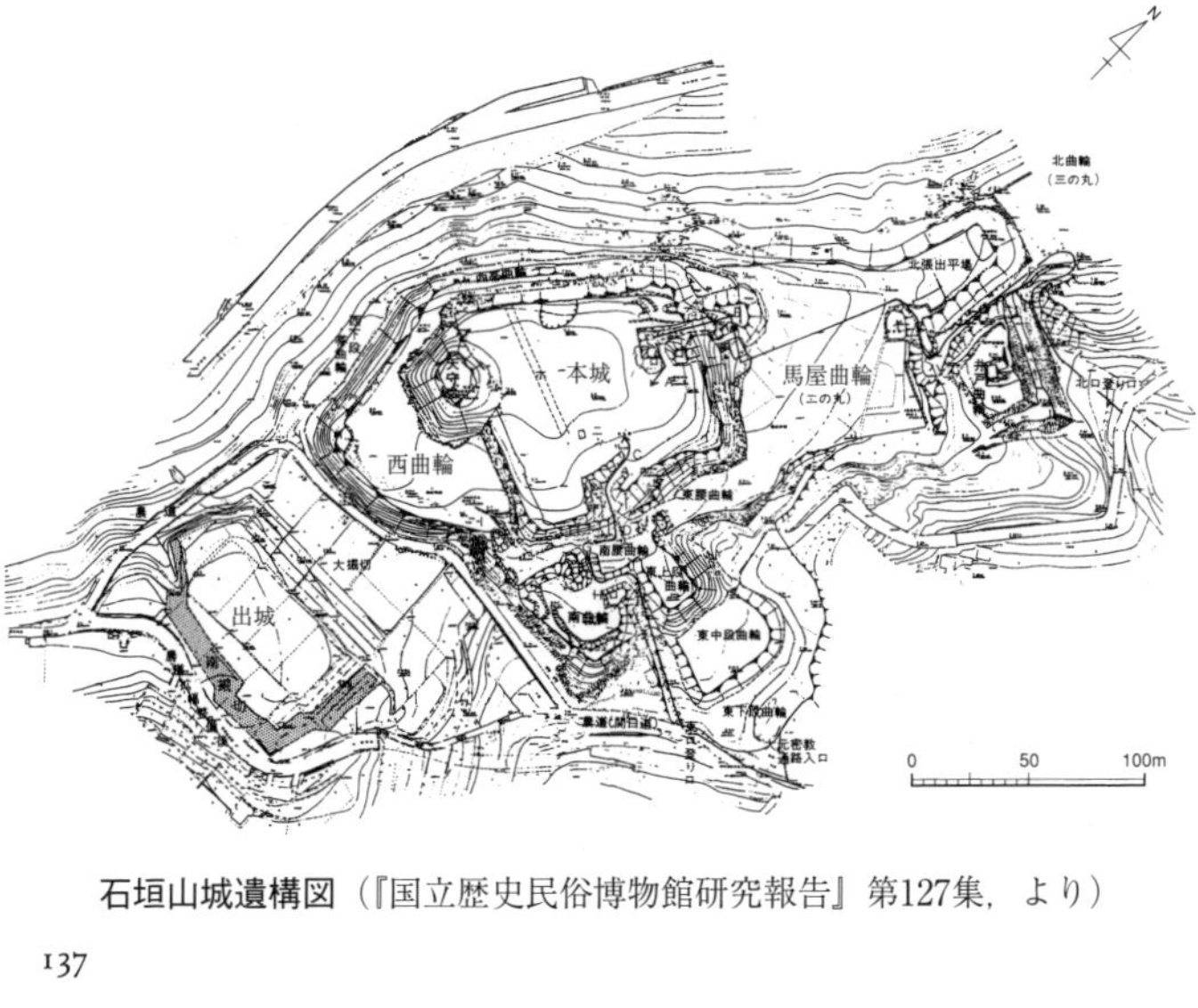


石垣山城遺構図（『国立歴史民俗博物館研究報告』第127集，より）

おらず、北条氏の住む城の中心を囲むように御馬廻衆・小田原衆が配置され、北条氏の一族や重臣たちは、適宜要所要所に配置されるか、直臣団の外周部に配置されていた傾向があるという。また最低六つの町が確認されるが、その住民は六番に編成され、北条氏の出陣中は囚人の監視や治安維持にあたったという。北条氏は城下に住む職人・職能民の棟梁を通じて、領国内の職人・職能民たちを統制させようとしていたのではないかともされている（市村前掲論文）。このように北条氏は秀吉の前に立ちはだかる先進的な大戦国大名であったために、天下統一を目指す秀吉の討伐を受けざるを得ない事態に追い込まれたと考えられる。

### 堅固な石垣山城

それでは小田原城を取り囲んだ秀吉軍はどうしてこれだけ堅固な小田原城を落とすことができたのであろうか。二十一万という大軍を擁して持久戦に持ち込み、秀吉の書状に見えるように「ほしころし」にする覚悟で臨んだことが勝利の要因であったことは確かである。この大軍を使っての攻撃という戦法とともに注目されるのが、秀吉の「御座所」とされた石垣山城の築城である。「一夜城」といわれるほど短期間に成立したとされる石垣山城は、実は周到な大規模普請によって構築されたと考えられる。

小田原城郭研究会の調査報告によると、石垣山城は本丸の南に西曲輪、北に馬屋曲輪を、東には東腰曲輪、東中段曲輪、南に南腰曲輪、南曲輪、西曲輪の外側に、大堀切を挟んで出城があり、北にも同様に馬屋曲輪の先に北張出平城があるという、堂々たる城であったことがわかる。本丸だけで約一〇〇メートル四方、南北の出城から出城までは約四〇〇メートル、東西は約二〇〇メートルである。

自然地形を生かした堅固な城であった。もちろん、築城の目的は後北条氏の討伐にあったから、この城の下に城下町をつくることは考えていなかった。城下町のない城郭という点で、特異な城であったのではないだろうか。

この城の普請について秀吉は五月二十日付浅野長吉・木村重茲宛て書状で「御座所之御普請を彼夜番日番を仕候人数に被仰付《おおせつけられ》石重々につかせられ候て、聚楽又は大坂の普請を数年させられ候に不相《あいおとら》劣様《ざるよう》に被思食《おぼしめされ》候」と述べている。北条氏が降伏したのは七月五日である。その一カ月半前の書状がこれである。五月二十日には石垣山城は夜を日に継いで建設中であったことがわかる。石垣山城の名の通り、石組みを堅固に構築し、聚楽第や大坂城普請を数年かけて行なったのを何倍も早めて、城普請を続けていたことがわかる。

### 秀吉の作戦

秀吉の石垣山城建設の意図は、仮の城、急拵《ごしら》えの出城ではなく、出城までもつ本格的な城を小田原城の目の前に、短期間のうちに建設しようとするものであったことがわかる。その石垣山城がみるみるうちに姿を現すのを見た後北条氏は、秀吉の力の大きさに驚愕し、最終的に降伏を決意したのではないだろうか。秀吉の「ほしころし」には、籠城戦をとる北条氏に対して軍勢で圧倒するばかりでなく、城普請の早さ・築城技術での圧倒という、心理作戦が含まれていたように思われる。

ただし、城下町の建設を意図しない合戦目的の城という点からみて、聚楽第や大坂城とは異なる目的のもとに造られた城郭であったといえる。

そしてこの石垣山城の建設のスピードと技術は、翌年以後の肥前名護屋《なごや》城の建設にも生かされることになる。このことは次章で触れることにしよう。

# 第六章　「太閤」秀吉とおね

## 1　国内統一の完成

### 「太閤」秀吉時代の始まり

奥羽平定は残してはいるものの、関東の強敵北条氏を討伐した秀吉にとって、天正十九年（一五九一）の正月は輝かしい未来が展望できるものであった。なぜなら秀吉の片腕として苦労をともにした弟秀長《ひでなが》がおり、甥の秀次《ひでつぐ》（秀吉の姉ともの子）は二十四歳となり、奥羽出兵の先頭に立っており、我が子鶴松の成長を楽しみにすることができる年頭だったからである。

しかし弟秀長がこの年の正月に亡くなり、八月には最愛の鶴松が亡くなってしまった。そのため秀吉には、事業を引き継ぐ後継者としてふさわしい親族は、秀次しかいなくなる。養子には宇喜多秀家があり、二十歳になっており、猶子《ゆうし》としておねの兄木下家定《いえさだ》の子秀俊（後の小早川秀秋《ひであき》）が十歳になっていた。

こうした後継者の状況を見て取った秀吉は、鶴松の死後、関白職を秀次に継がせるべく行動を起こし、十二月になると秀吉は、秀吉の掟に違背しないことを秀次に誓わせた上で、秀次を関白に昇進させた。関白を譲った前関白は「太閤」と呼ばれる。秀吉の「太閤」時代はこうして天正十九年から始まった。

### 朝鮮出兵の号令

後北条氏を天正十八年五月に討伐して関東を手に入れた秀吉は、奥羽の平定を待ちつつ、次の攻略目標を朝鮮と定め、二年後には肥前名護屋《なごや》に出陣すると述べ、十二月、立花宗茂《たちばなむねしげ》などにその準備を命じた。諸大名は翌天正十九年の正月以降、朝鮮出兵の準備に追われることになる。毛利輝元は出兵を控えて、領国の秩序を保つ必要から、留守居の掟を定めている。各戦国大名には新たな軍役がのしかかってきた。

秀吉の目が朝鮮半島に向けられ、またこのように強引な方針が実行されたのはなぜであろうか。その理由は天正十九年の国内統一による情勢の変化、秀吉の近親者の死とそれに対する秀吉の方針転換にあったと思われるので、ここではこの問題を考えてみよう。

### 天正十九年の情勢

国内の平定戦は関東の北条氏討伐でいったん終わり、それに続く奥羽の調略を続行してはいたが、天正十九年には奥羽から九州南端までが秀吉の版図に入っていたので、国内平定の仕事は終えていたと考えてよい。平定した領土には検地を続行し、その石高に基づいて朱印状を出して大名への領地再配分を行なった。毛利輝元に三月十三日朱印状を与えたのはこの一環である。輝元はこの朱印状に基づき、安芸吉田から広島への本拠地の移動を断行することになる。大名領の再編がこの頃から進行する。

一方、中規模大名として取り立てられた、秀吉子飼いの大名たちにも変化が訪れた。天正十九年四月五日、秀吉から甲斐国を与えられた加藤光康が禁制を長禅寺に下している。これ以前この国は秀吉の甥羽柴秀勝が領主とされていたのだが、秀吉は秀勝からここを取り上げ、秀勝を美濃に移し、加藤光康に甲斐を与えた。加藤は領主となったので、国内の寺社に自らの禁制を出したのである。次いで加藤は国内に条規を制定する。つまり秀吉から領地を与えられた加藤など子飼いの中規模大名は、領地給与の朱印状を獲得して入部すると、早速国内寺社などに禁制を発布して、自らが領主であることを宣言し、次いで国内統治の基準を条規というかたちで発布したのである。

領地替えのなかった増田《ました》長盛《ながもり》らは、井溝《いこう》争論を裁定するなど、安定した領地支配に入っていた。下野の那須《なす》資景《まさかげ》は五千石の加増を受け、石川備後守（貞通《さだみち》）は丹波伊原村などを加封され、服部土佐守（正栄《まさひで》）などは、近江に所領を与えられた。いずれも天正十九年の四月一カ月の間のことである。

このように天正十九年という年は、大大名から直臣まで、秀吉の配下に入った武士の給地の所替えや支配の実質化が進んだ年であったと考えられる。

**武士と百姓を支配下に**

討伐を終えた領国は家臣に配分するばかりでなく、二月に田村・塩松（四本松）を直轄領にしたように、重要地点は秀吉直轄領化し、そこに対しては六月長崎に対して与えたように、自ら条規を定めて直領《じきりょう》支配の方針を確定した。こうして全国を支配する方針を順次固めていったのが、この年であった。八月二十一日、奉公人、侍、中間、小者、百姓に関する条規、いわゆる「身分統制令」を秀吉が発布したのは、武士と、彼らを通じてその支配下の百姓が、秀吉の掌握下にあることを宣言したものであると考える。

### 対天皇家・公家・寺社対策

秀吉は禁裏の造営に精を出していたが、そればかりでなく、陽光院の六宮（智仁《としひと》親王）の御所まで造営している。御所の完成によって、晴れて六宮は親王となった（正月）。天皇や上皇からは太刀・馬を正月の祝儀に贈られている点からみても、引き続き信頼を勝ち得ていたことがわかる。

こうした信頼関係の上に立って、公家・寺社に対する政策を断行し、禁裏の側に公家町を造らせる代わりに、所領の替え地を与えて、公家の集住を実現した。

寺社に対しては本願寺光佐《こうさ》（顕如《けんにょ》）に京都六条の地を与えて、貝塚から京に帰らせた（閏正月）ことに象徴されるように、寺社は宗教活動を行なうことは許可するが、京の周辺部に分散して盤踞《ばんきょ》させ、これらの移住政策によって京都の大改造を行なっている。寺社は旧領を減じられたばかりでなく、西《せい》笑《しょう》承兌《しょうたい》のように明国まで供奉することを命じられるなど、僧侶は「天下人」秀吉の下風に立つことが確実になった。

こうして天皇以下、公家・寺社と武士階級・その配下にある百姓（漁民、海賊などを含む）を支配下に入れた「天下人」秀吉が誕生した。秀吉は天正十九年の十二月までは関白の官職を「天下人」の飾りとして用い、十二月からは「太閤」を関白に代わる飾りとして用いたといえる。朝鮮出兵の背景には、以上のような天正十九年の国内統一とそれをめぐる諸情勢の変化があった。

## 2 朝鮮出兵の準備・実行と名護屋への移動

### 朝鮮出兵に向けて動く大名たち

天正十九年(一五九一)、秀吉は国内統一の完成を急ぐと同時に、諸大名に対して朝鮮に渡海させるための準備を命じた。毛利氏がいち早く正月に留守居の条規を定めたことは前述した。渡海を命じることによって、諸大名は領国の統治方法を早急に決定しなければならないという切羽詰まった状況に追い込まれた。軍役が加重となるばかりでなく、その軍役を負担できる領内態勢の形成が緊急課題になった。法を制定し、家臣団を渡海組と国内行政組に分け、渡海の負担に耐えうる財政基盤をつくらねばならなくなった。翌年(文禄元年)早々に、前田家では米穀を軍勢の集結している九州に輸送するため、加賀・能登の「水手《かこ》」(水夫・舟乗りのこと)を徴用している。また秀吉が乗る軍艦の材料にするため、銅や金箔を徴発しなければならなかった。

### 京の防衛

朝鮮の先の明国まで遠征して支配下に入れることを夢見ていた秀吉は、それまでの国内平定戦で獲得した戦術をもってこれに臨んでいる。まず天皇や公家のいる京都に関しては、京の周囲に堤と溝を造らせ、浚渫《しゅんせつ》して防備させることを命じた(天正十九年二月)。いわゆる「御土居《おどい》」の構築命令である。このころ京の大仏殿は立柱・上棟が終わっていた。いち早く京の防備を命じたのは、幼い鶴松の保護という問題が頭にあったからだろう。

しかしこの鶴松が八月五日に亡くなると、秀吉の明への出兵の意志は一層強固になり、来年、明に自ら出兵すること、そのために肥前名護屋城を築城するという大号令を出す（八月十三日）。諸大名に名護屋城を建設させ、加藤清正にこの工事を監督させる。工事の開始は十月十日である。

加藤清正（熊本市立熊本博物館蔵）

## 名護屋築城の大号令

秀吉軍を渡海させるためには軍船の建造が必要である。そのため大仏殿の工事を中止して、代わりに軍船をつくらせることにした。また自身が名護屋に着くまでの宿駅とそこでの供膳まで自ら決め、諸将に掟書を下す（文禄元年正月）。物資の集積地となる博多津の倉庫を明けておくようにと、政商島井宗室《しまいそうしつ》と神谷宗湛《かみやそうたん》に命じた（同年正月）。そして大名には人質を出させ、人質は大坂城に送らせた（正月）。

こうして一方では着々と国内で準備を整えた上で、大名たちを朝鮮に送る。正月五日諸将に出陣命令を発し、小西行長《ゆきなが》、加藤清正を先頭とする九州勢、四国勢そして中国勢を、この年の三月までに出立させた。九州の役などで経験した方式を用い、南部・佐竹などの東北大名は、平定されたばかりであったが早速動員され、正月に名護屋に到着している。服従した大名を先頭に立てて次の合戦を展開するという秀吉の経験は、ここでも生きていることがわかる。上杉氏は少し遅れて、三月一日、五千の兵を率いて春日山城を出発している。

**文禄の役**

小西行長、黒田長政などの軍勢は初め、朝鮮の諸城を次々に落とし、勝利を収めた。天正二十（文禄元）年（一五九二）五月三日、小西行長・宗義智《そうよしとし》軍が京城（ソウル）に入城、加藤・鍋島軍も南大門から入城、黒田長政・森吉政・小早川隆景らも京城に入り、勝利がいったん確定した。四月に名護屋に着いた秀吉は征服地の民政に努めるよう朝鮮の諸氏に命じる一方、対馬―釜山間の航路の確保に努めていることが注目される。毛利、小早川、鍋島らに船を出させ、輸送の円滑化をはかった。鍋島は船六〇艘を提供している。秀吉は、朝鮮との戦い、その後に予想される明との戦いには、海上での人と物資の迅速な輸送が鍵になる、と予測していたのであろう。前年天正十九年には既に大仏殿の建設を中止して、軍船を造らせていたことはこのことをよく示している。天正二十年のこの年の五月二十八日には朝鮮に往還する船舶の条規を定めている。秀吉が物資や人馬の輸送を合戦の要と考えて周到な準備を行っていることがよくわかる。

**京、大坂と名護屋**

朝鮮と日本間の輸送ルートを確保し、物資や人馬を送る準備をする一方、京、大坂から名護屋までの輸送ルートを整備したのが、秀吉による朝鮮侵略時の特徴である。

この年備中河辺から名護屋までの街道に一里塚を造らせたことが菊亭家の記録に見える。また秀吉の京都奉行前田玄以は、京都近郊の向日町《むこうまち》に対して掟書を出し、「向日前新町三町之間」に対し、土地の分配を受けた者より、屋敷を早く建てた者を優遇するなどと定めている。新町と呼ばれるように、街道に面した町場を早急に立ち上がらせ、輸送態勢を整えるための施策であったと考える。道路の幅は二間半（約四・五メートル）であり、真ん中に排水溝があったとされる（『西国街道をゆく』）。街道とその周辺の情景は、秀吉の朝鮮征伐の計画が実施されることで、急激に変化したのではないだろうか。向日町を通る西国街道はかつて「唐街道《からかいどう》」と呼ばれた。

### 流通構造の大変革

日本国内の北方では、文禄二年の正月に北国―大坂間の宿駅に逓送体制を造らせ、毎年松前の蛎崎《かきざき》氏が秀吉に贈る巣鷹を逓送させている。蛎崎氏は諸国からやってきた船頭・商人から船役を徴収する権益を持っていたが、その権益は秀吉によってこの時安堵されている。

街道の整備、町場の形成によって、流通は容易になる。人と物の流通には欠かせない「継馬、継夫」の制度も京・大坂と名護屋の間では整えられた。この継夫の制度を利用して、おねは名護屋へ使者を派遣した。豊臣政権はその主導で街道を整備し、輸送業者を支配下に入れ、荷物の運搬料を設定し、徴収させた。

こうして朝鮮出兵が実施された天正二十年以後、物資・人馬の輸送態勢、情報伝達態勢は急激に整えられ、西日本の海陸の流通路は大きく様変わりしたと考えられる。

### 高麗へのまなざし

また秀吉はまだ名護屋にも到着していない天正二十年正月に、壱岐および高麗に禁制を下している。平定戦開始前に、これから目指す地域に禁制を下してきた方式が、ここでも採用されていることがわかる。京城陥落後の五月、秀吉は改めて高麗に禁制を出す。これも国内平定戦のセオリーどおりである。

**後継者秀次**

朝鮮が秀吉に降ったこの時点で、秀吉は自分自身は明に入ろうという意志を明確にし、朝鮮の処置と出兵準備を秀次に命じている。後継者はこの時点では明確に秀次であった。秀次自身も関白に任じられた頃から独自の政策を出すようになる。秀次はこの年二十五歳である。文禄元年正月には明国出征の侍や人夫に関する条規を定めており、二月には生駒直勝に伊勢国一志《いっし》郡の地を加増し、また蔵入地の代官に生駒氏を任じている。四月には近江の職人の諸役を免除し、六月には尾張の安斎院領を検地し、秀吉の渡海準備を整える仕事にも励んでいた。八月には秀次が吉川広家の朝鮮における戦功を賞している。秀次にとっては秀吉のいない京を守り、秀吉のできないことを肩代わりするつもりでの戦功の報奨であったのだろう。

豊臣秀次（京都市中京区・瑞泉寺蔵）

しかしこうなると秀吉の主従制と秀次の主従制が矛盾を抱えることになる。吉川広家は二君に仕えていることになった。こうしたきしみが後に肥大化することになったのだろう。

この後同年十月には秀吉の命を受けた秀次は讃岐塩飽島《しあくじま》に奉行を遣わして、船大工・船頭を徴発して名護屋の秀吉のもとに送っている。この十月の時点から、再び秀次は秀吉の命を受けて文書を発給している点が重要である。秀次の独自性は秀吉に敵対するおそれがあるものと警戒され始めたようにみえる。

## 3　秀吉の造らせた名護屋城

秀吉は先述のように文禄元年（一五九二）四月二十五日に名護屋《なごや》城に到着した。前年天正十九年の十月十日に鎮西の諸大名に名護屋築城を命じ、加藤清正に監督させることとし、この日に普請始めの儀式を行なわせているので、約六カ月という短い期間の間に、秀吉を迎えられるくらいの城普請ができていたと考えざるを得ない。

**短期間に造られた名護屋城**

名護屋城がどのような地形の上にどのような構想のもとに建設されたかについては、最近の研究で詳しく知ることができる。宮武正登氏の「肥前名護屋城下町の空間構造とその特異性」を紹介しつつ考察してみたい。

名護屋城の普請は加藤清正が監督に任じられたが、もとより多くの人々の協同作業で実現したものであり、小西行長《ゆきなが》は「作事《さくじ》奉行」であった。着工した十九年十月から石垣工事が急ピッチでなされ、十二月には小西を奉行とする「作事」に移行したようである。フロイス『日本史』にも「関白からそれらの築城を命ぜられた司令官たちの仕事は、実に正確に、また異常な努力をもってなされ、六カ月、もしくはそれ以内にすべてが完成したほどであった」とある。

しかし秀吉の「御座所」のおおかたの作事はできたとしても、他の丸（曲輪《くるわ》）はそれ以後の工事と考えられ、秀吉の居住する「山里丸」の工事は天正二十（文禄元）年七月以降の施行、「弾正丸」は浅野長吉（長政）の官職が付けられていることから、二十年の夏以降の工事であると推測されている。『日本史』にも「内側の（城壁）は（外側のよりも）小さく、百ブラサ（平方）の面積があり、（それらの中に）（老）関白の宮殿が造られた。他の（外側の城壁）は後で造られ、最初の内側の（城壁）が完成した後であったが、それは（内側のとは）比較にならぬほど大きく、それらは二つとも無数の石で築かれ、まさしく都（聚楽第）のと同様に、石垣による大きい堀に取り囲まれていた」とあるので、内側の城壁の外に、もう一つのさらに堅固な城壁が後に構築されたことがわかる。現在確認できる城域は一七万平方メートルである。

大名たちの陣屋は一五三頁に掲げる図のようになっている。徳川家康、前田利家、毛利輝元、長宗我部元親、細川忠興など主要大名の陣、堀秀治、加藤清正、石田三成など側近武将の陣が名護屋城を取り巻いて構築されている様子がよくわかる。

### 城下町の様子

一方、名護屋城の北側には、大きな屋敷群と小さな屋敷群が整然と並び、その外側に半独立的な大型屋敷地があったことが明らかにされている。町場は「茜屋《あかねや》町」筋を中心に展開し、兵糧米などの軍事物資を供給する場となっていたことがわかる。また「肥前名護屋図屏風」には振り売り商人や女郎屋とおぼしき家や客そして女性が描かれているとされる。たしかに「洛中洛外図屏風」に登場する図子君《ずしぎみ》・辻君《つじぎみ》と同じ姿でこの屏風の女性は描かれている。「遊君《ゆうくん》」と呼ばれた遊女が名護屋にいたことをあらわすのであろう。こうした遊君の存在を誇示することで、名護屋の都市としての繁栄ぶりを示そうとしたのではないだろうか。

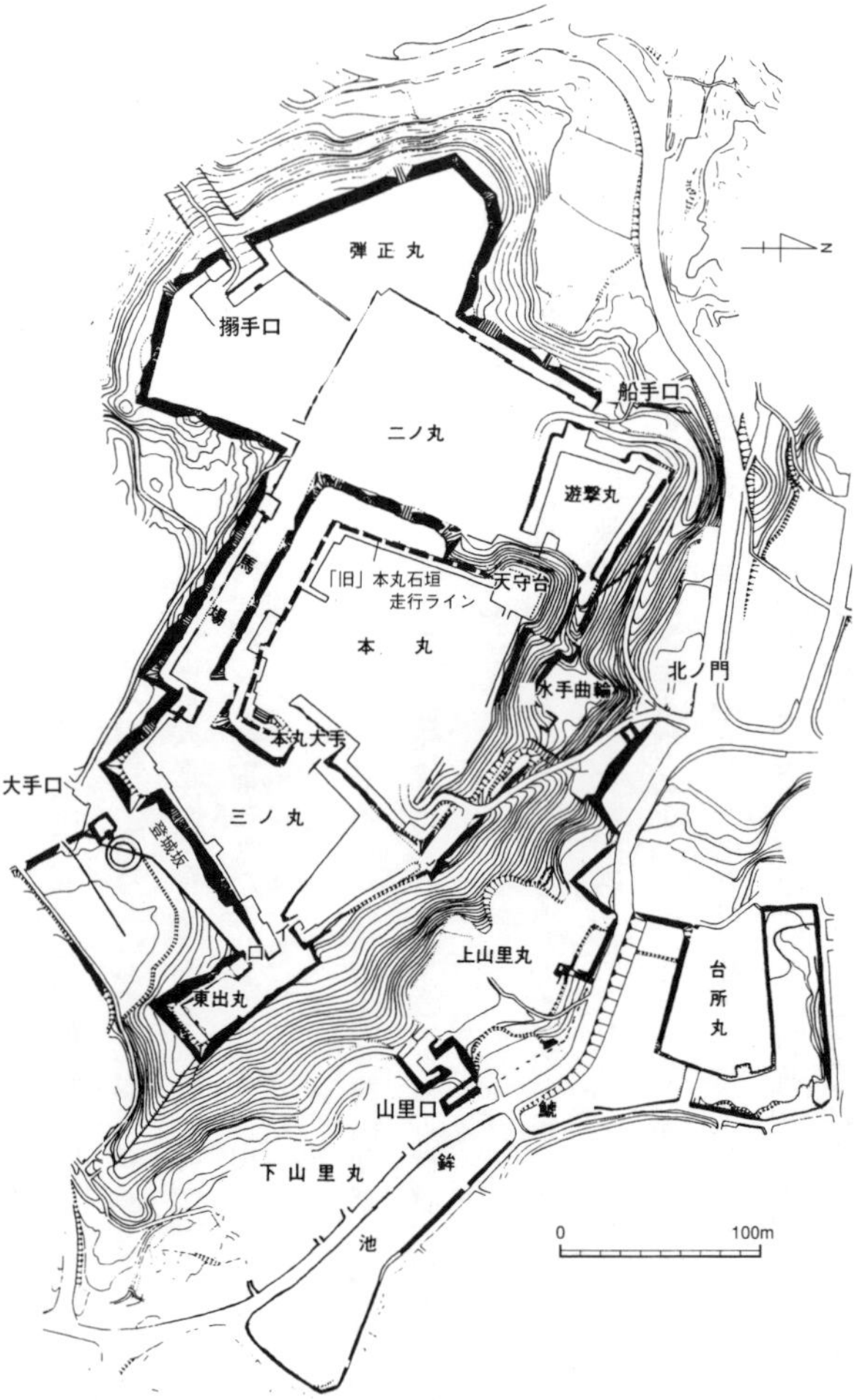


名護屋城平面図（『国立歴史民俗博物館研究報告』第127集，より）

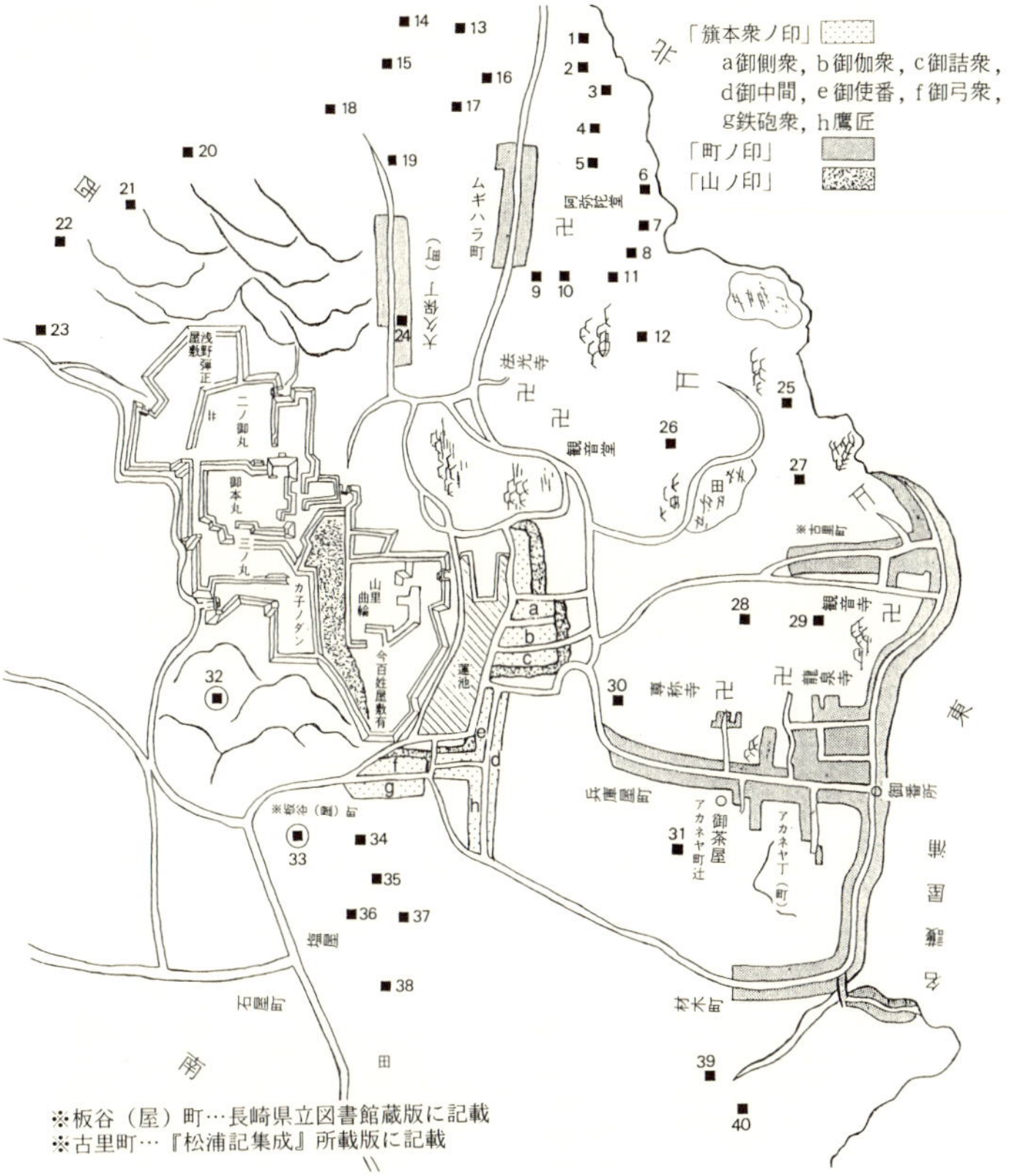


1 氏家志摩
2 氏家内膳正
3 室町内府公
4 真田安房守
5 伊藤長門守
6 蒲生飛騨守
7 加藤出羽守
（松…加藤左馬介）
8 長束大蔵大夫
9 北条美濃守
10 村上周防守
11 山内吉内
12 寺西志摩守
13 羽柴三好侍従
14 秋田太郎
15 九鬼大隅守
16 岐阜少将
17 芦浦観音寺
18 羽柴小早川侍従
19 蒔田権之助
20 清田角兵衛
21 片桐主膳正
22 片桐東市正
23 館野侍従
24 御牧勘兵衛
25 富田左近将監
26 大野修理大夫
27 本田平八
28 大納言家康公
29 大久保七郎右衛門
30 名古屋越前守
31 羽柴半助殿屋敷
32 陣主名記載なし
（松…木下右兵門督）
33 記載なし
（松…陣表示のみ）
（長・他…加賀筑前守）
34 郡上侍従
35 粕谷内膳正
36 仙石権兵衛
37 新庄新三郎
38 羽柴左近
（補注「土佐侍従カ」）
39 羽柴宮内殿
40 山崎左馬允

松:『松浦記集成』版注記
長:長崎県立図書館蔵版注記

名護屋城周辺の大名陣屋（『国立歴史民俗博物館研究報告』第127集，より）

名護屋城は秀吉の亡くなる慶長三年（一五九八）まで七年間用いられ、城下は繁栄を保った。この城下町は軍港「名護屋浦」から物資や兵士を送り出す拠点として建設された。そして城の曲輪配置は先述の北条氏討伐のために構築した「石垣山城」と同じであることが注目される。宮武氏は「全くのコピーと言っても過言ではない」と述べている。では地形に左右されながら、なぜこのように同一の理念で城づくりをなしたのか、今後秀吉の城郭建設のプランについての研究が新たな課題として浮かび上がる。

## 4　おねへの所領給与

### 大坂城の主、おね

秀吉が朝鮮への渡海を計画し、自ら名護屋に軍事拠点を設定し、名護屋までの宿駅の整備など、物資と軍勢の輸送体制を整えたのは、天正十九年（一五九一）から二十年（文禄元年）のことであった。前述のように天正十九年の年末十二月には、秀次から誓詞を取った上で、関白職を秀次に継がせ、自らは前関白たる「太閤」と呼ばれるようになった。関白になった秀次は聚楽第に入り、秀吉・おね夫妻は大坂城を本拠の城にした。この時点からおねは大坂と京を移動する生活に終止符を打って、大坂城に移ったと考えられる。

そして秀吉が文禄三年三月二十六日に名護屋に向けて出発すると、大坂城にはおねが残り、留守を預かる態勢が形成された。諸大名や秀吉の近臣たちも、多くが名護屋に集結し、順次渡海していったので、大坂・京は軍事的には手薄な状態になったといえる。

## おねに与えた所領

さてこの文禄元年三月二十三日に、秀吉はおねに対して一万石余りの所領を給与していることが注目される。その所領は以下のとおりである。

知行方目録之事

| | |
|---|---|
| 一千石 | 平野庄 |
| 一定納千石　但金子拾九枚 | 同 |
| 一定納三百六十九石　但び〻銭三百六十九貫文　斗米まて | 同 |
| 一三千九百八十石 | 天王寺 |
| 一千四百五石弐斗四升 | きれ |
| 一四百四十壱石弐斗弐升 | ゆやの嶋 |
| 一三百九十《（マヽ）》壱石八斗一升《（マヽ）》 | たしま |
| 一四百九十石九斗弐升 | 中川 |
| 一四百拾八石弐升 | あ《（か）》たゐ |
| 一三百五石五斗 | て《（は）》やし寺 |
| 一弐百石 | 玉はくり |

合壱万壱石七斗

右全可有領知候也
天正廿年三月廿三日　（秀吉朱印）
北の政所殿

（『足守木下家文書』）

右の朱印状からわかるように、秀吉は名護屋への出発直前に、おね宛に一万石余という大名に等しい大きな所領を給与していたのである。これは秀吉が壮健な時の譲与であるから、おねが後家になってから知行する後家分とはいえない。なぜこの時点で、どんな意図をもってこのような所領譲与がなされたかが問題である。

**平野郷とは**

この一万石余りの所領の所在地を見ると、大坂城の南東部分にあること、平野《ひらの》・天王寺というかつての自治都市や門前町を含んでいることがわかる。平野は中世には自治都市で商業都市でもあり、末吉氏らが商業・回船業を営み、こうした大商人が七町の「年寄」となって、自治都市として聞こえた町である。平野郷は周辺の豊島村、深江村、木野村、我孫子《あびこ》村、堺などの村や港湾都市の中心にある市場町として発展した。戦国期の自治都市の一典型である。筵《むしろ》、菅笠《すげがさ》、油、鋳物《いもの》などが周辺村落や堺から集まり、それらを他の地域に運んで売り捌《さば》いた。織豊政権との関係では、信長によって蔵入地とされ、代わりに徳政免除の権限を与えられた（元亀元年＝一五七〇）。しかし翌年大火に遭い、秀吉時代の天正十一、十二年、住民が天王寺や大坂に移住するように求められている。

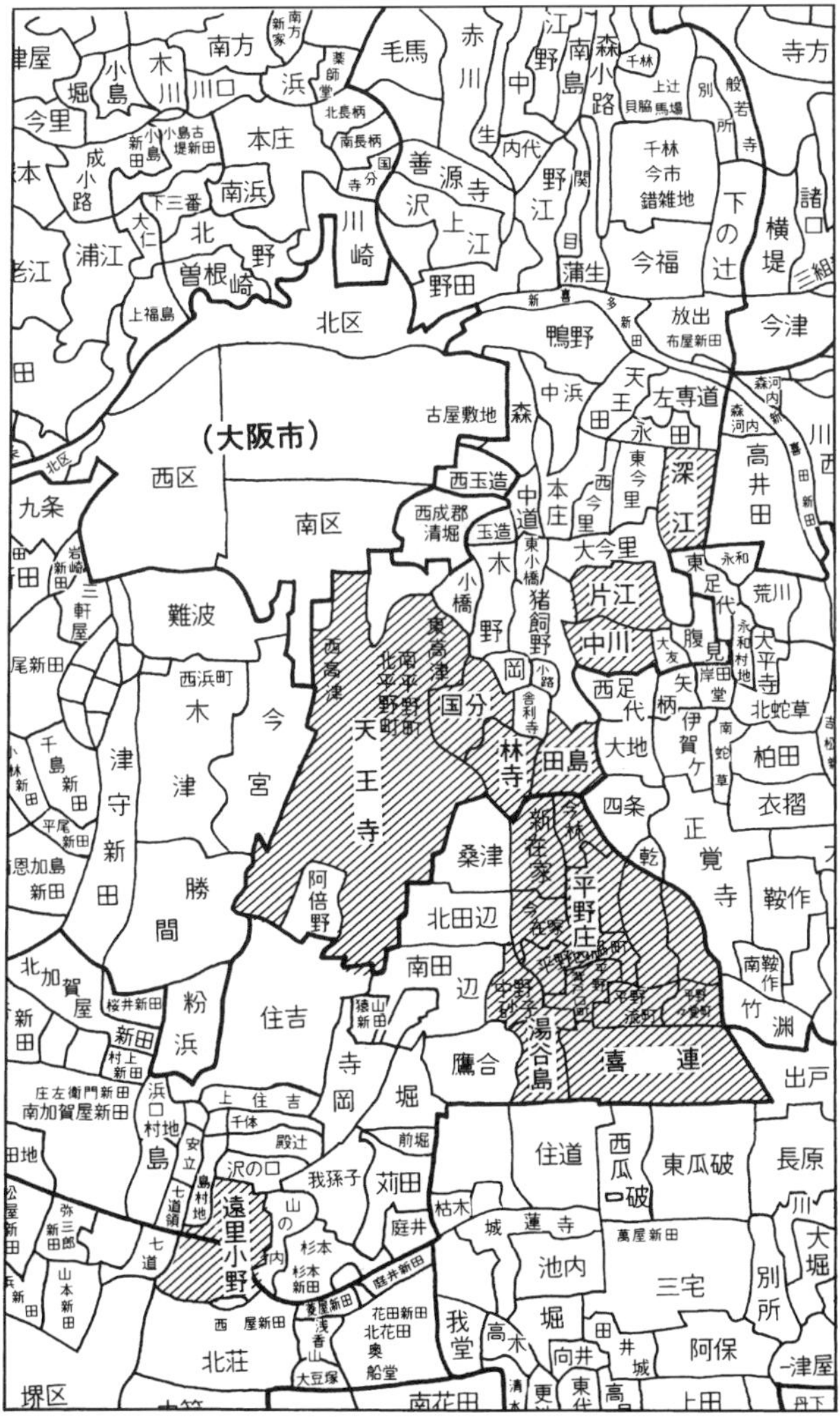


「慶長九年高台院所領図」（山陽新聞社編集発行『ねねと木下家文書』より）
斜線部分がおねに与えられた所領。地名は現代のもの。

こうした点からみて、秀吉時代になると、大坂や天王寺と平野は一体の地と認識されるようになっていたことがわかる。秀吉がおねに、大坂に隣接する地・密接な関係をもつ一帯と見て平野や天王寺を与えたことが推測される。軍需物資の名護屋への移送のためにも、商業都市平野郷を、留守を預かるおねに与えるのが得策、と秀吉は考えたのではなかろうか。

### 門前町、天王寺

天王寺（四天王寺）は四天王寺の門前町であり、ここにあった天王寺城も信長と本願寺の石山合戦で焼かれたが、信長が六二石を与えて復興をはかった地であり、秀吉も同じ方針をとっていたと考えられる。もともと十五世紀末には、この地の天王寺浜市の盛況ぶりは知られており、「七千間在所」といわれるほどの大都市になっていた。また天正十一年から始まった秀吉の大坂築城によって、城域内にあった生国魂社《いくくにたま》と神宮寺法案寺が四天王寺北方へ移された。これを契機に生国魂社や城地南方地域には寺院が建ち並ぶ寺町が形成される。

その後秀頼が一千石を寄進したが（慶長六年）、慶長十九、二十年の大坂冬の陣・夏の陣では、真田丸・四天王寺・岡山が激戦の場となり、茶臼山には徳川家康の本陣が置かれたため、ふたたびこの地域は荒廃を余儀なくされる。しかし、元和元年、天王寺・平野荘・喜連村・片江村・林村など、天正二十年におねが与えられた地域はほぼそのまま、「高台院所領」として徳川家から安堵されるのである。

### おねへの譲与の理由

おねに「大名並」の所領がこの時点で与えられた理由はどこにあったのであろうか。第一には、大坂城の東南の、大坂に隣接した町場や村をおねに譲与しておくことで、名護屋への物資輸送の円滑化が図られると考えられたと思われる。第二には淀殿の生んだ鶴松が死去して、秀吉の後継者は秀次に決定したことにより、おねの正室としての子育て役割は終了した。このことが秀吉におねへの慰労の気持ちをおこさせ、生前譲与を決意させたと考える。

第三には、名護屋からやがて渡海することとなると、大軍の総帥とはいえ、合戦の最中にどのような変事がおこるかもわからない。そのことも考慮して、おねへの譲与が実現したとも考えられる。その証拠に、おねに譲与した三月二十三日の直前の二十日、秀吉は甥の羽柴秀勝に丹波の地を宛行っているからである。秀勝は秀次の弟で、秀吉の親族であり、後継者群のうちの一人でもあった。もと丹波を与えられていたが、領地問題で不満を述べ、秀吉から勘当されたこともある。しかしこの頃には甲斐を与えられており、朝鮮への派兵の大きな部分（軍役八千人）を担わせようと秀吉は考えていたようである。そのため文禄元年三月に丹波国桑田郡保津《ほづ》村・余部《あまるべ》村など一万石が秀吉から与えられたのである。欲しがっていた丹波をこの時秀勝に与えたのは、秀吉が万一の事態をも想定していたのであろうと推測する。

以上三つの理由によって、秀吉はおねに一万石余という所領を生前譲与したのであろう。秀吉は秀勝をゆくゆくは朝鮮の統治者に任じるつもりであった。しかし秀吉の期待も空しく、秀勝は同年九月に唐島《からしま》（巨済島《こさいとう》）で病死してしまった。二十四歳であったという。

## 隠された理由

実は文禄元年三月のこのおねへの譲与には、第四の理由があったのではなかろうか。

それは、おねの果たしてきたこれまでの役割に対する感謝の気持ちに加えて、以後おねの役割が増大することへの期待と激励の念からの譲与ではなかったか、という点である。その役割増大とは、人質を預かりその人質を大切にもてなし、しかししっかりと監視することである。

伊東裕兵《すけたか》は秀吉の命によって嫡子裕慶《すけのり》を大坂城に人質として送っている（天正二十年二月）。吉川家では広家の母が京に置かれ、毛利輝元の母と同居することが命じられた（十二月）。これまでにもおねには、徳川秀忠を預ったように、大名家からの人質を預かる役割が課されていた。これに加えて、文禄元年正月十四日、秀吉は名護屋への動座に合わせて諸大名から人質を取ることとし、その人質を大坂城に送らせるという命令を出したので、おねの預かる人質は一挙に増えた。こうした人質を監督する難しい仕事が、大坂城に残るおねの新たな役割になったのである。大坂城にいて、物資を名護屋などに送る手配は秀吉の直臣前田玄以などが担当したにしても、その行動を見守り、監督する役目もおねが果たさねばならなかっただろう。それにも増して重い役割が、一気に増えたこの人質の監督であったと考えられる。

### 輸送体制の確立

ところで、朝鮮渡海に備えて、名護屋城を築城しつつあった秀吉は、京の秀次と大坂のおねとの間に、物資や軍勢輸送のための継船に関する見事な三角形の連携関係を形成していた。三角形とは、京からは関白秀次の朱印状、大坂からは北政所の黒印状（大阪城天守閣の北川央氏はこの印判状は黒印状であると見ている）、逆に名護屋からは太閤秀吉の朱印状で継船を利用させることを、秀次は天正二十年（文禄元・一五九二）八月に、「下関」に対して命じている。秀次は関白として秀吉軍の朝鮮渡海の後方支援の役目を担っており、大坂でそれを分担していたのが北政所おねであったことがわかる。

同年三月のおねへの所領給与は、朝鮮への物資輸送態勢づくりと関わるものであり、物資や船の集結する平野、天王寺などをおねに与えたのは、朝鮮渡海準備態勢構築の一環であったといえる。

以上のように、大坂のおねは人質の監督、というより人質との交流と、秀吉軍の外征への後方支援の二つの役割を担当していた。

### おねと秀忠

ここでおねと徳川秀忠との関係を見ておきたい。秀忠は徳川家康の三男で、実母は側室西郷氏(於愛《おあい》の方・宝台院)である。天正七年(一五七九)浜松城に生まれている。三男だったので、初めは世継ぎの座は遠いように思われたが、長兄信康《のぶやす》は自害し、次兄秀康が羽柴秀吉の養子となったため、徳川家の正統を継ぐこととなった。

おねが秀忠と正式に会ったのは天正十八年(一五九〇)のことと思われる。この年正月に上洛した秀忠は、秀吉に拝謁し、秀吉の一字をもらって秀忠と名乗った。そして従四位下侍従に任じられたのである。この時秀忠は十二歳である。同じ時におねとも対面したと推測されるので、おねの秀忠との関係は、この時に形成されたと思われる。十二歳の秀忠にとって、京・大坂で接するおねは母親のような存在に思えたのではないだろうか。秀吉政権下に集められた人質を監督する役割を果たしていたおねではあるが、ようやく達成した秀吉の関白職就任によって、豊臣家は徳川家の上位に立った。こうした微妙な立場の豊臣家を代表して、徳川家に対処しなければならなかったおねには、大きな期待感が寄せられ、またおねには大きな責任がかかってきたものと考える。

おねと秀忠の関係は、秀忠の三通の自筆書状から知ることが出来る。『足守木下家文書』として残る二通の書状は、歳暮と重陽の祝儀を秀忠が津多丹後守を使者として、おねの侍女である孝座主《こうぞうす》に遣わした時のものである。秀忠が直筆で孝座主に対し「心得てお礼を申し上げるように」と述べている。さらにもう一通の孝座主宛書状は、北政所おねが医師の竹田法印（定加《じょうか》）に託した書状に関する返書であり、息災にしているので安心してほしい、と述べている。三通目の書状は竹田法印の死が慶長五年六月十七日であるから、それ以前のものということになる。そして高台院が亡くなったとき、秀忠は木下利房に対して悔やみ状を出しているのである。このような書状や物が取り交わされていることからみて、おねと秀忠は後々まで親しい関係を継続していたと考える。

なぜ二人の間に親しい関係が続いたのだろうか。その発端は前述の天正十八年の上洛であったように見受けられる。それ以後、秀忠は上洛のたび毎に、おねの屋敷を訪れたようである。『足守木下家文書』の「木下氏系図附言纂」に「秀忠公駿州ヨリ御上洛ノ節ハ先政所君ノ御亭ニ被為入、御髪ノ結ヤラ御装束ノ召カタマテ京都ノ風ニ御取結、誠ニ御実子ノコトク《如く》御丁寧ニ愛シ給ウ」とあり、秀忠は上洛のたびに真っ先におねの元を訪れ、髪の結いよう、装束の着方などを教わり、実の親子のように睦《むつ》まじかったとされている。天正十八年から始まるおねと秀忠の、親子のような親しい関係は後々まで継続され、関ヶ原合戦、大坂冬・夏の陣の後まで揺らぐことがなかったことがわかる。このような親密な関係を築けたのは、おねが人質として送られてきた大名の子女を、親身に世話したからにほかならない。おねは関白・太閤のすぐ側で、隠れた大役を果たしていたのである。

## 人質問題の難しさ

秀吉が全国を平定した文禄元年のこの時点には、人質の数はかつてとは比較にならないほど多かっただろう。この年より少し前、秀吉が薩摩島津氏に対して書状を出して、「勅諚」をかざして関白として静謐《せいひつ》をはかろうとした。そして、協力しないなら、必ず成敗する、と恫喝《どうかつ》したのに対して、島津の重臣上井覚兼《うわいかくけん》は文書の様式が薄礼に過ぎるとして、「羽柴はまことに由来なき人と世間では言っている、どうしてこんなにゆえなきひとを関白にされたのか、天皇のお言葉であったにしても軽率に過ぎるのではないか」と日記に書いている。出自の低い秀吉を軽んじているのは、薩摩の家臣団ばかりではなかっただろう。

そうした大名家から人質を預かるというのは、並大抵の能力ではできない仕事であろう。家柄の高い淀殿ではなく、それより家柄が低く、秀吉と苦楽を共にしてきたおねにしかできない重い役割であり、その役割が文禄元年に一気に拡大したのである。一万石余の譲与は、このようなおねの役割拡大に対する「手当」として与えられた所領であったといえる。

朝鮮に派兵することを求められた武将たちは、人質を大坂城に送って出立した。その武将たちが功績を挙げると、吉川氏の母親が文禄二年の閏九月、富田に帰国することが許されたように、人質の役割は解除されることになったようである。それにしてもおねには大きな負担が朝鮮の役の発生とともに生じていたことがわかる。

## 一万石余の所領のその後

この一万石余りの所領は以後、秀吉の死後においても拡大する。内田九州男《くすお》氏の研究によると、天正二十年に一万一石七斗であった所領は文禄四年には一万五六七二石二斗六升となり、慶長九年には一万六三四六石四斗一升九合（内孝蔵主分二百石）、元和三年一万六九二三石七斗三升三合と石高は増加している。そして所領のうちの八カ村は一貫して「続いて」所持されていることが明らかにされた。

また所領の管理は豊臣家の代官小出秀政《こいでひでまさ》が行なっていたが、小出が慶長九年に没すると、後任として高台院（おね）の意志で木下家定が選ばれ、慶長十三年の家定没後は再び高台院の意志で木下勝俊と利房があたったという。

このように天正二十年におねが秀吉から譲与された所領は、おねに与えられたものであったとはいえ、初めは秀吉の直轄領的色彩を色濃くもっていたが、次第に高台院独自の所領と見なされ、徳川の世になってからも「後家分」として高台院生存中は継承され、高台院の死後は「高台寺」領として続いたと考えられる。

## 5　文禄年間の国内情勢と秀次事件

**朝鮮との講和とその破綻**

天正二十年（文禄元）三月に始まった朝鮮の役（文禄の役）は、この年の八月、小西行長の主張を容《い》れて明の沈惟敬《しんいけい》との間で休戦協定が結ばれ、翌文禄二年日本軍は京城を撤収し、六月明使に対して秀吉は七カ条の講和条件を示す。

しかし日本側と明側の条件に大きな隔たりがあることが露見し、文禄三年十二月、小西行長の使者内藤如安《じょあん》が明皇帝に会見してまとめた講和案も、慶長元年九月の秀吉の明使節との会見によって破棄され、慶長二年からの朝鮮再征へと繋がるのである。

この間文禄年間は、秀吉は朝鮮派兵を指揮することに大きな勢力を割いていたが、その他の内政についても様々な先進的な取り組みをなしている。ここではそうした秀吉の姿と、なぜ秀次が処刑されたのか、その理由について考えてみたい。

## 自ら指揮する秀吉

文禄二年（一五九三）、秀吉は名護屋にあって、三月十日、朝鮮の諸将の陣立てを自ら決めている。文禄の役は、秀吉自身が指揮する外征であった。兵の動かし方だけでなく、準備や後方支援に細心の注意を払い、正月、朝鮮から私用で帰国した肥前の諸大名領内の船に、積み荷のある船の数、ない船の数を把握し、ない船には名護屋で米を積ませることを命じている。

これは朝鮮の兵たちに送る兵糧が不足しはじめていたためであり、四月には加藤清正から、留守居の加藤重清宛に兵糧四、五千石を釜山港に急送すべきことが求められ、兵糧不足のため撤退しようと考えていることが報じられていた。こうした求めに応じて、日本―朝鮮間、また日本国内の物資と人馬の輸送態勢は急速に整えられた。九月には朝鮮の金海《キムヘ》にいる鍋島直政に、貯蔵する米をこの年の新米と交換させている。このようにきめ細やかな指示まで出していたのである。二月末には京都・奈良の医師を名護屋に徴用し、これらの医師を朝鮮に送っている。こうした配慮に感激した宇喜多秀家らの諸将は、私意を捨てて秀吉のために尽くすことを誓った。

### 船舶の働きの増大

朝鮮への人馬・物資の輸送に必要な船舶を名護屋に集結させる方針は、諸大名に厳命され、文禄二年二月、伯耆羽衣石《うえいし》の南條氏は国内船舶の回漕を命じられ、出雲富田《とだ》の吉川広家の留守居は、十五歳以上六十歳までの船頭をすべて名護屋に送るよう命じられている。国内にいる武将たちも、例えば浅野長政は伊与の福島正則の領地に派遣され、船舶と兵糧の確保に奔走させられている。造船のための鉄板を造らせ、名護屋に輸送させたのは、徳川家康である。家康は名護屋に屋敷も持ち、秀吉の外征に協力していたのである。

### 信頼の三角形

名護屋にいて指揮を執る秀吉に、おねは二月使者を遣わし、この使者を毛利氏の奉行が逓送している。赤間関《あかまがせき》の奉行は継夫を仕立てて送り届けているのである。京の秀次は同じく二月、能道具を名護屋に送っている。これは二月初めに名護屋城の本丸に能舞台ができたので、能の道具や面を送ってほしいと秀吉が大坂にいる秀吉近臣木下吉隆と京にいる秀次の近臣駒井重勝に命じたことに答えたものである。この使者の逓送や能道具の送付から、大坂城の主はおねであり、京の聚楽第の主は秀次であり、秀吉とおね、秀次の三者の間には、美しい信頼の三角形ができあがっていたことがわかる。

### 朝鮮の珍品

秀吉は、朝鮮出征中の武将たちが合戦で手柄を挙げることを喜んだのは当然のこととして、朝鮮の珍しい品物を贈られると喜んでいる。虎肉を贈られたことは有名な事実であるが、本書で注目したいのは、朝鮮の布や衣服を武将から贈られたり、縫工が送致されたことを秀吉が喜んでいる点である。

文禄二年七月、島津忠豊《ただとよ》が朝鮮から「生絹帷子《すずしかたびら》」を秀吉に贈り、同じ月、鍋島直茂《なおしげ》が金海から「縫工」二人を送ってきたことを秀吉は褒《ほ》めている。当時朝鮮の木綿は高級品として通っていた。「唐木綿《からもめん》」といわれ、手に入りにくいので贈答品として珍重された。そうした朝鮮の衣服や縫工まで来ているということは、この文禄の役の時点で、日本に新しい技術が導入されていたことになる。日本には朝鮮の陶工が薩摩などに連れ帰られたが、それよりも早く、朝鮮の縫工の技術が日本に入っていることは興味深い。以後日本で木綿栽培が爆発的に広がる端緒は、朝鮮の役にあったのではないだろうか。

## 子飼い大名は激職に

日本国内と朝鮮の間を使命を帯びて行き来した石田三成、増田長盛《ましたながもり》などの武将たち、また国内で留守を預かる長束正家《なつかまさいえ》らの武将たちは、文禄二年には朝鮮への物資輸送態勢をフル稼働させるべく働いていた。要所や蔵入地には奉行が置かれており、浅野長政は対馬・壱岐・名護屋の奉行に過書を与え（五月二七日）、文禄三年には秀吉は諸国を検地し（石田三成、片桐且元《かたぎりかつもと》などに実施させた）、蔵入地を設定して、その代官には末吉孫左衛門《すえよしまござえもん》など商人が抜擢されることもあった。朝鮮との和議が成立しなかった一月十六日、秀吉は諸将を交代させ、守備を厳にするよう命じている。後に五奉行と称される秀吉子飼いの武将たちは、朝鮮の役と国内政務の両方を担っていたことがわかる。

## 伏見城の建設

伏見での城づくりは、文禄元年八月頃に決定された。翌文禄二年九月、秀吉は伏見城建設の人夫を一万石につき二十四人と決定して大名たちに号令した。

秀吉はこの頃、既に関白を甥の秀次に譲っており、名護屋陣が終われば八月に生まれた秀頼に大坂城を譲り、ゆくゆくは隠居するつもりで伏見城を建設したのであろう。この構想は秀次と秀吉の関係が、麗《うるわ》しく保たれていればこそ実現可能であったのだろうが、事態は理想通りには運ばなかった。

## 秀次との溝

秀次事件と呼ばれる秀次とその妻子の粛清は、文禄四年七月に起こる。この原因は文禄二年の麗しい三角形の形成直後から露呈し始めていた。物資や人馬の輸送を担当していた秀次は、文禄二年三月八日、脇坂の水軍の戦功を賞している。また秀吉に仕える藤堂高虎《とうどうたかとら》に近江・美濃・伊勢の地を加増し、八月には吉川広家の戦功を賞している。秀次の直臣生駒氏に所領給与をすることはわかるが、その地は尾張にあったことも、秀吉の機嫌を損ねただろう。十二月、秀次が秀吉の蔵入分である尾張八郡を検地させたこと、かつて秀次は実父三好常閑（一路《いちろ》）に十万石という大きな石高を与えていたのだが、検地によって実は十万石に達しないことがわかると、不足分を尾張の蔵入分（秀吉直轄領）から与えることにしている。こうなると、金銀の出入りに細かい秀吉の神経を逆撫でることになったことは容易に想像できる。この年九月四日に、秀吉は伏見で秀次を呼んで訓戒した後での行為であったことも、両者の関係を悪くさせた理由となっただろう。

翌文禄三年には、秀次の独自の所領宛行は、寺西氏宛のものしか見られなくなる。秀次の行動には文禄三年以後、歯止めがかけられたと考えられる。つまり文禄三年には国内の執政は再び秀吉の手に帰り、「太閤検地」の実施をはじめとして、尾張の堤防を修築させる（一月）などの民政、「千人斬」という殺人者たち十六人を捕らえて処刑する（八月）などの刑事事件もすべて秀吉が奉行を使って処理したのである。秀次は「関白」としての最低限の仕事、例えば山科言経《ときつね》に五人扶持を与えることくらいしかできなかったようである。同じ年、徳川家康は山科氏に十人扶持を与えている。

### 秀頼の誕生

秀次の立場が急激に悪化したのは、秀次の実父三好氏への特別の計らいなどに一因があったとはいえ、最も大きな理由は文禄二年八月の秀吉の実子秀頼の誕生にあったと思われる。

実子の男子を得たことで、親族から後継者をと考えていた秀吉に、構想の変化が訪れたと考えられる。秀頼の誕生後、翌文禄三年の正月には、秀吉は大坂城を秀頼に与え、自分は伏見城に入ることを明言して伏見城の工事を急がせている。

### 秀吉と秀次の決裂

文禄四年（一五九五）二月、秀吉は、亡くなった蒲生氏郷《うじさと》の跡を秀隆《ひでたか》（秀行《ひでゆき》）に継がせ、蒲生の老臣たちを諫め、上杉・佐竹・最上《もがみ》・伊達氏に秀隆を補佐させる態勢をつくった。

ところが秀次からも、蒲生秀隆の領地安堵がなされた。こうなると、蒲生氏は二人の主君を持つことになる。秀次が実父三好常閑の京の屋敷を訪れ、常閑自身、尾張法華寺の諸役を免除している（五月）のも、気になるところである。秀吉と秀次の溝はより深まったように見える。そしてまた、蒲生秀隆は提出した知行目録を秀吉に疑われ、近江二万石に減封されようとする。しかしまだこの時は、秀吉にも上杉・毛利の意見を聞く余裕があったので、誤解は解け、蒲生氏は浅野長政の同行で初めて会津に入国した。秀次の切腹の二日前、七月十三日のことである。

秀次側は、六月十四日、朝廷から衣冠を賜ったことに対して、金五千枚を献上しており、秀吉から厳罰を受けることなど想定していなかったようである。しかし石田三成が秀次に謀叛ありと讒言《ざんげん》したので、秀吉は三成・長盛に秀次を詰問させ、さらに前田玄以を聚楽第に遣わして官職を剝奪し、高野山に追放（七月八日）、七月十五日に切腹させた。秀次の妻子はいったん亀山城（京都府亀岡市）に捕らえられたあと、三条河原で三十余人が処刑され、一味であったとして前野氏なども殺されている。

## 事件の事後処理

七月十二日、秀次追放後、三成・長盛は秀頼に忠誠を誓っている。このことは、秀頼の存在自体が秀次排除の大きな理由であったことを証明していよう。

秀次処刑後、秀次が朝廷やその他の人に与えていた金子《きんす》が取り返され、伏見の秀次邸は秀頼の「傅《もり》」（養育係）となった前田利家に与えられ、秀次関係者の領地は他の秀吉家臣に与えられたり、加増されたりした。山内一豊が掛川で八千石を加増されたのは、この事件によってである。

## 秀次事件の意義

秀次事件は秀吉政権最後の暗い事件である。秀次の権限が秀吉のそれと拮抗するものであったところに、事件の根本的な原因があったのであろう。この事件によって、秀吉の後継者は秀頼であることが、天下に明白にされた。

また、もう一つ注意すべきことは、秀頼を支える三成や長盛、特に三成には、讒言という手段での攻撃があることを、天下に知らせてしまった点である。細川忠興も秀次のことで三成に讒言されたが、家臣松井が家康に頼って難を逃れている。浅野幸長《よしなが》も三成の讒言に逢って殺されそうになったが、前田利家に諫められた秀吉は、幸長を能登に流すことで決着させている。このように、秀次事件を通じて石田三成が秀吉に何かと告げ口をしている状況が露呈してしまったのは、秀頼を支持している豊臣家臣団に一抹の暗い影をもたらしたのである。

**おねにとっての秀次事件**

おねにとってこの秀次事件はどのような意味をもったのだろうか。この事件は主として秀吉と秀次の関係悪化として表れたので、おねにとっては当事者としての意識は薄かったのではなかろうか。しかし結果的に側室淀殿の生んだ秀頼が秀吉後継者の地位を確かなものにしたことは、おねにとって正室の座を明け渡す時期の近いことを感じさせたと思われる。

また、三成から讒言を受けた者の一人に浅野幸長がいたことにも注意したい。同じく浅野長勝の養子・養女であったおねと長政に比べて、長政の子幸長とおねの関係は濃くはないが、叔母と甥の関係にあたる。親族中の一人である、浅野幸長が能登に流されたことは、おねにとって秀次事件は決して無視できない、いやな事件であったといえよう。

## 6 慶長年間の秀吉とその死

**新体勢づくりを急ぐ秀吉**

豊臣秀次とその親族・余党を葬った秀吉は、秀頼を支える家臣団グループの形成を急いだ。まず最初に、秀頼の「傅《もり》」として、前田利家を付け（文禄四年七月二十日）、五大老・五奉行という宿老層の意思統一を図ろうとした。この日、前田利家は「傅」になることを誓約している。

その後、聚楽第を破壊したのには、秀次一党に対する自らの仕打ちを消してしまいたいという思いからであっただろう。こうして秀吉晩年の政治は大坂城や隠居所として建てた伏見城から発信されることになる。

秀吉家臣団の中で前田利家の存在は大きく、秀吉の若い頃同僚であった時点からの、いわば同格の「盟友」であるから、秀吉自身にとって、秀次事件の中で、利家の行動が対立の緩衝材になったこともあった。文禄四年、秀次事件に関与したとして秀吉の不興を買った浅野幸長が能登に流された時、利家は家臣に幸長を受け入れる準備をさせている。

### 最後の要注意人物

これに対して、秀吉が秀次亡き後に最も警戒したのは家康であった。家康は秀次事件に縁坐させられようとした細川忠興に、秀次から借りた金子を都合してやり、窮地を救った経歴もあった（拙稿「戦国期の『家』と女性——細川ガラシャの役割」『京都の女性史』所収）。秀次と交渉があった秀吉家臣団中の者は、救いの手をさしのべてくれるかもしれない人物として、家康に期待するところがあったことも事実であろう。このような立場にあった、小牧・長久手以来屈服させることができないでいた家康の存在は、秀吉にとって秀次事件以後さらに大きくなったと考える。

### お江の婚姻

そこで秀吉が打ち出した新しい政策が、淀殿の妹「お江《ごう》（お江与《えよ》）」と、家康の三男秀忠との婚姻であった。この婚姻は文禄四年九月十七日になされている。秀忠はこの年十七歳である。豊臣家が家康の姻族になるためには、これが最もてっとり早い方法であった。家康を豊臣家の親族の中に入れてしまうという目的をもって、この婚姻はなされたと推測する。秀次事件で親族を大きく切り捨てた以上、その代わりの補強策が必要であり、強敵家康を近づけておくよい方策として考えられたものであろう。これまでにも家康には旭姫を送り、大政所を人質として送り込んだがうまく提携関係は築けないでいた。家康本人に対してはもう打つ手はない。そこでおねと面識の深い秀忠に注目した結果、この婚姻案が浮上したのであろう。

またお江は淀殿の妹であったことにも意味があった。文禄二年に、秀頼が生まれたことが、秀次事件の遠因であったことは前述した。秀頼の誕生で、淀殿の地位は側室中の第一となり、秀頼がすくすくと成長するにつれて、淀殿の地位はおねのそれに肉薄してきたと考えられる。秀吉の、淀殿の親族に対する配慮も、秀頼誕生時以来異なってきたのではないだろうか。淀殿の妹を秀吉は新しい婚姻養子政策の持ち駒として活用することを思いつき、おねと良好な関係にある徳川秀忠との婚姻に、思い至ったのであろう。

先述のように「木下氏系図附言纂」によれば、秀吉・おね夫妻は秀忠を「養子」のように思い、かわいがっており、特におねは秀忠が駿河から上洛してくると、まずいつもおねの邸に入り、髪の結いようや装束の着方などまで、京風はこうですよと、めんどうを見てやっていた、とされる。秀吉はおねのネットワークと、淀殿の親族関係の両方をうまく組み合わせたのである。このことによって、難敵家康と再び良好な関係を結ぼうと意図したのであろう。

### 事後処理案
### 後に尾を引く

しかし秀次事件の事後処理では曖昧にされた部分、秀吉にとって失策だったと後に悔やまれる部分などもあったのではなかろうか。かつての秀次の宿老たちは、ほとんど咎《とが》めをうけず、むしろ秀次の領地の中から加増をうけて、東海地方の大名として据え置かれた。また福島正則は伊与今治《いまばり》から清洲に移動を命じられ、蔵入分を預けられた。彼らは東海地方を預かる中規模大名として、山内一豊に関して検討したように、秀吉から人馬・物資の逓送と行き来する大名の接待を命じられていたからである（拙稿『山内一豊と千代』）。こうした秀次の旧宿老たちや、秀吉子飼いの武将福島正則が、後に関ヶ原合戦前夜には皆家康に味方し、重要な役割を果たすことになる。

### 慶長大地震

文禄四年から慶長元年にかけては、朝鮮の役は一応の停戦状態が続き、講和会談の動向を見守っている状態であった。派遣されていた諸将も、中には帰国している者もあった。加藤清正もその一人である。諸将は帰国すると秀吉のいる伏見城や大坂城に挨拶に来た。清正は伏見にやってきたが、ここで讒言を受け、伏見の屋敷に謹慎の身となる。

この時伏見を大きな地震が襲った。「慶長の大地震」である。慶長元年（一五九六）閏七月十三日のことである。畿内では余震が数カ月続いたという大きな地震であった。地震見舞いに清正は急いで秀吉の元に駆けつけた。このことによって加藤清正は秀吉に赦《ゆる》されたとされる。続いて浅野幸長も秀吉の許しを得ている。清正は肥後を再び領国とし、蔵入分代官も兼ねることができた。当時、前田利家、徳川家康、前田利長、長宗我部元親など、大名衆の屋敷が伏見に建立されていた。大名たちは倒壊した屋敷の再建にかかる。利家などは十三日の地震から二日後には、縄・竹・釘を領国能登から取り寄せている。この地震で大坂城も崩れた箇所がでたのか、修築のため、秀吉は広島の毛利輝元に大工三百人を課している。

**講和の破棄と慶長の役**

地震に続いて大風雨、洪水が起こり、このことも秀吉を苛立たせたのであろう、九月二日、秀吉は明の冊封《さくほう》正使の持ってきた勅旨に怒り、「違約」であるとして、冊封正使を追い返し、家康らが止めるのも聞かず、朝鮮出兵を号令する。こうして慶長の役が始まる。奉行の増田長盛は早速、輸送船づくりのための人夫を、阿波・淡路・紀伊などの諸浦に提供させている。秀頼がこの年十二月、わずか四歳で元服式を挙げたのは、こうした切迫した内外事情によると思われる。

翌慶長二年（一五九七）になると朝鮮には再び諸将が派遣され、合戦をはじめる。この慶長の役の総指揮も秀吉が自ら執った。秀吉は二月二十日、諸将の部署を定め、条規も定めている。慶長の役の特徴は、実際の部隊では小西行長と加藤清正が「大将」であったが、形式的には秀吉は小早川秀秋を「大将」となした点にあろう。秀吉は後継者の第一に考えている秀頼がわずか五歳であることから、秀頼補佐の態勢の一環として、十六歳の秀秋を活用しようと思ったのではないだろうか。小早川秀秋がクローズアップされたのはこの時点からであったと考えられる。

**慶長の頃の三都**

朝鮮へと諸将を出征させるにあたって、このたびも秀吉は大名家から人質をとっている。島津氏からは義弘の室広瀬氏が三月に帖佐を出発し、伏見にやってきた。この慶長年間の頃は、大坂城下に大名屋敷があるのはもちろんのこととして、伏見にも大名屋敷が林立していたと思われる。伏見の徳川秀忠邸で、五月十日千姫が誕生した。お江もここ伏見にいたことになる。京では、聚楽第が毀《こぼ》たれたあと、この年慶長二年、秀吉は京に新邸を造るべく、四月には縄張りを行っている。この邸は九月にはできていたようで、秀頼はここに移り、「従四位下」「左衛門権中将」を拝領した。家康は十月に京の新邸をつくっている。京は朝廷があるかぎり、おろそかにはできない地であり、秀吉や家康にとって、そこに邸宅を持つことは必要な地であった。京、大坂、伏見が、豊臣政権後期の本拠地・首都であったことがわかる。

### 耳塚での供養

慶長三年（一五九八）、朝鮮の役に従う武将は、築城策を採って勝利しようとしていたが、前年からの困難な事態は続いていた。朝鮮人の耳や鼻を日本に送って供養するという策が採られたのは慶長二年のことであり、この耳や鼻は方広寺《ほうこうじ》の門前の塚に埋められ、「施餓鬼」が挙行された。これが悪名高い耳塚《みみづか》である。

### 五奉行への信頼

国内では奉行増田・長束は越前・加賀の検地を実施しており、石田は筑前・筑後の蔵入分代官となって（四月二日）、豊臣政権の基本政策の遂行に余念がなかった。秀吉は、浅野長政に近江神崎《かんざき》郡の地五千石を加増し、蔵入分神崎郡の地の代官としている。蔵入地を主としてこのような奉行層に給与しようとするのは、以前からの秀吉の方針であった。

秀吉は彼ら五奉行を信頼していたので、死の一カ月余り前には、五奉行間に姻戚関係を結ばせようとした。まさに五奉行たちは、政策の上で豊臣政権を支えた最も信頼できる武将たちであったのだろう。五奉行の間に姻戚関係を結ばせることで、今後の秀頼政権を支えようとの意図が秀吉に生まれたのだろうが、この計画は実現されずに終わってしまう。

### 秀吉の死

醍醐寺三宝院《だいごじさんぽういん》の五重塔の修造が秀吉の財によって完成したのを機に、三月十五日、秀吉は秀頼や妻妾を伴って花見を実施した。その後六月頃から病が重くなり、おね、天皇などが「内侍所臨時御神楽《ないしどころりんじのみかぐら》」を行なわせ、三宝院でも平癒を祈らせるが、その甲斐なく八月十八日に没した。死の直前には五大老・五奉行や大名たちに、秀頼への忠誠を誓わせたことはよく知られている。

秀吉の死の直前にあったこととして注目したい点は、小早川秀秋が筑前から越前に領地替えになっていること（四月二日）、徳川秀忠が浅野幸長、黒田長政の蔚山《ウルサン》の役での労苦をねぎらっている点である（一月二十五日）。秀秋の減封・移封は、新井白石が江戸時代前期に編纂した『藩翰譜《はんかんふ》』によると、秀秋の朝鮮の役での失策がその理由とされる。代わって筑前・筑後の蔵入地の代官に三成が任じられた。後の関ヶ原合戦に小早川秀秋が参戦せざるをえなくなるきっかけはこの時点にあったのではないだろうか。次章で検討してみたい。また徳川氏が秀忠側からも、豊臣宿老層に接近し始めていることが注目される。

こうして次に繋がる動きを孕《はら》みながら、秀吉時代は終わったのである。

## 7　「醍醐の花見」から見えるもの

### 花見の挙行

秀吉は亡くなる五カ月前の三月十五日、洛東醍醐寺で大がかりな花見を行なった。この時、秀吉・秀頼とおねをはじめとする妻妾たちが花見を楽しんだ。上醍醐、下醍醐一帯は警護の武士に厳重に守らせ、豊臣政権の奉行や大名はそれぞれ趣向を凝らした茶屋を設け、千三百人にも上る女房衆が三種の小袖に着替えて登場したという。この小袖・帯は豪華なもので、目結《めゆい》絞り・鹿子《かのこ》絞り・金銀摺箔《すりはく》などであったとされる。豪華衣装の調達は島津氏に八日前に命じられたので、島津氏は急遽国元から米・銀を回漕させ、京の細工に命じて期限に間に合わせたという。大名や奉行層にとっては、経済的な負担は大きかった。

### なぜ醍醐寺なのか

なぜこの年、花見が醍醐寺で行なわれたのであろうか。秀吉時代、寺社の修造は京都では主に前田玄以が秀吉の代官として取り仕切っており、よく寺社には援助の手を差し伸べていた。この醍醐寺は秀吉にとって特別の寺であった。秀吉は高野山金剛峯寺の木食応其《もくじきおうご》と醍醐寺三宝院の義演《ぎえん》を特に重用していた。義演は二条家の出であり、このころ醍醐寺座主《ざす》であると同時に准三宮《じゅさんぐう》に上っており、聚楽第に天皇が行幸した時には仏眼大法、文禄元年の朝鮮出兵の際には東寺講堂仁王経《にんのうきょう》大法、慶長二年の方広寺大仏開眼供養には呪願師を務めた。秀吉政権の信頼篤い、政権と行動を共にする高僧であったといえる。

醍醐寺の堂舎は応仁・文明の乱以後荒廃していた。実は秀吉は前年の慶長二年三月八日にも既に花見を醍醐寺三宝院《さんぽういん》で行なっており、門跡義演や家康が陪席して桜花を観賞し、醍醐寺の寺規を定めていた。この時に秀吉は大規模な修造の必要性を痛感したのではなかろうか。翌慶長三年、秀吉は年の初めから集中して修理を行わせ、正月には三宝院の塔を修理、三月三日三宝院に詣で、五日五重塔が竣工したのを機に十五日に盛大な花見を挙行、その後、四月以降も三宝院の修造を見物に訪れている。

醍醐寺五重塔（京都市伏見区）

「醍醐花見図屛風」（国立歴史民俗博物館蔵）部分

六月一日、陸奥国から一切経《いっさいきょう》二部を取り寄せ、その一部は三宝院、一部は高野山金剛峯寺に寄進しようとした。

このように事実経過を辿ってくると、秀吉は三宝院に特別な思いを抱いていたように見える。義演もこの思いに応え、秀吉の病の平癒を、おねの依頼で祈っている。七月八日、朝廷では秀吉の病平癒を祈る「臨時御神楽」が内侍所で行なわれ、一方、三宝院ではおねの要請で北斗曼荼羅供が、次いで伊達政宗の要請で聖天浴油供が行なわれた。

### 側室たちの争い

花見の場面で、側室の間でもめごとが起こったことは有名である。まず醍醐寺にやってきた秀吉妻妾の輿次第《こししだい》（輿の順序）は次のようなものであった。一番北政所（おね）、二番淀殿、三番松の丸殿（京極氏・龍子《たつこ》）、四番三の丸殿（織田氏）、五番加賀殿（前田氏・摩阿《まあ》姫）。この順序は正室を先頭に、男子を生んだ淀殿がそれに続き、それ以下に並んでいる側室は、当時の秀吉の寵愛度の濃淡を示す、一時の気まぐれな順序であったのだろう。案の定、側室の松の丸殿と、淀殿の間で「杯《さかづき》争い」があったが、北政所と、摩阿姫の実母まつ（前田利家正室）が仲裁に入って、収まったとされる。北政所の立場は淀殿など側室とは別格の高い地位にあったことがわかる。

### まつは主賓の一人

慶長三年の醍醐の花見に、秀吉の妻妾ではないまつが、どうして主賓の一人として登場するのかについて、これまで明確な理由は考察されてこなかった。この点について拙稿『戦国の女たちを歩く』で、まつは「乳母」の地位にあったので、主賓の一人となったのであろうと記した。その根拠を確認しておこう。秀頼の誕生以来、後継者を秀頼に、と思い始めた秀吉は、秀次の切腹（文禄四年七月十五日）の直後の七月二十日、前田利家を秀頼の「傅《もり》」役に決め、利家はこの役を務めることを誓約した。利家が傅役に就けば、中世の多くの事例からみて、その妻は「乳母」役割であるとみなされる。この後利家の死（慶長四年・秀吉の死後）によって、傅役は利家の嫡子利長《としなが》に交代することになる。慶長三年のこの時点では、利家は五大老筆頭また傅役という高い地位にあったので、その正室まつが秀吉の妻妾以外で唯一主賓の一人になったのは頷ける。まつは秀頼の「乳母」格で花見に臨んだと考える。主賓中、年配者であったことから、おねとともに杯争いの仲裁役にまわったのであろう。

**豊臣秀吉木像**（秀吉清正記念館蔵）
晩年の秀吉の姿を模し，「唐帽《からぼう》」をかぶせている。

**醍醐寺への寄進**

秀吉は花見の後の八月八日、三宝院に寺領千石を寄進した。おねは花見の際に百貫文を三宝院に寄進したとされる。秀吉おね夫妻は醍醐寺の興隆に大きな財を使ったのである。寄進の額からいっても、他の諸大名には決してまねのできない「太閤」とその正室の輝かしい姿であった。

**寺の修造はなぐさめ**

『多田文書』にある慶長三年と推定される六月十七日付秀吉自筆書状がある。宛名は「五もし」とあり、「五もし」は女子を意味する語なので、誰なのか特定できないのだが、内容が興味深い。秀吉は「もう十五日間めしを食べていない」と言っており、病状が悪いことを率直に示している。しかし「昨日、気なぐさみに普請場へ出たが、一層病が重くなった」「あなたも養生して、少しよくなったならばおいで下さい」と述べている。醍醐寺などの修理を見ることは、秀吉にとっては「なぐさめ」になることであったことがわかる。

持てる私財を寺社の修造に差し出す方針は、のち北政所、豊臣秀頼とその母淀殿に受け継がれる。その意味から、醍醐の花見は秀吉の親族が一堂に集って結束を確認し、秀吉の政治姿勢を継承する好機とされたといえるのではなかろうか。

それにしても秀吉の姿を写した木像が、白装束で、「唐帽」という中国風の冠を被っていることが注目される。果たせなかった秀吉の志を、この姿の中に込めているように思えてならない。

# 第七章　関ヶ原合戦と「北政所」

## 1　後家となった「北政所」

### 関ヶ原前夜のおね

秀吉の死によって、豊臣政権の屋台骨が失われたことは、その後の政治情勢に大きな影響を与えた。この死の時点から、次の大変動たる関ヶ原合戦へと連なる時代は、近世封建制の土台を形成した時代として、様々な研究がなされてきた。特に合戦史としての関ヶ原合戦についての研究は江戸時代以来多数見られる。

したがって本書では合戦史としてこの時代をとらえるのは既存の諸研究に譲り、おねのまわりでどのような動きがあり、それが関ヶ原合戦とどのように関連していたのか、これを中心軸として考察してみたい。

おねは秀吉死後も「北政所」「政所」と呼ばれ続けた。西洞院時慶《にしのとういんときよし》の残した『時慶卿記』では、慶

豊臣秀吉画像（高台寺蔵）

長七年十二月になってもおねが「北政所」と呼ばれていることが確認できる。そして慶長八年に高台院の院号を与えられる。したがって本章では秀吉の死以後、高台院の院号授与までの時期のうち、最も大きな政治変動のあった関ヶ原合戦前後に焦点をあて、この時期のおねをめぐる諸問題について考察する。

**秀吉の廟所**

秀吉が永眠したのは慶長三年（一五九八）八月十八日である。朝鮮で諸将がまだ戦っていることもあって、秀吉の死はその後翌年正月まで公表されなかった。

秀吉が亡くなる直前と思われる時期に、秀吉の肖像画が描かれている。現在高台寺《こうだいじ》に残る「唐帽」を被った肖像画である。この肖像画は秀吉の亡くなった慶長三年八月十八日の日付の南化玄興の賛が付されていることから、秀吉の生存中の、死期近い頃に描かれた寿像《じゅぞう》であろうと考証されている（宮島新一『肖像画』）。この肖像画でも、前掲の木像のように、秀吉は唐帽を被り、白い着物を付けて畳を二帖敷いたその上に座している姿で描かれている。

普通、寿像として男性の肖像画が描かれる場合、黒の束帯姿で描かれることが圧倒的に多いが、この秀吉像は特異である。白の着衣を纏っている点からも、秀吉を他の大名クラスとは別格に扱い、以後の神格化を暗示しているものと受け取れる。

またこの寿像が後に高台院に所蔵されて現在に残る点から考えて、この寿像を描かせたのは、豊臣家、なかでもおねであったと考えるのが妥当である。秀吉の死の直前に描かれたものであるなら、なおさら「北政所」おねが依頼者としてふさわしい。そしてこの寿像は、唐帽という中国風の冠を被っている点から、秀吉の理想が実現した姿・仮想の姿を残したものと考える。さらに繧繝縁《うんげんべり》の畳を二帖敷いた上に座しているのは、「後醍醐天皇」の肖像画と同じであるから、秀吉が「唐、天竺」までも征服しようとした覇王であったことを後世に残そうとして描かせたものであったと思う。

秀吉の死後、ただちに執り行われた土木工事がある。それは豊国社《とよくに》の建設である。五奉行を中心に、秀吉の遺言に基づいて、「八棟作りの社頭」が、方広寺の東の阿弥陀ヶ峰西麓の太閤坦《たいこうだいら》に建設された。仮殿が慶長四年四月十六日にできあがったので、遷宮が行なわれる。秀吉の遺骸は、その死が秘められている間は伏見城に置かれていたが、廟所ができたことによって、阿弥陀ヶ峰の山頂に埋葬された。

この廟所の祭神は豊臣秀吉であることがこの時点で天下に明白になり、廟所は方広寺の鎮守社とされ、四月十七日「豊国大明神」の神号が与えられた。十八日正遷宮、十九日「正一位」の神位授与と事態はすすみ、豊国社は慶長四年に誕生した、当代随一の高い位をもつ大社として登場した。

## 豊国社への参拝者

この「豊国社」に初めて参拝したのは、豊臣秀頼の名代としての徳川家康である。四月十九日のことであった。八月の一周忌には、智仁《としひと》親王、「北政所」（おね）、秀頼の名代京極高次、勅使が日を変えて社参している。おねは以後毎月のように十八日頃に豊国社に参詣している。ごく稀に自身で行けなかった時は「東殿」などの女房が代参しており、小袖、帷子《かたびら》や銅銭、銀子また唐木綿などを社僧梵舜《ぼんしゅん》に奉納している。梵舜は当代随一といわれた神道家であり、彼に中臣祓《なかとみのはらえ》を行わせたり、神号授与を斡旋したりしたのは吉田兼見《かねみ》である。

おねが秀吉の一周忌以後、完成途上の豊国社に月毎に参れたのは、おね自身が居所を大坂城から京都に移したためである。慶長四年（一五九九）九月二十六日、おねは「京の城」（『梵舜日記』）に移居している。この移居の意義は、おねが秀吉の追善供養の主体となり、自らその役割を務めるために、居所を大坂城から京都に移した点にあると考える。

おねは秀吉死後も「北政所」あるいは「政所」と呼ばれている。おねや秀頼の名代《みょうだい》が詣る以外にも、豊国社には単独で様々な人が詣っている。豊国社は秀吉を祭る神社であるから、秀吉の親族が詣るのは当然のこととして、秀吉恩顧の大名たちも詣ったり、神楽を奉納したりした。

ただし関ヶ原以前と以後では差があり、以前は智仁親王、宇喜多秀家夫妻、大谷吉継などが社参しているが、以後は徳川秀忠の社参があった程度である。梵舜からの返礼もそれに対応して、関ヶ原以後は家康やその譜代の家臣たちへの返礼が目に付くようになる。こうした社参者や梵舜の物のやりとりに見られる相手の変化は、関ヶ原合戦の勝敗に大きく関係していることがわかる。

### 豊国社の祭礼

豊国社では四月と八月の祭礼が盛大に催され、この祭礼は豊臣家・諸大名の他、京の町衆が参加する、華やかな年中行事となる。豊国祭《ほうこくさい》が賑やかに挙行された背景には、豊国社の建造が関ヶ原合戦以後も着々と進められ、慶長七年に二層の楼門が完成し、秀吉の遺言に等しい「八棟造」の社殿ができたことと大きく関わっていたからであろう。この稀に見る荘厳な神社を見物することも、人々の楽しみになっていた。関ヶ原合戦という政治的大変動を経たのにもかかわらず、豊国社の春・夏の祭礼は盛大に行われ、京の町衆も多勢で参加して、芸能を楽しんだのであろう。

その祭礼の最たるものが、慶長七年の臨時大祭であったとされる。祭りの様子は「豊国祭礼図屏風《ほうこくさいれいずびょうぶ》」（豊国神社本、徳川黎明会本）に残されている（口絵2頁上、本文二一八頁参照）。祭りが大名層だけのものではなく、次第に京の町衆の祭りの性格をも帯びてきたことが、この祭礼に関ヶ原合戦の影響が大きくは反映しなかったという特異な性格を付与したのであろう。さらには月参りを欠かさないおねの存在が、豊国社の関ヶ原以後の発展を支えていた、とも考える。京に住み、方広寺大仏や神社を見守っているおねこそが、豊国社の真の外護者と、京の人々には写っていたのではないだろうか。

## 月詣りに励むおね

おねがほぼ毎月豊国社に詣でたのに対して、秀頼・淀殿は慶長四年四月に詣って以来、慶長五年の正月に木下勝俊が代参、四月に京極高次が代参、慶長六年正月小早川秀秋が代参、四月片桐且元が代参し、百貫文を奉納、八月三周忌に小出秀政が代参し、百貫文を奉納、九月淀殿から斎場所造営が言い渡されるなど、節目節目の大きな援助がなされたが、毎月の参詣はなされていない。豊国社へは秀頼から社領一万石が寄進されたとされ、これが豊国社の財政基盤を形作ったことは明白である。

しかし、おねが毎月の参詣を欠かさず行なっている点から見ても、豊国社成立以後は、おねの方に豊国社の監督が委ねられていた観がある。かつて拙稿で、秀吉の死後おねは亡き夫の仏事に専念する後家となり、淀殿は後継者秀頼の後見人となるというふうに、後家としての役割が二人に分割されて分担されたと述べた（『女人政治の中世』）。慶長四年に豊国社ができてから、秀頼方の社参とは別に、月参りを欠かさないおねの姿は、後家としてのおねが、淀殿とはきれいに後家役割を分担していたこと、後家の役割が二人格に分けられ、淀殿は秀頼とともに畿内やその周辺の諸寺社の修造に邁進し、おねは京にいて秀吉の忌日祭祀と秀吉を祭神とする「豊国社」の管轄を担当することになったことを明確にする。

この豊国社の祭礼が大変な熱気を伴って行なわれたことがある。先述したように、それは慶長九年（一六〇四）の秀吉の七回忌の時のことであった。その様相については、おねのその頃の暮らしぶりを考察するなかで、節を改めて述べることにする。

豊国社は元和元年（一六一五）の豊臣氏滅亡まで壮麗な姿をみせていたが、この年家康によって社領を没収され、神号は除かれ、神体は方広寺に移され、五年、神宮寺は近くの妙法院に移され、社殿修理も禁じられたので、次第に衰退していくことになる。

## 2　関ヶ原合戦時の大名の妻

### 大名の妻たちの対応

関ヶ原合戦については既存の諸研究で、九月十五日の合戦における諸将の配置や小早川秀秋の裏切りに議論が集中してきた感がある。関ヶ原合戦で最も等閑視されたのは、大名たちの妻子や家臣で豊臣政権の人質として大坂などに置かれていた人々ではなかろうか。ここではそれらの中で、大名の妻に焦点を合わせ、おねとの関連を探りつつ、関ヶ原合戦でどのような事態が彼女たちを見舞ったのかについて考察する。

慶長五年（一六〇〇）七月、豊臣五奉行のうちの長束正家・増田長盛・前田玄以の三人は、徳川家康の罪状十三カ条を数え上げ、家康を討つことを諸大名に告げる。関ヶ原合戦の、大坂・伏見での開戦である。この開戦宣告以前に、石田三成（七月には石田三成は佐和山城にいた）は、家康の上杉討伐軍に従って関東に出陣した大名の妻子を大坂城中の天守閣に収容し、人質としようとした。家康に従った大名の行動を制限し、西軍に鞍替えさせる目的でなされた人質作戦であったと思われる。

細川ガラシャが命を絶った屋敷の井戸趾
（大阪市中央区玉造）

ところが三成の人質作戦の最初の目標である細川忠興正室ガラシャは、大坂城天守閣に入ることを拒んだので、三成方の軍勢が大坂玉造《たまつくり》の細川邸を囲み、ガラシャは自害してしまうという事件がおこったのが、この七月十七日であった（拙稿「戦国期の『家』と女性――細川ガラシャの役割」『京の女性史』所収）。

西軍の人質作戦は大坂にいた大名の妻たちに、三様の対応を採らせたと考える。まず第一のグループは、ガラシャのタイプである。西軍の人質になることは拒否するが、ガラシャ自身、外出を夫から禁じられていた身であり、細川家が東軍に応じたという立場を守るためには人質になることはできず、自らの命を絶つことで難局を乗り切るという、まさに命がけの行動を採ったグループである。

第二は黒田長政の母、加藤清正の妻のグループで、大坂から逃亡し、九州の本国に逃げ帰った妻たちである。結果的に西軍の人質とならずに済んだ人々である。山内千代も大坂から掛川の一豊に書状を送り、無事大坂を脱出しているので、このグループの一人といえよう（前掲拙稿『山内一豊と千代』参照）。

第三のグループは、石田三成によって、目的どおりに人質として大坂城天守閣に連れて行かれた、池田輝政の妻・藤堂高虎の妻・有馬豊氏《とようじ》の妻・加藤嘉明《よしあき》の妻などである。

多くの大名の妻女が大坂にいる中で、なぜ第二のグループは本国に帰れたのか、西軍は第三のグループの妻たちをなぜ人質としたのか、どうしてそれが可能であったのかを探ってみたい。

## 黒田長政の妻と母

黒田長政の母は櫛橋《くしはし》豊後守伊定《これさだ》の娘である。長政の父は如水《じょすい》（孝高）である。長政は十代初めの頃、長浜時代の秀吉に預けられた。父孝高の領地播磨を侵攻する織田信長に対する黒田家からの人質として、秀吉が預かったわけである。いわば秀吉子飼いの武将であった。天正十七年（二十二歳の時）に父の譲りを受けて豊前国主となり、中津《なかつ》城を居城とし、名護屋築城の惣奉行を務め、文禄・慶長の役に出陣、秀吉の死後帰国したばかりであった。長政は朝鮮の役の最中から三成とは相容れない仲であったとされる（『黒田家譜』）。

長政の妻は保科正直の娘・栄姫である。この女性は家康の養女として、慶長五年六月六日に三十三歳の長政の元に嫁してきた。家康の同母異父の妹が保科正直に嫁し、正直との間に生まれたのがこの女性である。したがってこの人は家康の姪にあたる。姪を養女として黒田長政に嫁させたのである。当時如水は豊前におり、長政は大坂天満の自邸にいたので、この女性は江戸から大坂に呼び寄せられ、六月六日に「嫁娶《かしゅう》」（嫁取り）の儀が行なわれたばかりであった。婚礼の輿は家康の「御屋形」である大坂西の丸から出て、輿添えは家康家臣本多氏が務めたという。関ヶ原合戦直前の婚姻であったことがわかる。

### 加藤清正の妻

加藤清正の妻は水野氏である。清正が生まれたのは永禄五年（一五六二）であるから、長政より六歳年長ということになる。清正は秀吉と同郷であり、子供時代から秀吉に仕えたとされる。清正が初めて秀吉から所領を与えられたのは天正八年（一五八〇）で、播磨で百二十石の地を宛行われた。文字通り秀吉子飼いの武将であった。

清正は後、名護屋城建設時設計にあたったとされ、築城や治水の名手であったといわれる。黒田長政のよき同僚であり、先輩でもあったといえよう。清正が朝鮮の役に出陣し、活躍したことは有名であり、慶長の大地震の時、真っ先に伏見城に駆けつけ、秀吉を見舞ったというエピソードについては前述した。

### 大坂脱出の顚末

慶長五年九月と推定される本多・西尾両氏あて加藤清正書状には、「大坂より我等女房共、仕合能召下候条、御心安可被思召候」とあり、水野氏が大坂を脱出し、無事清正の領国肥後熊本に到着していたことが述べられている。この脱出劇はどのように行なわれたのであろうか。

先述のように豊臣政権は首都京都・大坂に大名家から人質を出させて住まわせていた。伏見にも大名屋敷があった。『黒田家譜』にも「秀吉公の時より、天下諸大名の妻子を、大坂のめんめん（面々）の屋敷に人質に置きたり」とあり、大坂の大名屋敷に妻子が居住させられていたことが証明される。妻子ばかりでなく、大名家の子息が人質になり始めたのもこの時代からであり、京極高次の子忠高は慶長五年、人質となって大坂にいたことが系図に記載されている。

この年七月五日、長政は家康の上杉征伐軍に加わるため、伏見を発《た》った。しかし長政は母と妻を敵に奪われずに豊前の如水の元に下すために、家臣の母里《もり》太兵衛、栗山四郎右衛門、宮崎助大夫に対し、母と妻を密かに本国に連れ帰るように、人質として取られることがないように、と厳命した。そこで母里・栗山が相談して、人質に取られる前にと、二人を天満の町人納屋《なや》小左衛門宅の内倉に連れ出し、六・七日ここに匿《かくま》わせていた。そして細川ガラシャの自害の日に、鉄砲の音と火事に紛れて大坂を逃れ出て、小舟、船を乗り継いで、四日後、豊前に無事到着したという。このような経過から考えて、如水と長政の妻は、黒田家の計略によって大坂から逃れ出ることができたことがわかる。

**清正の妻の脱出**

一方、清正の妻水野氏は水野忠重の娘であり、この前年慶長四年に嫡男熊之助（忠正）を生んでいる。水野忠重は秀吉直臣であったが、秀吉死後家康に属した人である。したがって清正も秀吉子飼いの大名から、秀吉の死後急速に家康寄りの大名に変わってきていたことがわかる。清正の妻はこの時清正の家臣梶原助兵衛景俊の計らいで大坂から豊前中津に逃れることができたとされる。黒田家では清正室を熊本まで送り届けるために、長政室の局（女房）一人を付けて送り届けた。清正は当時家康の会津征伐に参加することを望んだが、家康から国元の熊本にいて、九州で反乱を鎮めるようにいわれ、熊本に帰っていた。清正の妻は梶原氏の活躍で無事大坂を脱出し、豊前中津を経て、九月一日に熊本に到着した。黒田家の妻たちに比べて日数がかかっていることがわかる。そのため梶原氏らに対し、清正は九月一日、手際の悪かったことを叱責《しっせき》している。

さて清正妻は黒田家の妻たちと同じ頃に大坂から逃れたのであるが、いったん中津に入っている。これは中津で黒田如水の保護下に入ったためである。『綿考輯録《めんこうしゅうろく》』（細川家記）巻十五の松井康之他十名連署状写に、「加主御女中盗出一昨日廿六中津へ下着、昨日熊本へ御通之由如より申来候」とあって、八月二十六日に清正室が中津に到着、二十七日に出立したことが記されている。なぜ中津に一泊したかについては、清正家臣梶原景俊の妻の兄が梶原八郎大夫で、黒田家家臣であったからであり、清正室はこの八郎大夫家に泊まったからでもあった。中津では如水が清正室に夜着や布団、枕、小袖、帯、手拭い、扇、足袋、草履など、旅に必要な品々を清正室に与えている。これに対して清正家臣梶原景俊は受取注文を書き残している（拙稿「豊臣政権の人質・人質政策と北政所」『女性歴史文化研究所紀要』十五号参照）。

こうして清正室は黒田家と加藤家の連携によって大坂から熊本まで帰国することができたのである。おそらく前年に生まれた乳児を連れての旅であっただろうから、この旅は困難なものであったと想像する。

## 人質となった妻たち

次に検討するのは大坂城中に人質となって入った妻たちである。石田三成は家康に味方する大名の妻たちを大坂城の「本丸」に人質として取り入れようとした。その手始めとして、細川邸に向かったのである。しかしここでは失敗し、ガラシャの自害という結果を招いた。結局人質となったのは、池田輝政室、藤堂高虎室、有馬豊氏室、加藤嘉明室らであったという。なぜこれらの妻は人質になったのであろうか。

## 池田輝政の妻

池田輝政の最初の妻は、中川清秀の娘・糸子であった。糸子は利隆を生んだあと、病気のために実家に帰っている。二番目の妻が徳川家康息女督《よし》姫である。この人との結婚は秀吉の肝いりでなされ、文禄三年(一五九四)に婚儀が挙行された。この時輝政は三十一歳、督姫は三十歳であった。徳川家康の次女である督姫は、名を富子といい、北条氏直に嫁《か》していたが、秀吉に攻められて北条氏が滅亡したため、池田輝政との再婚という事態になったのである。督姫は輝政との間に五人の男子を生み、池田家の家督は糸子の子利隆が継ぐが、督姫の子供たちもそれぞれ幕府から厚遇を受け、大名に取り立てられることになる(拙稿『山内一豊と千代』参照)。

このように関ヶ原前夜に大坂城に入れられた池田輝政の妻は、家康の次女という、東軍から見ると人質にとられては困る女性であったことがわかる。

## 藤堂高虎の妻

藤堂高虎の妻は長連久《ちょうやすひさ》の娘である。この人は藤堂家を嗣いだ高次の母である。高虎はもともと近江の土豪の家に生まれ、天正四年(一五七六)二十一歳の頃から羽柴秀長に仕えていた。秀吉の弟秀長の家臣を務め、秀長の死後、一時秀俊に仕え、秀吉からの懇望によって秀吉の直臣になったひとである。築城術や海戦の術に優れていたとされる。朝鮮の役にも参加したが、それ以前から家康に接近し、慶長四年には弟を家康の元に人質に差し出していた。したがって藤堂高虎の妻自身は家康の養女などではなかったが、藤堂高虎自身を西軍に繋ぎ止める目的で、人質収容策が採られたと考える。

## 有馬豊氏の妻

有馬豊氏の妻は松平康直《やすなお》の娘である。有馬豊氏とこの人（連姫《やす》）の結婚も、慶長五年六月という、関ヶ原合戦直前になされた。康直は三河長沢松平氏の流れで、父康忠以来徳川家康に仕え、康忠・康直父子はいずれも家康の御前で元服しているという、徳川譜代の家臣である。康直が文禄二年十月、二十五歳の若さで武蔵国深谷城で没したので、家康が憐れみ、康直の娘二人のうち、長女が成長すれば婿を選んで化粧田《けしょうでん》（婚姻時にもたせる持参財）を与えようと約束し、康直の妻と長女を本多康高に預けたとされる。そして慶長五年六月に家康はこの長女を「養女」とし、「連姫」の名を与え、有馬豊氏に嫁させ、化粧料七千石を筑後国内に設定したのである。

有馬豊氏は播磨源氏赤松氏の庶流で、豊氏はこのころ横須賀城を居城としていた。関ヶ原以前から池田氏や山内氏と同じく、東海地方の豊臣中規模大名として名を知られていたが（前掲拙稿『山内一豊と千代』参照）、合戦前夜に家康の養女を妻としたことで、西軍の注目を浴びる存在となっていたことがわかる。

## 加藤嘉明の妻

加藤嘉明室は加藤家の家臣堀部氏の娘である。したがって加藤嘉明室の場合も、室が家康の養女であったのではなく、嘉明自身を西軍に引き寄せたいがための人質収容策であったといえる。

加藤嘉明は永禄六年（一五六三）の生まれで、少年の頃から秀吉に仕えていた。秀吉から秀勝に付属させられたが、天正四年（一五七六）以後秀吉の直臣となり、水軍を率いての合戦などで、優れた業績を挙げた、嘉明は「舟奉行」の職についている。秀吉没後、この人も急速に家康に接近した。慶長五年の家康の会津征伐に従い、関ヶ原合戦でも東軍についている。

池田・有馬氏は家康の娘や養女を妻にしているという点で西軍に注目される存在であったことがわかる。四人の夫たちもそれぞれ西軍にとっては味方に加わってほしい人々であった。そのために妻を人質にして大坂城中に収容するという策を実行したのだが、その効果があったかどうかが次の問題となる。

## 秀吉時代の人質から参勤交代へ

そもそも大名の妻子を人質として大坂や京に屋敷を拵えさせて居住させる方策を採用したのは、豊臣秀吉が最初である。信長が城下に住まわせたのは信長家臣団の家族であり、人質として置いた人々ではない。これに対して秀吉は先述のように島津氏から人質をとって服従・和平の証とした。先述のように『黒田家文書』にも「秀吉公の時より、天下諸大名の妻子を、大坂のめんめんの屋敷に人質に置きたり」とあり、政権の膝元たる大都市に、大名の妻子を人質として置く政策の始まりは秀吉時代であったことが記されている。江戸時代には、徳川政権は大名屋敷を江戸に造らせ、妻子を江戸に置いて大名が国元と江戸を行き来する「参勤交代」を制度化し、人質政策を一層強力なものに再編したのである。

**人質管轄の責務**

豊臣秀吉政権下で大名の人質を管轄したのは誰であろうか。特に人質を管轄する役職者は置かれていない。この役割を果たしたのは、これまでにも述べたように秀吉生存中はおねであったと考えられる。おねは朝廷向きの挨拶や物のやりとりのほか、秀吉の親族・おねの親族、他の側室たちや養子・養女に心配りをしていたことはいうまでもない。それ以外に、徳川秀忠とおねの親密な関係からも推測できるように、大名の妻子と様々な関係を形成し、おね自身のネットワークを形成していたと思われる。そのネットワークの一部は、高台院時代のおねが、慶長十一年以後、山内千代に対して「うす色の山茶花《さざんか》」を求めていることからもうかがえる（拙稿『山内一豊と千代』）。

したがって秀吉生存中のおねの大名家に対する役割は、史料には残りにくいが、様々な心配りや物の贈答としてなされたであろう。秀吉の影に隠れて前面には出てこないが、おねが果たした役割は大きなものであったと推測する。

**役割交代**

慶長三年に秀吉が死去し、四年九月におねが京に移って秀吉の菩提を弔う役割に専念し始めたことで、この大名家の人質監督役割は大坂城の秀頼の母淀殿が担うべき役割になったと考えられる。

しかし淀殿には経験がなかった。秀頼後見役割を務めることで精一杯だったのであろう。そのため関ヶ原前夜のこの時期に、人質の大坂城中収容策は、秀吉の政策を継承している奉行方から出されたが、うまく機能しなかったのである。なぜならこの人質とのコミュニケーションを良好に保っていたおねが、大坂を去っていたからである。

## 奉行たちの思惑

奉行方から人質収容の策が出た背景はどのようなものであったのだろうか。『藩翰譜《はんかんふ》』の藤堂高虎の発言がこの時の事態を代弁している。高虎は関ヶ原合戦の直前の頃、「抑《そもそ》も此度御方（家康方）に参て、先陣承り馳せ向ふ大名等、多くは故太閤の恩蒙《こうむ》つたる輩にて、殊には当時妻や子ども、大坂に留め置て候へば、心の奥はかり難し」と述べている。大名の妻子は当時大坂にいたことがわかる。その妻子を三成など奉行方が収容したのは、「はかり難い」大名の心を、西軍に回帰させるためであったことも知られる。

『藩翰譜』の福島の部分で、小山の陣で家康が「上方また乱れぬと聞ゆ、人々の家悉《ことごと》く大坂にあり、家康この事を思ふに心苦し」と述べたことが記されている。関ヶ原合戦の勝敗は、人質の扱いに大きく関わっていたことがわかる。しかし人質を管轄し、人質を通して信頼される立場にいたと推測されるおねは、この役割からはずれていた。そのため大名家妻女の対処法は、それぞれの家で異なり、三様の形態になったので、奉行方の人質収容作戦は、半崩れの結果に終わったといえる。

もう一点注意しておかねばならないのは、家康の養女を大名家に送り込む政策が、秀吉晩年の頃から着々と進んでいたことである。家康は慶長元年（一五九六）娘振子《ふりこ》を蒲生秀隆（秀行）に娶させるための結納の儀を行わせたのを皮切りに、先述のように池田氏や

## 家康の婚姻政策

有馬氏に娘や養女を送り込み、姻族《いんぞく》（婚姻によって結ばれた親族）を作った。福島正則の嫡男正之には養女（松平康元の娘・家康外姪）を娶《めと》らせた。

このように、家康は秀吉晩年から始め、秀吉没後は急速に、娘や養女を大名家に送り込んで、味方・姻族を増やす婚姻政策を展開した。秀吉は死に臨んで五奉行に婚姻関係を結ばせ結束させようとしたが、遅きに失した。婚姻政策をうまく利用した点に、家康の関ヶ原合戦の勝因の一つがあったと考える。

## 3　小早川秀秋とおね

### 秀秋という人

小早川秀秋はおねの実家木下家の木下家定の子である。おねにとっては甥にあたる。家定はおねの兄であり、その妻は杉原家次の娘であるとされる。家定には五人の子息があり、秀秋はその末子である。秀秋が生まれたのは天正十年（一五八二）、長浜においてである。この人は慶長七年（一六〇二）に二十一歳で亡くなった。

秀秋は幼少時より羽柴家の養子として、おねに育てられ、羽柴秀俊の名をもらった。天正十九年（一五九一）には参議・右衛門督・従四位下に叙されたので、「金吾《きんご》」（衛門府の唐名）と呼ばれた。わずか十歳にして高位・高官に任じられたことがわかる。次いで丹波亀山十万石の大名となり、秀吉の後継者の一人と目されたが、文禄二年（一五九三）に秀頼が生まれると、後継者候補の地位にかげり

小早川秀秋（高台寺蔵）

が生じ始める。

そのため小早川隆景の養子になることとなり、文禄三年十一月、隆景の領地三原に下向する。小早川家では盛大に歓迎した。秀俊は秀次事件に連座したため丹波の所領は没収されたが、隆景の所領を継承し、筑前一国・筑後の一部を所領とした。

慶長二年（一五九七）隆景が没して以後、「秀秋」と名乗り、同年、慶長の役の総大将という責任ある地位を与えられる。秀秋はこの年十六歳である。先に述べたように、秀秋が有能ならば、秀秋と秀頼の二人に後継者の地位を任せようと、秀吉は思ったのではないかと推測した。しかし慶長三年の蔚山《ウルサン》での秀秋の行動は軽挙であるとして、秀吉は彼を日本に呼び戻し、筑前・筑後を召し上げ、四月越前北ノ荘に領地替を命じた。筑前などの蔵入分代官には三成が任じられた。

『藩翰譜』の金吾には、秀秋が越前に移されたのは朝鮮の役における秀秋の指揮の失敗による、と記している。しかし秀吉の死後、秀吉の遺志によって慶長四年、筑前・筑後の旧領を再び拝領した。秀吉は秀秋を後継者の地位からはずす決断をすることができなかったことがわかる。つまり秀吉にとって秀秋は、秀頼に次ぐ豊臣政権の跡継ぎであるとの意識が終生あったのだろう。秀吉の側にいたおねがこのような秀吉の意識を感じていないはずはなかった。おねが秀秋の面倒を終生みたのは、夫婦そろっての秀秋に対する養父母としての感情からなされた行為であったと思われる。

### 秀秋、伏見城を攻撃

この慶長三年の秀吉の死の頃から、秀秋には様々な誘いの声が掛かっている。慶長四年から家康は伏見城を預かっていた。慶長五年、家康が会津出陣の兵を集めて東国に向かったあと、伏見城は家康家臣の鳥居元忠《とりいもとただ》らが守っていたが、七月、西軍が攻撃する。『時慶卿記』によれば、鉄砲の音が暇なく聞こえたという。

攻撃の先頭に立ったのは小早川秀秋であった。島津氏とともに、毛利・宇喜多・増田・長束の家人たちが、大坂の「弓鉄砲」の者と共に攻撃したので、籠城衆一八〇〇人はたまらず、八月一日に落城した。

伏見城攻撃の先頭に秀秋が立ったことには、実は裏の事情があった。秀秋は六月頃から家康との間で連絡を取っていた。六月十六日、秀秋は家康が会津攻めに出かけると、兵乱が起こると予想し、家康に対し、秀秋の兄である木下延俊の持つ姫路城を借りて兵乱に備えることを了解してほしいと述べた。しかしこの案は延俊の反対にあって、沙汰止みとなっている。しかし、六月半ばから秀秋が家康に加担しようと思っていたらしいことは確実である。

ここで考えるに、このような城の貸し出しは、延俊からみればすぐに賛成できるような提案ではないことは明白である。この家康との接触においても秀秋の軽率さばかりが目につく。

### おねの想いと木下家

この伏見城攻撃に関して『藩翰譜』金吾は、次のように伝えている。秀秋の兄延俊は城を弟に貸さなかったので、秀秋は大いに怒って大坂に至り、さらに京に上って「秀秋は内府（家康）の味方する決心をしました」と告げた。京のおねはこれを聞いて「大坂の兵が伏見の城を攻めると聞いている。木下勝俊（秀秋の長兄）は家康の兵と共に伏見城にいる、おまえが伏見城を攻めるのなら、わたしが城に入って、兄弟が戦《いくさ》するのは浅ましいと、仲直りをさせている間に、東国の軍勢も攻め上るだろう、おまえ一人が奉行などと仲違いして、戦をおこすのはよくない」と諭して帰した、と記す。おねは兄弟で争うことがあってはならないと言っている。

このおねの意見を聞いたのは勝俊の方で、勝俊は伏見城を出た。秀秋は反対に、勝俊が出たからには伏見城に入って立て籠もり、家康が東国から帰ってくるのを待つと、伏見城に使いを立てたところ、鳥居元忠が反論し、ほんとうに家康の味方をされるのなら、人々に疑われないように拵えて伏見城を攻め、東国の軍勢が攻め上った時に「裏切り」をなさいませ、関東に使いを送ってこれを家康に伝えましょうといった、とされる。つまり秀秋の関ヶ原合戦での裏切りは、伏見城攻撃以来の予定の行動であった、というのである。

伏見城攻撃時にはおねは秀秋にどちらに味方するかについて指示をしたのではなく、兄弟間で争うのを止めさせようと考えていたことがわかる。

おねのこの想いに応えた木下勝俊は、伏見城守護の任務を放棄したかどで、政治的に失脚し、以後文芸の世界で活躍することになる。勝俊や秀秋の父家定は、関ヶ原合戦の最中は北政所を守った。その功によって、慶長六年（一六〇一）備中国賀陽《かや》・上房《じょうぼう》両郡二万五千石の領主となり、足守城を与えられる。こうした経過から考えると、家定がおねを守り、秀秋が東軍に寝返ったことが、木下家を存続させる根拠になったことがわかる。右の事実があったのなら、「裏切り」は木下家を存続させるために必要な行為であったことになる。つまり東西両陣営のどちらに味方すればよいか迷っている段階にあって、おねの親族木下家にとっては、一族の中の中心にいる人物「北政所」の身を守り、その意向に従うことだけが、唯一信頼できる方策だったのである。おね自身は東西に秀吉恩顧の大名や奉行が分かれたことで心を痛め、兄弟で争うことを止めさせたかった点からみても、できれば中立を保ちたいと思ったであろう。

## 「裏切り」の背景

一方、黒田長政は家臣を使って秀秋の寝返りを準備した。『黒田家譜』によると、秀秋の家老平岡石見頼勝（一説に致則《むねのり》）という者がいるが、この人は長政の母の「姪婿《めいむこ》」で、黒田次郎兵衛の姉婿である、その上、秀秋の家人河村越前という者は、長政の家老井上九郎右衛門の弟である、この二人を介して秀秋を家康の味方に付ける方策を練った。黒田長政は秀秋に書状を送り、秀秋に家康に味方するように、「反忠《かえりちゅう》」をするように、「貴家の存亡安危此時にあり」と、諄々と説き、書状を「紙より」にし「笠の緒《お》」に付けて秀秋の家臣平岡に持たせたとする。

書状を受け取った平岡は家老杉原伯耆と密談したところ同意したので、秀秋に申しあげ、秀秋も同意したという。そこで小早川、黒田両家間で「人質」を取り交わす。長政方からは吉田宮内十八歳と大久保猪之介が秀秋方へ人質として入り、秀秋方からは平岡石見の弟出羽を関ヶ原合戦の戦場松尾山から連れて帰ったとする。このことが家康勝利の「基」であると、『黒田家譜』は述べる。

この家譜の記述から、秀秋の裏切りは家臣と秀秋の相談の上で決定されたことであり、違約がないように人質交換が成されていたことがわかる。秀秋の東軍への「反忠」は小早川家と黒田家の間で周到に準備された、予定の行動であったことになる。このように家臣間で周到に準備がなされていたとすれば、秀秋は「反忠」を実行する以外方法はなく、途中で止めることはもはやできなかっただろう。

**問題の書状を究明する**

ここで、旧来注目されてきた、無年号八月二十八日付け浅野幸長《よしなが》、黒田長政連署書状を検討しよう。その全文を左に掲げる。

尚々急ぎ御忠節尤に存候、以上

先書に雖申入候、重而山道阿弥所より両人遣之候条、致啓上候、貴様何方に御座候共、此度御忠節肝要候、二三日中に内府公御着に候条、其以前に御分別此処候、政所様へ相つゝき御馳走不申候ては、不叶両人に候間、如此候、早々返事示待候、委敷は口上に可得御意候、恐惶謹言

八月二十八日　　浅野左京大夫（花押）

　　　　　　　　黒田甲斐守（花押）

筑前中納言様

人々御中

（徳富蘇峰『近世日本国民史・関原後』）

「二、三日中に家康公がお着きになるので、それ以前に分別が肝要である」と述べているから、家康が九月一日に西上を開始している点からみて、この書状は慶長五年八月二十八日に書かれた書状で

あることが判明する。まさに関ヶ原合戦前夜の書状である。

ではなぜ浅野幸長と黒田長政が秀秋に態度表明を求めたのであろうか。黒田長政は、先述のように秀吉子飼い武将として成長した人であったが、慶長三年朝鮮から帰国後、この年慶長五年六月に家康の養女（保科正直の娘・栄姫）を妻（継室とされる）にしており、家康と固く結びついていた。会津征伐では家康軍の先陣をつとめるなど、早くから家康に味方した武将である。浅野幸長は浅野長政の子で、室は池田氏であるが、その池田氏の姉が秀次の側室だったので、幸長は秀次事件に縁坐する。しかしこの時軽い処分で済んだのは、前田利家と北政所の尽力によったからだとされる。幸長も反三成の「七」人衆の内の一人であり、家康に味方することは、早くから表明されていた人である。黒田長政はこの年三十三歳、浅野幸長は二十五歳である。

長政は少年時代におねに養育された恩があり、幸長はもともと母親がおねの姉妹であり、秀次事件の時におねにかばってもらった恩があった。こうした両者の共通点が、十九歳の秀秋に対して、「われわれは政所様に今後も引き続き奉公しなければならないと思っている者なのだから、このようにあなたにも勧めるのである」と、家康への味方を促したのであるが、その時の論理として、政所への奉公こそ秀秋に必要なことであると主張している点が注目される。われわれ二人はおねに恩義のある者である、おねへの忠節は同じく養子である秀秋としても当然なさねばならないことである、だから家康の到着以前に家康に味方することを態度表明するべきだ、というのである。おねへの忠節が家康への味方と重ね合わせられている。つまりおねは家康の行動に同意していたことが推測できるのである。

小早川秀秋の裏切り　「関ケ原合戦図屏風」（彦根城博物館蔵）部分
松尾山に陣取っていた秀秋は，同じ西軍の大谷吉継隊などの側面を突いた。

しかしこの書状から、おねと淀殿の確執が伏在していると読み取るのは（笠谷和比古『関ヶ原合戦と近世の国制』）早計に過ぎるのではなかろうか。この書状からは、おねの恩顧を受けた黒田、浅野の二人が同じくおねの恩恵を深く受けている小早川秀秋に、おねに忠節を尽くしたいと思うのなら、家康が到着する以前に、おねが支持する家康に味方すると早く表明するようにと、勧めた書状であると考える。

### 家康の秀秋評

関ヶ原合戦が終わったあと、九月二十四日の日付で家康は「今度於関ヶ原御忠節之儀、誠感悦之至候」「向後武蔵守同然ニ存、不可有疎略候」との感状を認めた（『古文書集五』）。関ヶ原での秀秋の裏切りによって合戦が決着したことをほめ、武蔵守つまり秀忠同然に扱うと秀秋を持ち上げている。裏切りの態度表明に至るまでに、実際にはかなりの時間がかかったらしいことが明らかになった。時間はかかったが、裏切りは予定され準備された行動であったことも明白になった。予定された行動であっても、やはりそのことがもたらした結果は、家康にとって大きな力になったのである。秀吉政権の後継者の一人と目された人物が家康側についたことは、家康政権の正当性を支える一要素になったといえよう。

### 秀秋とおね

合戦後の論功行賞で、秀秋は備前岡山城主となる。その後おねとは手紙や小袖など物のやりとりが続き、岡山城主である秀詮《ひであき》（秀秋から改名）はおねから金五十枚（五百両）を借りて秋には返すという文書を残している（『足守木下家文書』）。しかしこの年（慶長七年）の秋十月十八日、秀秋は二十一歳の生涯を終えるのである。秀秋はおねの恩顧を関ヶ原合戦後も、亡くなるまで受けていたことがわかる。亡くなったあと、北政所は追悼文を西洞院時慶に書かせている（『時慶卿記』）。

こうした経過からみて、小早川秀秋の裏切りは黒田長政や浅野幸長に催促され、また家臣からも準備されて進められた行動であったこと、秀秋自身が家康に味方することを望んでおり、おねは木下家内部の争いを避けさせ、何とか木下家を存続させようと苦慮している点が見受けられることが証明できた。

おねが中立の立場を貫かず、ついには三成ではなく家康に味方しようと決心したのは、豊臣家子飼い大名の多く（加藤清正、福島正則、黒田長政など）や親族浅野幸長が家康に味方した点にこそあったのであり、秀頼・淀殿との対抗が理由ではなかったと思われる。なぜならおねは秀吉死後、後家役割の半分を上手に担っており、豊臣家の存続を願わないわけはないと考えるからである。おねは木下家をはじめ親族から篤く尊敬されていたと同時に、子飼い大名からも尊敬されていた。その子飼い大名の行動を見守ってやるのも自身の使命であると、おねは考えたのであろう。

# 第八章　関ヶ原合戦後のおね

## 1　戦後の諸変化

### おね、京に住む

北政所おねは、秀吉の死の翌慶長四年（一五九九）正月に秀頼・淀殿が大坂城に入ると、大坂城を離れ、京都に居を移した。

その場所は三本木《さんぼんぎ》である。三本木の所在地は江戸時代の『京羽二重《きょうはぶたえ》』によると「東洞院《ひがしのとういん》通下立売《しもだちうり》通上ル所也」とあるので、現在の中京区東洞院通の京都御所の内部になる。その理由は、『京羽二重』が刊行された貞享二年（一六八五）の二十三年後、宝永五年（一七〇八）年に大火があり、その火災後御所が拡張されたので、旧三本木の地は御所の中に入ってしまったためである。したがっておねが住んでいた三本木の地は、現在の京都御所の地内の南東部であるといえる。後に、三本木という地名は鴨川西岸の現在地に移り、「新三本木町」と呼ばれたことが、寛保の「京大絵図《きょうおおえず》」や宝暦の

**豊臣秀頼**（京都市東山区・養源院蔵）

『京町鑑《きょうまちかがみ》』から知られる。この三本木の地を住所として、これより以前におねが建立した康徳寺《こうとくじ》や、豊国社、おそらくは旧聚楽第に再建された「京の城」（『時慶卿記』など）に、また公家邸や寺そして特別の場合には御所に出かけるという生活を送ったと考える。この三本木の地にある屋敷の修理は慶長十一年（一六〇六）、大坂城の片桐貞隆を奉行として、秀頼が出資して行なったとされる点からも、おねは高台院の院号をもらって以後も、しばらくはここに住んでいたと考えられる。

康徳寺は、おねが生母「朝日」のために私財をもって建立した寺である。寺町京極にあったようである（『坊目誌』）。現在、上京区寺町通御霊馬場に高徳寺町という地名があるから、ここにあったのであろう（二三四頁参照）。朝日が亡くなったのは秀吉の死と同じ慶長三年である。したがっておねは秀吉の死後、康徳寺を建設し、そこにも近い三本木に居所を定めたのではないか、と想像する。あるいは最初、康徳寺の境内におねの居所があったとも考えられるが、確証はない。

### 苦境に立つ秀頼

慶長五年の関ヶ原合戦は、多くの大名たちを巻き込んで行なわれ、敗者の側に立ったものは、家族共々苦境に立たされることになる。豊臣秀頼は関ヶ原合戦の前夜に、家康の上杉氏討伐を支持して、家康に黄金二万両、米二万石を与えていた。これは秀頼自身が徳川と上杉の争いのレベルより一段上に立つ立場であることを示すための行為であったのだが、合戦後にはこうした家康への配慮は忘れ去られ、家康は秀頼・淀殿に対して、その存在を否定しようとする方向に向かう。

関ヶ原合戦の開戦をとどめられず、西軍の武将たちの多くを失ったことは、おねには大きな心の痛手となったと思われる。このことは、おねをして、いっそう政治の表から退かせる契機となった。しかし持てる人脈を活用して、敗者の方に立った人々を何とか支援できないかとも考えたであろう。

関ヶ原合戦で石田三成方の奉行たちや大名が死去し、あるいは処刑され、領地が没収されたことで、彼らが担いでいた秀頼・淀殿の立場は当然悪くなり、逆に徳川家のおねへの信頼度は上がったといえる。徳川家に対する一定の対等性を保持しつつ、慶長六年以後おねは旧来親交のあった諸大名との私的な交友関係を暖めていく。

## 2　慶長年間の諸大名家との交流

おねの交友範囲が関ヶ原合戦後は主としてその合戦の勝者の側に限られたのは自然の成り行きであっただろう。

### おねに頼る秀秋

小早川秀秋はおねの甥であったから、合戦以前より何かと面倒をみていたが、物のやりとりはもちろんのこと、借銭に至るまで、おねは秀秋の面倒をみている。節句の祝儀として、おねは秀秋に「小袖三重ね」を贈っており、またおねは秀秋に「金五拾枚」を貸していることが『足守木下家文書』からわかる。この文書を左に掲げる。

借用仕金子之事
合五拾枚（黒印）者
右此秋八田伊与代官之内
尓《に》て慥返進可仕候、此由
御申上頼入候、以上
慶長七年　岡山中納言（黒印）
卯月二十日　秀詮（花押）（黄印）
御客人
御披露

金五十枚は五百両という金額であるという。また「御客人」は、おねの側に仕える女房を指す。当時秀秋は関ヶ原合戦の戦功によって、宇喜多秀家の旧領であった備前・美作《みまさか》五七万石を与えられ、備前岡山城主となっていた。そして「岡山中納言秀詮《ひであき》」と名乗っていた。借金をしたのがこの年慶長七年（一六〇二）三月二十日で、十月十八日には二十一歳の若さで急死している。おねは秀秋の死を悼む追悼文を西洞院時慶に書かせている（『時慶卿記』）。おねが母親としてかばってきた若者がまた一人亡くなった。おねはそうした養子たちの仏事をも執行している。

秀秋が岡山城主であったのは、わずか二年であったことになる。秀秋の死は、小早川家の断絶、岡山城主の池田忠継（輝政の次男で家康の娘の子）への交代という変動をもたらした。小早川秀秋が死去したことは、徳川家が諸大名の上に立ちはじめてから初めての「無嗣改易《むしかいえき》」の事例となっている。

**山内一豊・千代との繋がり**

北政所の交友関係は豊臣恩顧の大名たち、その妻女たちとは永く続いていた。例えば山内氏の正室千代とは次のような交流が見られる。

山内一豊は関ヶ原の戦功によって、土佐一国を与えられ石高はそれまでの約三倍の二十万二千六百石に上がった。もとの長宗我部氏の領国を受け継ぐことになったのだが、入国に際しては、長宗我部氏の旧臣や農民の反発に遭い、すんなりと土佐の国主となることはできなかった。また豊臣家への負担はなくなったが、新たに徳川家への負担が大きくなるという変化を味わうことになる。それまで、山内一豊は京と大坂に屋敷をもっていたが、関ヶ原以後は江戸にも屋敷を構える必要があった。その京の屋敷の台所などを移して、一豊は妙心寺大通院を修築し、そのために四百石を寄進している。慶長八年（一六〇三）のことである。もとの山内家の京屋敷は聚楽第の近辺にあったという。

翌慶長九年六月から八月にかけて、一豊は豊国《とよくに》社の祭礼神事を挙行する監督役を務める。一豊の晩年の大役がこの祭礼の挙行であった。一豊は秀吉・おねへの御恩に思いを致しながら、この役を務めたことであろう。

一豊の妻千代は慶長十年の一豊の死後、尼となって京に住んだ。そして豊臣家ゆかりの大名家の一員として、おねとの交流を続けており、おねの希望で土佐山内家より「うす色の山茶花《さざんか》」を取り寄せようとしたりしている。これは慶長十一年以後の四月のことである。跡部信氏が指摘するように、おねからの依頼が「こうき《(公儀)》の事」と表現されている点に、高台院の高い地位が反映されている。

## 3 豊国社臨時祭礼・祭礼図屏風とおね

### 秀吉の七回忌

豊国社は先述のように秀吉の死後秀吉を神として祀る神社として、また方広寺の鎮守として建てられた神社である。完成は慶長四年、秀吉の死の翌年であった。慶長七年の十二月、豊国社のすぐ近くにあった大仏殿が炎上するという火災がおこったが、妙法院や豊国社は災難を逃れた。この当時、東山の名所であった大仏殿が無くなったことは、寺社や京都の住人に大きな衝撃を与えた。慶長九年は秀吉の七回忌にあたる。その大々的な法要を挙行することは、豊臣政権の後継者を自認している大坂城の淀殿や秀頼にとっては重要課題であった。大々的な法要を望む世間の期待も高まっていた。

その期待を裏切らない法要の挙行が、片桐且元《かつもと》・梵舜《ぼんしゅん》と山内一豊らの責任となったのである。祭礼をどのように挙行するかは二条城において審議された。この点からも祭礼の実施主体が徳川家に移っていたことがわかる。審議の結果は右の三人に示された。片桐且元は大坂城の秀頼の代官であり、梵舜は豊国社の神主であり、神事挙行責任者である。とすれば山内一豊は徳川家の意向を反映するために祭礼監督の役に就いたという立場であったことになる。山内家は関ヶ原合戦直前から、徳川家寄りの大名としてうまく転身できたことがわかる。

## 祭礼の華やかさ

慶長九年八月十八日の秀吉の命日（七回忌）を挟んで、十四日から十八日まで、五日間にわたって行われた祭礼は、大規模で華麗なものであった。この祭礼の様子を詳しく検討してみよう。

この年の豊国社の神事は八月十三日に行われる予定であったが、雨のために延期され、十四日に神事が挙行された。そして早くもこの日から、桟敷《さじき》の設営が始まり、公家や寺社は思い思いに簾《すだれ》や屏風まで運んで、見物席を作っている。三条、五条の橋の辺から豊国社まで「空き地がない」ほどぎっしりと桟敷が並んだという。醍醐寺座主義演は方広寺の廻廊の未申角《ひつじさるかど》（南西）の石垣の上という見晴らしのよい所に桟敷を設営させて、祭礼が始まるのを待った。金屏風や簾は醍醐寺より運ばせている。

昼頃（巳半刻）に「馬渡《うまわたり》」（馬揃え）が挙行された。この馬揃えでは豊国社の神官や「賀茂衆」が馬二百匹を走らせた。馬は諸大名の役として出されたものであるという。馬は紅の大きな房、紅の手綱、金銀の鞍などで飾られており、乗り手の烏帽子《えぼし》、金襴の狩衣《かりぎぬ》、青の指貫《さしぬき》など豪華な衣装はみな新調であったという。「美麗、凡《およ》そ目を驚かし了《おわ》んぬ」と『義演准后日記』には記されている。

演者や見物人に対して「儲《もうけ》」が準備されており、新熊野社頭の松原で振る舞いがあったという。義演僧正はこの晩は三十三間堂前の法住寺のお堂に泊まることにした。次の日も見物するためである。豊国明神には夜のうちに参詣しており、祭が秩序正しく挙行されていることに対して「殊勝殊勝」と感想を記している。

翌十五日も同じ時刻（巳半刻）から、「上下京風流」が繰り出した。笠や鉾《ほこ》を作り出し、それに続く「躍り衆」は五百人にものぼったという。躍り手は紅の生絹に金箔の着物を着ており、その模様はあるいは亀甲模様、あるいは「雲立涌」、あるいは「かこ」、あるいは段々模様であった。笠には金銀でだみ（彩色）が施され、結花を付け、扇も金銀、帯・草履に至るまで紅・金銀であった。躍り手には従僕がついており、彼らも金銀のだみの着物を着ていたという。作り物には四天王、唐人、大黒、恵比寿など様々なものがあり、鼓・大鼓・笛などでにぎやかにはやされて踊っている。義演は「筆舌に尽くしがたい」とその豪華絢爛たる祭のありさまに驚いている。

踊り衆には大仏廻廊で施行《せぎょう》（ほどこし）がなされたが、それは二千貫といわれる大施行であった。十五日には踊りのあと、前日と同様の馬揃え、そして四座の能があった。この能は新作の能ばかりで、四座の大夫から大臣八、九人も出演するというものであり、大夫四人が一度に出たものもあるという、空前絶後の演能であった。「広大言詞に及び難い」と義演は表現している。

義演は二日間の祭礼を見て感激し、秀頼に葡萄《ぶどう》一折を送って、「今日の祭は珍重だった（大変よかった）」と申し送っている。

### 祭礼を見物するおね

この祭礼を見物した人々のなかで、最上位にあったのが「おね」であったと考えられる。実際、おねの他に公家・門跡・大名が無数に見物していたことも、義演は記している。この頃まだおねは「北政所」と呼ばれている。その「北政所御桟敷」は「楼門の北方」にあったとも記される。おねは楼門の北方から見物していたことが義演の日記から判明する。後に作成される「豊国祭礼図屛風」の中で、踊りの輪の真後ろに描かれ、高い桟敷の上から踊りをながめる人々がある。この人々こそ、おねやその侍女たち、小姓やおねゆかりの大名の妻や侍女たちであったと考える。

### 二種の屛風

文献史料から検討してきた慶長九年八月の豊国社の祭礼は、のち「豊国祭礼図屛風」として描かれることになる。じつは「豊国祭礼図屛風」は二種残っており、一つは豊国神社に、一つは徳川美術館にある。豊国神社本の方が客観的に記録するかのような描写態度であるとされる（佐藤康宏『祭礼図』）。それは踊りの輪をつくる人々の着物の柄や色彩が、右に検討した義演の日記の記載とよく合致することからもいえる。この屛風を描いたのは絵師狩野内膳《かのうないぜん》であり、彼に屛風を描かせて、豊国社に奉納させたのは豊臣家であるとされる。

この豊国神社本の屛風を見ると、高い桟敷上に多くの見物人たちが描かれていることがわかる。彼らはまた踊り手と同様、男女ともに豪華な衣装や法衣をまとい、扇で顔を隠すもの、「被衣《かつぎ》」や頭巾で頭を隠すものなど様々である。この桟敷上の見物人の中心人物はおねであったろうことは既に検討済みである。ずいぶん高い位置に桟敷が設けられ、しかもその桟敷は踊りの輪を正面に見る位置にあ

豊国祭の見物人
狩野内膳筆「豊国祭礼図屏風」(豊国神社蔵)部分

る点からみて、見物席からはさぞよい眺めであったろうと想像される。

この「豊国祭礼図屏風」を描いた狩野内膳は、荒木村重の家臣の子で、秀吉に見出されて豊臣家の画工を務めたという（成澤勝嗣「狩野内膳考」）。したがって、秀吉やおねの時代に好感をもっており、祭礼の豪華さ、人々の熱気などを忠実に再現しようと意図してこの屏風を描いたことが推測される。

**慶長十一年の屏風お披露目**

そしてこの屏風が世間に披露されたのは、慶長十一年（一六〇六）のことであったと思われる。この屏風こそが、『梵舜日記』八月十三日条に「臨時祭絵屏風」が大坂から豊国社に奉納された、と記される屏風にあたるのであろう。臨時祭礼は慶長九年（一六〇四）に行なわれたから、屏風は祭礼から二年後には完成していたことになる。この屏風は大坂から秀頼の名代としての片桐且元によって豊国社に届けられているので、秀頼（十四歳）・淀殿の寄進によって制作されたものであるといえる。慶長九年の祭礼そのものに対して、莫大な費用を大坂城が拠出していたことも、義演の日記の記載からわかった。慶長十一年八月十八日の秀吉の命日に間に合わせて制作されたこの屏風は、八月十八日、「下陣」（外陣のことか）に立てて「諸人」が見物したという。

この「豊国祭礼図屏風」が披露された慶長十一年の豊国祭には、加藤清正とおねが参詣していたばかりでなく、重要な役割を果たしている。前日の八月十七日、おねが参詣し、銀子五枚などを奉納した。加藤清正は読経を六条本圀寺《ほんこくじ》に申し付けるなどしている。梵舜はこの日おねから帷子《かたびら》二枚を拝領した。

十八日、大坂城の秀頼の名代が装束に身を包んでやってくる。大坂からは百二十貫文、金子一枚の奉加（寄進）があった。勅使が神社に到着する頃、加藤清正がやってくる。主賓である「政所」のために、「厚畳」十六帖、「御座畳」一帖が準備された。「黄衣」の番所として畳十一帖も準備された。そして「豊国祭礼図屏風」がお披露目されたのである。

この「豊国祭礼図屏風」には、描かれた時点で焼失していた方広寺大仏殿が描かれているという特徴を持つ。なぜ焼失していた大仏殿が屏風の中、祭礼の踊りの背後にあるのかについては、秀吉の事跡の顕彰と「宮曼荼羅」という構成のために必要であったのだろうとされている（佐藤康宏『祭礼図』）。

### 屏風制作の意義

以上の考察から、豊国神社本「豊国祭礼図屏風」は、慶長九年の臨時祭礼を描いたものであり、狩野派の絵師狩野内膳によって描かれ、二年後の慶長十一年に大坂城の秀頼・淀殿から豊国社に奉納され、神社で人々に披露されたものであることがわかった。屏風には豊臣秀吉の偉業と、神となった秀吉を敬う意識、それに加えて方広寺の壮大であった様子が表現されている。慶長九年の祭礼の主賓は、秀吉の死後も「北政所」と呼び続けられたおねであり、屏風が十一年に奉納された時にも、額は少ないがおねや加藤清正が奉加をなしていることがわかる。おねは秀吉の後家としての務めを、豊国社の祭礼や屏風の作成という部分においても果たし続けていたことが知られる。

そしてなによりも京都の町の人々がこの祭礼を楽しんでいたこと、揃いの豪華な衣装を作成して躍りや演能、馬揃えの騎手、また見物人として、秀吉死後も豊臣家の残した文化を生き生きと引き継ぎ、町衆の好みにあうかたちで創造していたことが読み取れる。

## 4　北政所と公家衆

### 公家との繋がりを温存

おねは秀吉の正室として、秀吉が天正十三年七月に関白になった時点から「北政所」と呼ばれ、天皇を補佐する関白の背後にいて、その職責を全うできるように努める仕事が付け加わった。天皇家に対して挨拶を欠かさないことが日常のおねのつとめとなり、また廷臣である公家や門跡との交友関係を整えておくこともおねの新たな役割となったことは前述した。

それでは、秀吉が亡くなり、関ヶ原合戦が勃発するという政治的変動は、おねの公家衆との交友関係に、どのような変化をもたらしたのであろうか。ここでは公家の代表として西洞院《にしのとういん》家との関係を『時慶卿記』から見てみることにする。

西洞院時慶《ときよし》は、飛鳥井雅綱《あすかいまさつな》の孫安居院《あぐい》僧正覚澄《かくちょう》の子として天文二十一年（一五五二）に生まれた。叔父である飛鳥井雅春《まさはる》の猶子《ゆうし》となって、河鰭《かわばた》家を嗣ぎ、次いで西洞院家を嗣ぐ。この西洞院家の官途に従って「右衛門佐」となり、名を時通に改め、天正十九年（一五九一）四十歳の時に従三位に叙され、時慶と改名している。その後は慶長五年に参議となり、慶長十六年「右衛門督」となり、従二位に昇進した。寛永元年（一六二四）落飾した時は七十三歳になっていた。そして寛永十六年（一六三九）に八十八歳で没している。おねとほぼ同世代の公家であったことがわかる。

時慶の日記のうち、天正十九年、文禄二年、慶長五年、慶長七年の四年間のものを利用して、西洞院家とおねの関係について検討する。

西洞院家はおねの側近の侍女のうち、特に「孝蔵主《こうぞうす》」との関係が深く、おねへの仲介だけでなく、孝蔵主単独に対しても様々な物のやりとりを続けている。このことから西洞院家の妻と孝蔵主が姉妹であったのではないかとする意見がある（藤田恒春氏）。しかしこの節では、孝蔵主との関係を視野に入れると煩雑になるので、おねと西洞院家との交流に絞って取り上げてみたい。

天正十九年四月一日・政所へお祝いに参る。菓子進呈。
同　七月二十日・政所の「不例」を訪ねる。
文禄二年正月十四日・北政所へ女房衆から白粉十五進上。
同　四月十七日・北政所へ枸杞《くこ》進上。
　　四月二十三日・老母、政所から小袖一賜う。
　　五月二日・北政所より老母に小袖一賜う。
　　八月四日・北政所から女房衆に帷子一重、小女に生絹《すずし》一賜う（この前日に秀頼誕生）
慶長五年三月一日・内儀（妻）、北政所殿へ。折箱一、桜持参。
同　三月四日・内儀より北政所殿へ醤《ひしお》五など進上。
同　三月二十三日・北政所へ白藤、紫藤一房ずつ進上。

同　四月九日・政所殿へ芍薬《しゃくやく》、芥子《けし》進上。
同　四月二十七日・枸杞茶二十袋北政所へ進上。
同　五月八日・百合草花北政所へ進上。
同　五月十日・菊花一本北政所へ進む。
（六月六日・北政所大坂へ、八日帰城。）
同　七月七日・北政所へ女房衆が参り、白酒、焼鮎、青豆進上。
同　七月十日・北政所霍乱《かくらん》の由、お見舞に内儀が参る。草花逢坂紅白二本進上。
同　七月十二日・御城へ北政所お見舞に。歩行、蕨《わらび》の餅持参。
（七月十二日・細川ガラシャ自害。）
（七月十九日・伏見城焼ける。）
（七月二十二日・西洞院時慶、大名衆を見舞うため、大坂へ。「切手の札」で城に入り、二十四日京に帰着。）
（孝蔵主から家族に様々な帷や帯をもらう。召し使う者まで二十人ばかりに及んだ。）
同　八月一日・女房が北政所殿にお礼に参り、柿進上。
同　八月十一日北野祓《はら》いを北政所に進上。
（八月十三日・武士の足弱《あしよわ》を取り返すとの噂。）
（八月十四日・西洞院家の姫の入内《じゅだい》を控え、秀頼から「御初尾（穂）」百匹が進められる。）
（九月七日・大津扱《あつかい》（講和交渉）に孝蔵主が下り、扱破れて八日帰京。）

同　九月八日・北政所へ内儀が礼に参る。柿一折進上。北政所は全千代に小袖を賜う。

同　九月十五日・北政所のもとへ孝蔵主の身を案じて内儀から人を遣わす。大津から帰らずとのこと。

（九月十六日・木下家定家中物騒。十七日・小早川秀秋「手返」（裏切り）について「天下騒動」。）

（九月十八日・北政所殿は准后勧修寺晴子方へ移座。）

同　九月十八日・北政所殿のお見舞いに箱一つ進上。准后方へは樽代二百匹進上。

（九月十九日・小早川秀秋、北政所を見舞うため、准后方へ来る。）

（九月二十日・家康大津着。公家衆は迎えに出る。）

（九月二十一日・女御近衛前子は北政所に振る舞い。）

同　九月二十二日・京の城に帰った北政所を内儀が見舞う。

（九月二十七日・家康から敵方の預物がないことを示す文書を出すよう云われる。）

（九月二十九日・平野御祓を大坂の家康に進上。）

（十月一日・石田三成、安国寺恵瓊、小西行長処刑。）

同　十一月一日・内儀が北政所のもとへ女御の礼に参る。

（十二月二十二日・女御殿の御里御所で御乳母の振舞があり、政所や公家が陪膳。）

（十二月二十五日・北政所は准后に礼に来る。）

同　十二月二十九日・内儀は北政所に御礼に参る。折箱一進上。紅梅の小袖一を賜う。

慶長七年正月十一日・内儀が北政所へ御礼に。杉原十帖、水引十把進上。全千代に小袖、内儀に米
　五石など賜う（切手で）。
同　正月十三日・北政所へ竹門より御礼。
同　正月二十二日・北政所へ筆結ゆうえい《（ママ）》から御礼申す。
（二月五日・北政所大坂から上洛。）
同　三月十日・北政所殿へ白藤一枝進上。
同　四月三日・北政所殿へ枸杞葉、芍薬、白芥子など進上。
同　六月二十一日・全千代を北政所へ参らせる。串鮑一束進上。
同　七月二十六日・田実として大鮎二十北政所に進上。女院へ二十、女御へ十五、近衛殿へ十
　五。
同　九月七日・老母、北政所を訪問。
同　九月八日・北政所殿へ全千代が御礼に大松茸十本を進める。
同　十月二十四日・北政所殿へ内儀が見舞い。強飯《こわいい》、樽一進上。秀秋の悔のため。
同十二月九日・秀秋の追悼文を北政所殿の依頼で認め届ける。
同十二月二十四日・内儀が北政所へ御礼。無塩鯛五進上。全千代小袖一賜う。

右に抜き出したのが、天正十九年、文禄二年、慶長五年、慶長七年の四年分の北政所と西洞院家の

交友の実態である。西洞院家は天正十五～十九年頃は、当主が自らお礼に出かけていた。ところが文禄年間より、西洞院家の妻や老母も訪れるような濃い関係になっていることがわかる。そして文禄二年の頃までは、見舞いに伺ったり、お礼を述べに行ったりする回数はそれほど多くはなかったが、慶長五年には北政所のもとを訪れる回数は多くなり、慶長七年においてもその傾向は続いていることがわかる。

つまり、北政所が後家になって、京に居所を構えてから、北政所と公家衆との関係は一層緊密になったといえるのである。

## 孝蔵主と西洞院家

北政所とその女房、なかでも孝蔵主は、西洞院家にとってなくてはならない交際相手であった。例えば、秀頼・淀殿方から公家衆の奉加として課された平野社修造役などを、西洞院家は慶長五年、孝蔵主を通じて減免してもらおうとしている。以前、天正十九年正月に、豊臣政権から課された、西洞院家の所領紫竹《しちく》から出すべき普請人足を宥免してもらえた、という事実があった。その折紙は孝蔵主から出されたので、西洞院家は孝蔵主を頼るのがよいことを実感したのであろう。

こうした重要な頼み事を聞き入れてもらうためには、常日頃から孝蔵主と親しい関係を築いておかなければならない。物品のやりとりは、北政所とは別に、孝蔵主には必ず贈り物を欠かさず、人夫がほしいと云われれば、配下の所領から出させたり、孝蔵主から屏風を預かってそれに風を通したりして（慶長五年五月）その要望に応えている。

孝蔵主も西洞院家には丁重に接しており、慶長五年七月二十八日には、西洞院家のすべての人に帷子や帯を配っている。合戦が近いと思い、財産の整理も兼ねて配分したものではなかろうか。

### 関ヶ原合戦時のおねの守護

孝蔵主の主人北政所は、慶長五年九月七日、合戦の前夜に、「天下扱《てんかあつかい》」すなわち講和を実現させるために、大津に孝蔵主を遣わしていた。大津には近衛殿がおそらく天皇の命を受けてであろう、「天下扱」のためにやってきていた。高野山の復興に力を尽くした十穀聖木食応其《もきじきおうご》もやってきた。しかしこの「扱い」は破れ、失敗に終わった。孝蔵主は九月十五日（関ヶ原合戦当日）になっても大津から帰っていない。おそらくおねの命で講和への道を探っていたのであろう。

つまり、九月十五日より以前の八日間ほどは、京のおねの側に孝蔵主はおらず、大津にいたことがわかる。従来、おねを守ったのは実家の木下家定だけだったことが不思議がられていた。おねが関ヶ原合戦時、実家の木下家定に守護されたのは、孝蔵主など主な女房衆が講和の実現のために大津にいて、おねを守護する者が手薄だったためであったことが判明する。

### 公家に支えられるおね

関ヶ原の勝敗を知ったおねは九月十七日の夜、准后勧修寺晴子《かじゅうじ》のもとに居を移す。おねは二十二日までここに滞在し、二十二日もとの居所「京の城」に帰った。危険が迫った時、准后の元に身を寄せたのは、おねが東西両軍のどちらにも味方していなかったことを示すものである。またこのような状況に置かれたおねを、天皇家や公家が保護したこと、特に公家の女性たちがおねを受け入れ、西洞院時慶の妻のように見舞に訪れているのは、それまでのおねと公家階級との交友関係があったからこそといえよう。

関ヶ原合戦後の慶長七年、公家西洞院家とおねの間には文禄年間よりももっと濃い交際がなされていることもわかる。それはただ単におねから「切手」をもらって、その切手で米が支給されるという、「御恩」だけには還元できない、こまやかな交友関係が持続していた。「見舞」という語がその両者の関係をよく表示している。病気の時ばかりか、安否を問うために、様子を見るために、「見舞」がたびたびなされ、物をいただけば「御礼」に訪れるという、つねに安否を確認しておく交友関係が形成されていたのである。関ヶ原合戦以後のおねは、こうした公家の男女にも囲まれて見守られていたと思われる。

## 5 醍醐寺座主義演と豊臣家

### 義演という人

秀吉生存中に秀吉から篤い信頼を寄せられていた僧侶に「義演《ぎえん》」がいる。義演は二条晴良《はれよし》と伏見宮貞敦《さだあつ》親王の娘（位子《なりこ》）との間に生まれた。長兄は九条兼孝《かねたか》であり、その他の兄弟も摂家の当主になったので、五摂家のうち三家の当主が義演の兄弟によって占められているという、当代屈指の名家に生まれたことになる。彼自身、足利将軍家義昭の猶子《ゆうし》になった。しかし十三歳で醍醐寺に入室し、上醍醐《かみだいご》に住んで修行し、天正十四年には伝法灌頂《でんぽうかんちょう》を授けられている。そして醍醐寺座主に上り、のち東寺長者を兼ねることになる。

義演は秀吉の信頼篤く、天正十六年の聚楽第行幸に際して仏眼大法を修し、文禄元年には秀吉の朝鮮出兵のために、東寺講堂で仁王経大法を修していた。その功績によってか、文禄三年に東寺長者に補任されている。

その後、慶長三年八月の方広寺の大仏開眼供養には呪願師《じゅがんし》を務めている。その後慶長年間には大仏殿で「千僧会《せんそうえ》」を行い（二十五日から二十九日の間）、豊国大明神にお供えをし（十八日）、毎月三日には大坂城に出向いて秀頼の誕生日の祈禱を行ない、十六日には大坂城で大般若経を転読するなど、豊臣家の護持僧として活躍している。

### 日記に見る方広寺の大仏

義演の記す日記から、大仏殿に関する記事を見ると、慶長期の方広寺大仏殿の様子がよくわかる。方広寺の大仏は秀吉の発願で、最初に造られた時は「唐人」の意見を入れて「漆喰《しっくい》」で造られたという。その後寺が完成してから、黒漆の上に金箔を押したので、「光明殊勝、言詞の及ぶところに非ず」という立派なものとなったが、慶長元年閏七月十三日の大地震で本尊が「破裂」し、火災に遭うという災難に見舞われた。その後「太閤」秀吉の計らいで、信濃善光寺の阿弥陀仏を方広寺の本尊として迎えた。

しかし、しばらくして太閤が亡くなったので、その遺言として阿弥陀仏は善光寺にお返しした。したがって慶長三年八月二十二日には「本尊も無くして」供養千僧会を執行した。秀吉亡き後は、秀頼の仰せで、本尊は南都の大仏のように、銅で鋳ることとなった。最初にそれを担当した「興山上人」は台座から膝のあたりまで鋳たが、関ヶ原合戦で興山は引退逃亡し、あとを引き継いだ文殊院勢誉《せいよ》が奉行として完成させていた。この費用はすべて秀頼が出した。ただし「下知《げち》」は家康から出ている。本尊だけでなく、四天王や脇士も備えられつつあったという。

このように、方広寺の大仏殿と大仏は、秀吉の発願で巨費を投じて造立されたが、慶長の大地震で「破裂」し、その後六歳の秀頼の「仰せ」によって慶長三年に銅製の大仏が造られて安置され、完成間近であったことが判明する。

慶長三年の大仏造立は家康の「下知」で、費用はすべて秀頼が出した、というくだりは、現実には費用の拠出は淀殿からであろうし、家康の再建命令には豊臣家の財産を縮小させる意図があったことは明白であろう。いずれにしても、方広寺の大仏鋳造は、豊臣家が二代にわたってその威信をかけて行った事業であったことになる。

こうして造立され完成間近であった大仏と壮大な大仏殿は、慶長七年十二月四日に炎上してしまう。「本尊の身内より焼出」と記されることから、本尊を完成させるための鋳造の火からの火災であったと推測される。日本中から切り出された銘木がただの「三時《みとき》（六時間）」で灰になってしまった。廻廊は東側は焼けたが、他の三方は奉行衆の努力で消火されたという。この火災について義演は「太閤の数年の御労功、程なく滅びおわんぬ」と感慨を述べ、残念がっており、大仏が破裂してなかったり、借り物の本尊を安置したりしたこと、鋳造したと思えば、火災にあったことなどに思いを廻らして、「此の如く度々変異」に逢うのは「只《ただ》ごとにあらず」「天魔の所行、仏法の衰微」であり、嘆いても余りあるものだ、と慨嘆している。

### 豊国祭の盛大さが意味するもの

第3節で述べた慶長九年の豊国社の祭礼が例年にも増して大々的になされたのは、方広寺の焼失して無くなっていたこの時期、慶長八年の二月に家康は征夷大将軍となり、右大臣を拝命していて、徳川家が豊臣家を圧して高位に上っており、七月に秀頼と千姫の婚儀が成されて両家の融和が整っていたかに見えるが、豊臣家としては失地回復の意図のもと、秀吉七回忌の豊国祭をできるだけ盛大に行なう必要があったためであると考える。

八月十四日と十五日の豊国社の祭礼に、豊臣家を代表して見物したのは「北政所」である。おねのことを義演は「明神の御妻也」と記している、華やかな祭礼をおねは「楼門の北方」に設けた桟敷で見物した。おねだけではなく「公家、門跡、大名」が数え切れないほど見物していたことは前述した。十五日には馬揃えと能の公演があり、四座の大夫が出演して新作能が演じられた。「広大、言詞に及びがたい」と義演は評している。義演が祭を賀して大坂城の秀頼に「葡萄」一折を贈っている点から考えても、祭を見物したのは「北政所」一人であったことになる。つまり、この祭礼の巨額な費用は秀頼・淀殿方から出されたが、豊臣家として祭を見物したのは「北政所」であった。豊臣家の後家役割はこの時点においても、おねによって分担されていたのである。

したがって先述の屏風に描かれた桟敷の上の女性たちは、おねやその女房衆、またおねの友人たちであったことが確定できる。

### 義演の役目

醍醐寺座主義演は豊臣家の護持僧であるから、毎月のように大坂へ行って大般若経の転読などを行なった。

大坂城では、淀殿の侍女大蔵卿局《おおくらきょうのつぼね》を「案内《あない》」者として豊臣秀頼の元に参上するが、大蔵卿への取り次ぎを、同じく淀殿の女房「いちや局」に頼むこともあった。大蔵卿局はかつて淀殿の乳母を務めた女性であり、淀殿側近女房の第一位を占めていたからである。そのほか、義演が大坂城へ出かけたときには、慶長七年から九年頃には小出秀政、片桐且元・貞隆《さだたか》、次いで織田有楽《うらく》（長益《ながます》）などにも進物を持参している。秀頼と淀殿の周囲は主として大蔵卿などの女房と、片桐且元父子などの家臣たちが固めていたことがわかる。

したがって、秀頼が命じる寺社建立に際しても、慶長九年七月の横川中堂《よかわちゅうどう》の建立時に見られるように、片桐且元が奉行として任じられる態勢が取られていた。

### 東寺金堂本尊の新造

秀頼が実施した多くの寺社の修造のうち、義演に関わる最大の修造は、東寺金堂の本尊の新造である。慶長七年十月秀頼から新造が命じられると、義演は「珍重珍重」「大慶之に過ぎず」と喜び、本尊薬師如来像の造立につき、加持を行ってほしいと東寺から言ってくると、東寺長者を兼ねていたので、「大慶之に過ぎず」「末代規模何事如之哉」と感謝の念を日記に記している。十二月には材木代として百六十貫かかることや、翌年には本尊ができあがるだろうことなどを記している。

このように秀頼と淀殿は寺社の修造に多額の寄付を行なったので、義演などの僧侶や公家層は秀頼との関係を保つことに腐心している。

**義演と徳川家**

しかし慶長八年以後は、義演においても、徳川家との関係が新たに成立するようになる。慶長八年正月には公家衆は家康に対面して正月の賀を述べ、三月に家康が将軍になると、二十六日には諸公家衆が、二十八日には諸門跡衆が家康の元を訪れ、祝福しており、四月四日、将軍御所で家康が興行した能は大名はもちろんのこと、義演なども招かれて見物している。また家康の母の仏事を為し、家康側室お亀の方、お万の方、家康の子（長福）の祈禱などを引き受けるようになった。大坂城の千姫とも物をやりとりするようになっている。義演の交友関係にも、徳川の世が始まったことで、変化が見られるようになっていた。

## 6　高台寺の創建

おねは慶長十年（一六〇五）高台寺《こうだいじ》を建てている。現在高台寺は京の東山に建っており、慶長十年の創建いらいこの場所は動いていない。ただ寺域は縮小している。

**高台寺の前身**

この高台寺創建には前史があった。

おねは生母朝日のために康徳寺《こうとくじ》を建立する。その時期については二説あり、『坊目誌』は天正の末頃とし、『高台寺誌稿』は慶長三、四年の頃とする。天正末年から慶長四年までの間、つまり一五九〇年代に康徳寺が建立されたことは事実であろう。この寺は曹洞宗の寺院で、創建時豊臣氏から百石の寄進を受けていた。康徳寺が創建されたのは「京極の北」「寺町」と両史料に記されており、また現在、上京区寺町通御霊馬場に「高徳寺町」の地名があるから、このあたりに創建されたと考えられる。

その康徳寺が東山に移転することになった。東山の現高台寺敷地がそれにあたる。しかしここには既に雲居寺《うんごじ》岩栖院《がんせいいん》があった。そこで敷地の交換が康徳寺と岩栖院との間でなされた。寺地候補地の一部には鷲尾氏の所領でしかも名字地である重要な所領もあったので、鷲尾氏は「北政所」に訴訟しなければならず、慶長九年閏八月、西洞院時慶を介して交渉がなされた。こうした替地問題が解決したのか、翌慶長十年六月二十八日、まだこの時点では未完成であったであろうが、高台寺の開基となった弓箴善彊《きゅうしんぜんきょう》が康徳寺から東山の地に創建された高台寺に移徙している。そのころからおねは三本木より高台寺へも通う生活になったと考える。

**高徳寺町**（京都市上京区寺町通御霊馬場）
賀茂川の西にある康徳寺の故地。

### 高台寺の建立

高台寺創建の目的は『高台寺誌稿』によると、「一寺ヲ建立シ、太閤ノ冥福ヲ祈リ、且《か》ツ其《その》終焉ノ地ト為《なさ》ン事ヲ欲ス」とあることから、秀吉の菩提を弔うための寺、自身の終焉の地として、高台寺が建立されたことがわかる。

寺の建設はこれ以後徳川幕府の肝いりでなされる。徳川家康は慶長十年高台寺宛に寺領安堵と諸役免除の特権を与えた。寺領としては康徳寺創立時に寺に豊臣家が与えた百石の寺領（太秦村内市川村）をそのまま安堵し、併せて寺内の諸役を免除したのである。酒井忠世、土井利勝が「御用掛」に、所司代板倉勝重が「普請奉行」に、堀監物が「普請掛」に任じられて、高台寺普請の大工事が行なわれた。

幕府の公役として高台寺が建てられたとはいえ、秀吉恩顧の大名で協力する者があった。地形を直

高台寺境内

高台寺霊屋の内部装飾

したのは福島正則と加藤清正であった。高台寺の表門はもと伏見城にあった門を加藤清正が移築したものであるという。そのほか伏見城から移された建造物は、傘亭《かさてい》・時雨亭《しぐれてい》、観月台《かんげつだい》、それに霊屋《たまや》の材などであるとされる。開山堂（もと持仏堂であった）は、秀吉の使った船材、北政所の御所車の遺材を使っているとされる。古建築や古材をリサイクルし、かつての秀吉とおねの子飼い大名の協力も得ながら、幕府の主導のもとに、幸阿弥《こうあみ》を棟梁とする多くの工人を蒔絵の制作に組織して、高台寺が建設されていることがよくわかる。

### 高台寺の寺領と遺品

この年慶長十年の九月朔日《ついたち》、旧「康徳寺」に与えていた寺領百石は徳川家康によって新「高台寺」の寺領として認められ、寺内の諸役免除も承認されたことは前述した。この家康の安堵状が、以後の高台寺の存続発展の基礎となった。慶長十七年、高台寺には新たに寺領四百石が寄進され、寺領が合計五百石となった。

豊臣秀吉の遺品が残されたのは、おねが家康や旧豊臣大名の援助を受けながら、徳川政権下に孤塁を守ったからである。もしおねが高台寺を建て、秀吉の遺品や自身の諸道具をこの寺の中に残さなかったならば、豊臣秀吉時代の痕跡はほぼ壊滅状態になっていたのではないだろうか。次に述べる大坂冬・夏の陣の頃の状況を見ると、いっそうこの思いが増すのである。豊国社が衰退し、のち元和元年（一六一五）には徳川家康から社殿の破却が命じられるまでになったことからみても、豊臣秀吉時代の歴史は、高台寺にしか残らなくなったことがわかる。

## 7　大坂冬・夏の陣とその後のおね

慶長十一年にもまだ三本木にいたおねは、夫の菩提を弔い、旧友と親交を暖めることを日課とする生活を送る。

慶長十年の高台寺創建以後、大坂冬・夏の陣で豊臣家が滅ぶまでの間にも、おねの身辺では少なからぬ変化があった。

### 加藤清正の死

最もおねが心を痛めたのは、慶長十六年（一六一一）に加藤清正が亡くなったことであろう。清正は、子飼いの武将として秀吉とおねが育て、秀吉死後もおねには最も身近な豊臣大名であり、死の直前まで、高台寺創建に協力を惜しまなかった人であった。関ヶ原合戦以後もおねに好《よしみ》を通じている豊臣大名は、福島正則と加藤清正、それに次に述べる伊達政宗などごく少数に減っている。そのなかで加藤清正が亡くなったことは、おねにとっては大きな心の痛手であったと思われる。清正は永禄五年（一五六二）生まれであるから、この年まだ五十歳であった。

### 福島正則のその後

福島正則も同じ頃の生まれで、清正の一歳年長である。正則は慶長十九年の冬の陣の直前に、領国安芸広島の国泰寺で秀吉の「十七回忌」の法要を営んでいる。彼もまた、おねにとっては心強い支援者であった。冬・夏の陣では、もちろん徳川幕府方として参陣した。しかし陣後の元和五年、広島城修築を咎《とが》められ、幕府から所領を没収される。正則は川中

福島正則（長野県小布施町・岩松院蔵）

島に移され、信濃国内で蟄居《ちっきょ》を命じられ、おねが亡くなる直前に亡くなっている。

豊臣大名は、山内氏や細川氏を例外として、島津氏、毛利氏など徳川幕府下で大幅減封に遭いつつ生き残ったものもあるが、主要メンバーは滅ぼされた。これが歴史の現実であった。

**冬・夏の陣直前の頃**

冬・夏の陣の直前には、おねの活躍は全く見られない。豊国社に参詣するばかりである。慶長十八年九月に片桐且元がおねを訪れているが、それ以外は政治に関わった形跡がない。大坂冬の陣が始まった慶長十九年十月一日、おねは大坂城に行こうとして京の屋敷を出たが、鳥羽まで行って引き返している。おねはもはや政治的に主要な役割を果たす立場にはいなかった。

冬・夏の陣では、京極忠高の母（淀殿の妹・常高院《じょうこういん》お初《はつ》）や大蔵卿局、正栄尼《しょうえいに》、それに徳川方からは阿茶局《あちゃのつぼね》（家康側室）など、おねの次世代の女性が使者として活躍するのである。

**落城後のおねの書状**

大坂城落城直後の元和元年（一六一五）五月十九日の日付の「おね書状」がある。これは伊達政宗に宛てられたものである。この書状を手がかりにこの頃のおねの生活やその役割を考察する。

この書状の内容は、まず第一に大坂落城について触れ、「大坂の御事ハ、なにとも申候ハんするこ

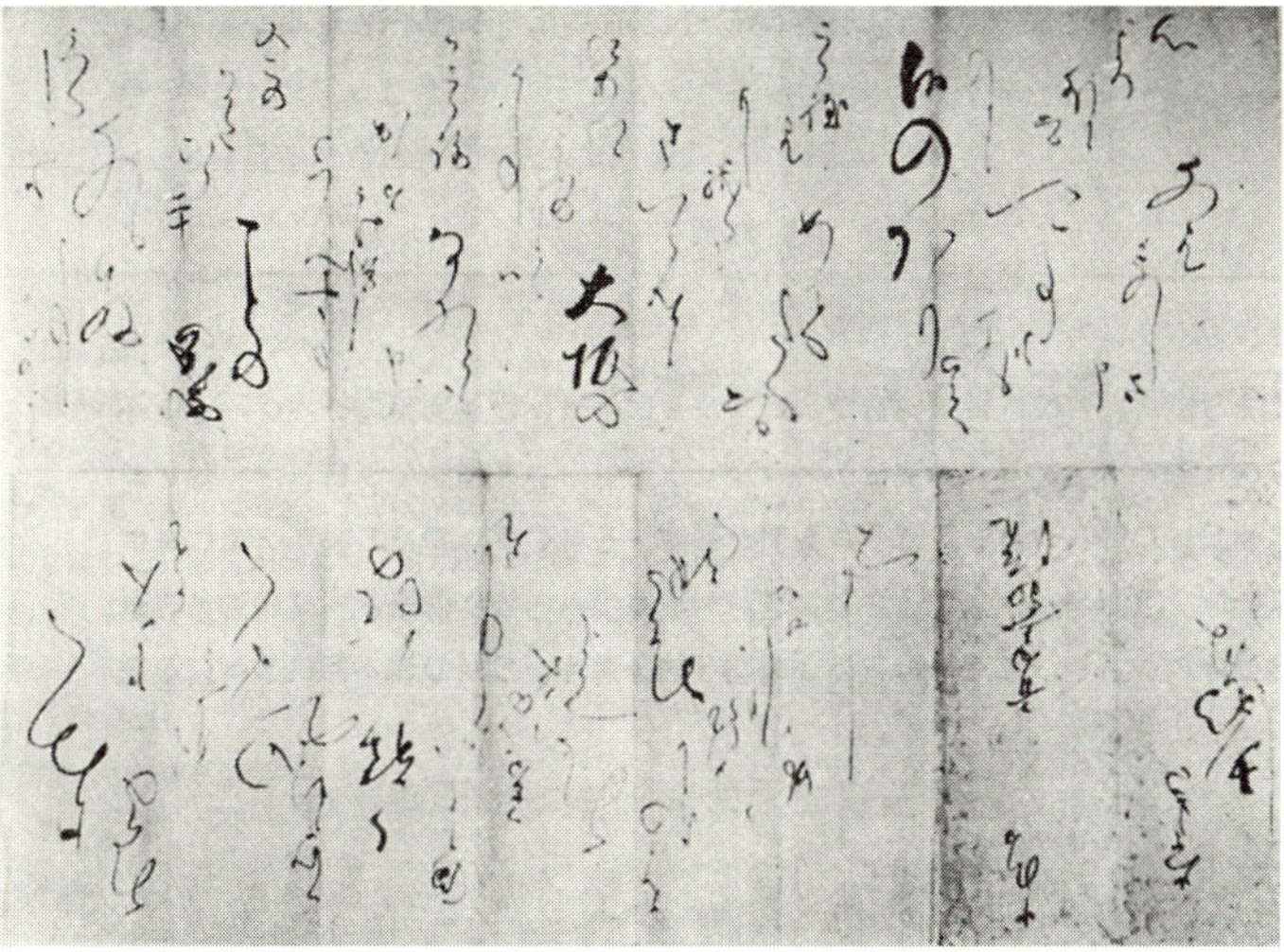

おね自筆の手紙（『豊太閤真蹟集』より）

との葉も御入候ハぬ事にて候（大坂落城のことは、何とも申し上げるべき言葉もありません）」と述べている。次に伊達政宗からは常日頃より手紙をもらっているのに、返事を出すのも怠りがちでしたと、無礼をわびている。その上で、京都でおねに「似合いの用」があれば遠慮無く申し付けてください、と述べるのである。そして最後に帷子《かたびら》二十枚を贈ると述べている。

第一段の、大坂城落城についての感慨の部分は、この言葉の中に様々な思いを込めたものであったと考える。豊臣家の敗北は無念であり、おねとしてもこんな結果に終わることはかつては予想しなかったことである。豊臣家の縮少した形態での存続を、おねは望んでいたからこそ、冬の陣では仲介の労をとろうとしたのである。そのおねの意向が淀殿や秀頼に受け入れられなかったことで、落城という結果に終わったこと

大坂城落城　「大坂夏の陣図屛風」(大阪城天守閣蔵) 部分

については、致し方ないという気持ちもどこかにあっただろう。しかし冬・夏の陣に豊臣方として戦った真田氏や長宗我部氏などにも配慮し、これ以上のコメントを避けたのではなかろうか。「何とも申し上げるべき言葉もありません」という短い言葉には、万感の思いが込められていたと思われる。

第二段からは、伊達政宗との親交が密であったことがうかがえる。おねは家康の六男松平忠輝《ただてる》の近臣河村長左衛門とも親交があった。その忠輝の妻は、政宗の娘五郎八《いろは》姫であり、二人の婚姻は慶長十一年になされていた。こうした婚姻関係と交友関係の重なりをみても、おねと伊達政宗の繋がりは信頼に基づいた固いものであったことが知られる。元和元年の四月から五月にかけて、政宗は京にいた。

一方、松平忠輝はこの年二十五歳であり、冬の陣で江戸城留守居を命じられ、夏の陣では大和口総督という役目をもらっていた。しかしこの合戦に遅参していて、軍功がなかったことが、後に別件と合体されて家康の不興を買い、伊勢や飛騨に配流になるという運命を辿る。

五月十九日時点ではまだ遅参も問題にはなっていなかったと思われるが、おねが手紙で「似合いの用があれば、遠慮なく申しつけてください」と言っているのが、気になるところである。もしこのころ既に遅参が失点として取り沙汰されていたならば、おねの力を借りることも、政宗には必要なことであっただろう。このことからも、おねが京において豊富な人脈を保持し続けており、豊臣政権時代以来、大名たちにとっての「かゝさま」として大名たちを支援する何らかの手だてをまだ持っていたことがわかる。

第三段で、おねは帷子二十枚を政宗に贈っていることが知られる。夏の着物とはいえ、二十枚ともなると、すぐに製作できるものではなかろう。常々贈答品にふさわしい良い衣類や工芸品、食物などが、おねのもとには集まっていたのであろう。帷子二十枚の贈与から推測出来る点も、おねの交友関係の広さである。

### 元和元年五月の情況

元和元年五月八日に大坂城が落城し、秀頼や淀殿などが自害した直後の時期にはどのような事態が生じていたのだろうか。このおね書状を単独で理解するのは読み誤りのもととなるので、手紙の背後に展開していた五月の状況を検討することにする。

五月八日の落城の直後から、幕府は残党捜しに取り組む。十一日に大和で残党捜しを行ない、十二日には諸大名、諸代官に命じて残党を追捕《ついぶ》させている。この時の追捕命令はことに厳しく、大坂城に籠城した者、大坂方の預け物、女子もすべて召し連れて来るようにと命じた（『観心寺文書』）。

大坂の残党を匿《かくま》った者も同罪として、罪は一族に及ぶと令し（『細川家記』）、逆に落人《おちうど》を告発した者は報奨するとした。報奨金はコックスによれば「一〇〇目、一五〇目」であるという。知らない旅人を宿泊させることまで禁じ、これらの禁止事項に背いた者は、その一族はいうまでもなく、「庄屋肝煎」まで処分するとした。大坂方として籠城した男女ばかりでなく、その一族まで処刑される方針が立てられていたことがわかる。籠城衆は「老若男女童ニ至まて」悉《ことごと》く探し出された。

五月十五日、大坂方の長宗我部盛親《もりちか》が処刑される。彼は六条河原で誅し、三条河原で晒し首にする、という極刑を受けた。

おねはこれらの事件を側近くで体験していたことになる。書状で落城について自身の感情をほとんど表明していないのは、こうした厳しい残党狩りと籠城衆の処刑があったからであろう。口をつぐまざるを得ない情況であったと考える。

この五月十九日には、故真田幸村夫人大谷氏や供の侍たちが、浅野長晟《ながあきら》（幸長《よしなが》の弟）に紀伊国で捕らえられている。残党狩りの一環であった。女性も現実に捕らえられていることがわかる。この人は翌日幕府に引き渡された。秀頼の遺児二人のうち、国松という男子（八歳）は、二十三日に六条河原で斬られて果てた。母は成田氏で、女房だったようである。その国松の乳母夫は誅され、乳母は許されたとされる。もう一人の遺児（七歳）は尼として鎌倉東慶寺に入れられた。国松の処刑を人々は憐れんだという（『梵舜日記』）。

敗北した大坂方の人々は少数の例外を除いて根絶やしにされるという厳しい状況が進行している最中に、このおねの手紙は伊達政宗宛に書かれたものであることがわかる。このような背景を知った上で書状を読み直すと、張りつめた空気が伝わってくる。

## 豊国社のその後

豊臣氏が滅びると、ゆかりの豊国社は社領を没収され、神号は残されるが、神体は方広寺境内に移される。そして元和五年神宮寺が隣の妙法院に移され、社殿の修理も禁じられたので、神社はまもなく衰退してしまうのである。豊国社が再興されるのは、徳川将軍家が滅びたあと、明治元年のことである。旧方広寺大仏殿の跡地に豊国神社は再興され、現在に至っている。

## おねの最期

夏の陣以後のおねは、知人も次第に少なくなり、おそらくはひっそりと余生を過ごしたことと思われる。寛永元年（一六二四）九月六日、おねは波乱の一生を閉じた。

この時『大猷院殿（秀忠）御実紀』には、「故豊臣太閤の政所従一位高台院尼薨《こう》ず。大坂亡びし後も京東山にのがれすまれしかば、神祖河州にて一萬六千石を養老料によせ給ひ、ねもごろの御待遇ありしが、けふうせ（失）られしかば、遺物として御所に記録一部、大御所に小崔麦の茶壺、大御台所に菊の源氏一部を、猶子木下左近利次（マヽ）より奉る」とある。徳川家から見れば、夏の陣後のおねは、実家の木下家に保護されてはいるが、京に「逃れ住む」寂しい老尼でしかなかったのである。

# 終章　豊臣政権の「かかさま」として

北政所おねの生涯を丁寧に辿っていくうちに、夫秀吉が各段階で様々な新しい方針を設定してきたことが判明した。正室おねについては、これまで研究者によって断片的に説かれていた彼女の役割が、現実のおねの役割のほんの一部にすぎなかったことがわかった。

新たに付け加えることができたおねの役割には、秀吉の正妻としての幅広い役割、とくに秀吉留守中に公務を預かり、子・養子女に対して母親としての養育責任を負っており、その役目をよく果たしていたことである。また養子・養女ばかりでなく子飼いの武将たちの母親役割を務めたこと、その延長として、大坂・京・伏見に人質として集住していた大名の妻子や重臣たちと交友関係を暖めていたこと、ことに徳川氏の人質を丁重に扱う役目があったことを指摘した。さらに三本木の位置を確定し、京住時代のおねの交友関係を明らかにしたこと、豊国社祭礼の意義を、屛風に描かれた人物像からも指摘できたこと、大坂冬・夏の陣直後のおねの書状のもつ意味を明らかにできたことなどがあげられる。

おねの役割を端的にまとめると、婚姻時に母親の反対を押し切って自らの意志で秀吉の妻となり、長浜城主の妻として領国政治に関与し、その傍ら主君信長への挨拶を見事にこなした。そしてこの時代から、養子・養女の他に、子飼いの家臣を育てるという、八面六臂《はちめんろっぴ》の活躍をしていたことがわかる。秀吉が関白、太政大臣になり、「天下人」となると、その歩みに合わせて、「北政所」様「政所」様と呼ばれて、天下人を支える大きな役目を果たすようになる。具体的には、朝廷への挨拶や音信、後継者の養育、大名の妻子や老臣との交流と管轄などである。おねが秀吉の背後にいて、また留守中にその役割を分担していたからこそ、秀吉は天下人になることができた。おねへの所領給与は、朝鮮渡海準備のための物資輸送を兼ねた、おねの役割遂行に感謝しての秀吉の生前譲与であると思われる。

秀吉死後は、後継者秀頼の後見は淀殿に任せ、おねは大坂城を出て、秀吉を祀る豊国社への参拝と、康徳寺・高台寺での菩提の弔いを日課とするようになる。しかし京では公家や寺社そして豊臣恩顧の大名との交友関係はながく続き、おねの日常を支える、後半生独自のネットワークが形成されていた。豊国社の祭礼は、おねや豊臣家の意図を越えて、京の民衆の祭礼化し始めた。このことに危険を感じた幕府によって、方広寺の鐘銘が大げさに捉えられ、豊国社は荒廃させられることになったと推測される。豊国社の衰退にかわって、高台寺がおねの後家役割遂行の舞台となった。この時代のおねを支えたのは、豊臣恩顧の武将たちと、徳川秀忠などかつての養子・猶子たちであった。

おねの生涯は、前半生は次々に増大する重い役割との格闘であり、後半生は静かに世の中の動きを観察し、自分ができることに手を染めることを厭わない、という奉仕者の生活であったように思える。これだけの大きな役割を次々とこなした女性、下級武士から従二位まで身分上昇した女性は、日本の歴史のなかでもおねを措いて他にはなかっただろう。

秀吉は慶長三年頃の秀頼宛の手紙の中で、おねのことを「まんか丶」「か丶さま」と呼んでいる。秀頼にとって、実母淀殿だけでなく、おねもまた「かかさま」であると秀吉は思っていた。おねの生涯を検討してきたいま、おねは多くの人の「かかさま」であったと断定できる。「まんかか」は文字通り、おねの広く深く多様な母親役割を示す言葉であり、おねは豊臣政権を秀吉の背後から、あるいは横に並んで支えた人であったことがわかる。「まんかか」と表現されるおねは、まさに豊臣政権の妻であり、母だったのである。

おねが豊臣政権を守りつづける「かかさま」であったことは、彼女の大坂冬・夏の陣終了直後の伊達政宗宛書状に凝縮されている。大坂方の敗北は致し方ない歴史の流れであると諦めの念を伴いつつも、おねには悔しい思いがあふれていたことと思う。大坂方に対するコメントは控え、これ以上豊臣家に悪い印象をつけ加えることは慎重に避けている。自身の無力さにも悔しさを感じただろう。そして、かつて豊臣家に従った恩顧の大名・武将たちに少しでも援助できればという気持ちを表明している。おねは豊臣政権を精一杯その愛情で包んだ、実に大きな母親だったと思う。

# 参考文献

## 基本史料


『増訂　織田信長文書の研究』上・下（奥野高広著、吉川弘文館、一九八八年）
『改訂　信長公記』（太田牛一著、桑田忠親校注、新人物往来社、一九六五年）
『寛政重修諸家譜』（堀田正敦ほか編『新訂寛政重修諸家譜』続群書類従完成会、一九六五年）
『（備中足守）木下家譜』『（豊後日出）木下家譜』（東京大学史料編纂所架蔵影写本）
『ねねと木下家文書』（山陽新聞社編集発行、一九八二年）
『翁草』（『日本随筆大成』日本随筆大成刊行会、一九三一年）
『小早川家文書』（東京大学史料編纂所編『大日本古文書　家わけ第十一』東京大学出版会、一九七一年）
『毛利家文書』（東京大学史料編纂所編『大日本古文書　家わけ第八』東京大学出版会、一九七〇年）
『吉川家文書』（東京大学史料編纂所編『大日本古文書　家わけ第九』東京大学出版会、一九七〇年）
『伊達家文書』（東京大学史料編纂所編『大日本古文書　家わけ第三』東京大学出版会、一九六九年）
『萩藩閥閲録』（山口県文書館、一九六七年）
『藩翰譜』（『新井白石全集』二、国書刊行会、一九七七年）
『中世法政史料集　第三巻　武家家法Ⅰ』（岩波書店、一九六五年）
『武家事紀』（山鹿素行著、山鹿素行先生全集刊行会、一九一五～一八年）
『柴田退治記』（大村由己著『続群書類従』第二十輯下、続群書類従完成会、一九二三年）

『太閤記』（小瀬甫庵著『新日本古典文学大系』岩波書店、一九九六年）
『徳川家康文書の研究』上・中・下（中村孝也著、日本学術振興会、一九五九年）
『めのとのそうし』（『群書類従』第二十七輯、続群書類従完成会、一九三一年）
『聚楽第行幸記』（『群書類従』第三輯、続群書類従完成会、一九三三年）
『姫路市史　第八巻　史料編古代中世1』（姫路市、二〇〇五年）
『豊鑑』（『群書類従』第二十輯、続群書類従完成会、一九五九年　訂正三版）
『雨森文書』一冊（写本、京都大学蔵）
『東浅井郡志』一～四巻（滋賀県浅井郡教育会編、日本資料刊行会、一九七五年）
『多聞院日記』一～五（竹内理三編、臨川書店、一九七八年）
『黒田家譜』一～七巻（川添昭二、福岡古文書を読む会校訂、文献出版、一九八二～八四年）
『京羽二重』（野間光辰編『新修京都叢書』所収、臨川書店、一九六九年）
『京都坊目誌』一～五（『新修京都叢書』所収）
『義演准后日記』一、二（続群書類従完成会、一九七六年）
『時慶記』一、二（時慶研究会編、臨川書店、二〇〇一年）
『当代記、駿府記』（『史籍雑纂』続群書類従完成会、一九九五年）
『観心寺文書』（東京大学史料編纂所編『大日本古文書　家わけ第六』東京大学出版会、一九七〇年）
『大猷院殿御実紀』（『徳川実紀』第二編、『新訂増補国史大系』39所収、吉川弘文館、一九六四年）
『舜旧記』一～五（『史料纂集　古記録編』所収、続群書類従完成会、一九七〇～八三年）
『広島県史　中世』（広島県、一九八四年）

## 研究文献

朝尾直弘『天下一統』(『大系日本の歴史 8』小学館、一九八八年)
朝尾直弘『豊臣政権論』(岩波講座『日本歴史 9』近世1、岩波書店、一九六三年)
朝尾直弘「将軍権力の創出」(『朝尾直弘著作集』第三巻、岩波書店、二〇〇四年)
朝尾直弘「豊臣・徳川の政治権力」(『朝尾直弘著作集』第四巻、岩波書店、二〇〇四年)
跡部信「高台院と豊臣家」(『大阪城天守閣紀要』三四、二〇〇六年)
秀吉死後、京に移ったおねと大坂城の淀殿の間の連携関係が結ばれており、それは双方から積極的に形成がはかられたと論じる。

市村高男「戦国期城下町研究の視点と方法」(『国立歴史民俗博物館研究報告』第一二七集、二〇〇六年)
今井林太郎『石田三成』(吉川弘文館、一九六一年)
内田九州男「北政所・高台院の所領について」(山陽新聞社編集発行『ねねと木下家文書』所収、一九八二年)
秀吉が北政所に与えた所領を確定、おね死後の所領の知行形態についても明らかにしている。
大山崎町歴史資料館『西国街道をゆく』(二〇〇五年)
小和田哲男『豊臣秀吉』(PHP新書、二〇〇二年)
笠谷和比古『関ヶ原合戦と近世の国制』(思文閣出版、二〇〇〇年)
北島万次「豊臣政権論」(講座日本近世史『幕藩制国家の成立』有斐閣、一九八一年)
桑田忠親『豊臣秀吉研究』(角川書店、一九七五年)
桑田忠親『桃山時代の女性』(吉川弘文館、一九七二年)
桑田忠親『太閤書信』(地人書館、一九四三年)
桑田忠親『女性の名書簡』(東京堂出版、一九九三年)

おねや孝蔵主、細川ガラシャなど著名な女性の代表的書簡を取り上げて解説した著作。
佐藤康宏『祭礼図』（『日本の美術』四八四、至文堂、二〇〇六年）
中村孝也『秀吉北政所』（国民文化研究会、一九七〇年）
成沢勝嗣「狩野内膳考」（『神戸市立博物館研究紀要』二、一九八五年）
成沢勝嗣「王権への追憶」（『講座日本美術史3　図像の意味』東京大学出版会、二〇〇五年）
西岡虎之助『日本女性史考』（新評論社、一九五六年）
灰野昭郎「高台寺蒔絵について」（前掲『ねねと木下家文書』所収）
人見彰彦「北政所（高台院）と木下家の人々」（前掲『ねねと木下家文書』所収）
福田千鶴『淀殿』（ミネルヴァ書房、二〇〇七年）
藤木久志『豊臣平和令と戦国社会』（東京大学出版会、一九八五年）
藤木久志『戦国をみる目』（校倉書房、一九九五年）
藤田恒春『豊臣秀次の研究』（文献出版、二〇〇三年）
藤田恒春「豊臣・徳川に仕えた一女性――北政所侍女孝蔵主について」（『江戸期おんな考』一二号、二〇〇一年）
三鬼清一郎『太閤検地と朝鮮出兵』（岩波講座『日本歴史　9』近世1、岩波書店、一九七五年）
宮武正登「肥前名護屋城下町の空間構造とその特異性」（『国立歴史民俗博物館研究報告』第一二七集、二〇〇六年）
脇田修『織田政権の基礎構造』（東京大学出版会、一九七五年）
脇田晴子『中世に生きる女たち』（岩波書店、一九九五年）
渡辺世祐『豊太閤と其家族』（日本学術普及会、一九一九年）
渡辺世祐『豊太閤の私的生活』創元社、一九三九年。

右の二書は、秀吉研究の第一人者渡辺氏の、秀吉とその親族についての古典的名著。

**著者の関連著作**

『日本中世女性史論』(塙書房、一九九四年)

『女人政治の中世』(講談社現代新書、一九九六年)

「戦国期の『家』と女性――細川ガラシャの役割」(京都橘女子大学女性歴史文化研究所編『京都の女性史』所収、思文閣出版、二〇〇二年)

「『大坂冬・夏の陣』に収斂する淀殿の役割」(『女性歴史文化研究所紀要』一一号、二〇〇三年)

『戦国の女たちを歩く』(山と溪谷社、二〇〇四年)

『天下人の時代』朝尾直弘と共編(平凡社、二〇〇三年)

『山内一豊と千代――戦国武士の家族像』(岩波書店、二〇〇五年)

「豊臣政権の人質・人質政策と北政所」(『女性歴史文化研究所紀要』一五号、二〇〇六年)

# おわりに

北政所おねの一生は、動乱の戦国期に始まり、近世社会の確立を目のあたりにした時点で終わりを告げた。彼女は織豊政権と江戸幕府初代将軍徳川家康の政治を体験した、生き証人であった。

ここで彼女の一生を三期に分けてまとめてみよう。織田信長時代のおねは、彼女自身の青春時代から壮年時代にあたっており、女性の上昇転化、キャリアアップの見事な見本であったといえる。信長の手紙にあらわれるおねの姿が象徴しているように、おねは「かみさま（上様）」として、夫を支え、もり立て、時には夫に代わって主君に挨拶をし、側室や女房を束ねるばかりでなく、領民の民政にも心を配る領主夫人として、申し分のない成長を遂げた人であったと思う。

第二の時期は秀吉の正室としての時期である。聚楽第にあって主として天皇家や公家への対応を担当するおねは、日常の挨拶や贈答を通じて、「北政所」としての職責を果たした。また秀吉の国内平定戦の進展につれ、続いて実施された二度の朝鮮への外征に際して、次々に増大する大名家からの人質の世話と交友関係締結に腐心し、また秀吉の名護屋への移動の時期には、物資輸送の面で支え、関白の留守を守る大坂城のあるじとなった。特に大名家から預る人質の監督という重い役割を果たしたことを本書で論証した。

おねはこの時期、実母になったことはないのに、淀殿の子捨松をはじめとして、養子・養女から子飼いの武将に至るまで、多くの子女を育てている。まさに八面六臂の活躍をしている。交友関係や人脈は豊かになったが、その気苦労たるや、想像を絶するものだったろうと思う。

秀吉死後の第三期には、おねは大坂城を出て京に拠点を移す。このこと自体、自ら後家役割を分割して淀殿と分担することの表明であるといえる。そして続いて起こった関ヶ原合戦では、おねはむしろ中立を守りたいと考えていたらしい。しかし東軍に加担することを予定されていた小早川秀秋や、子飼いの大名たちへの配慮が、東軍寄りとの見方を生んだと思う。この時期にもおねは秀秋や子飼い武将たちの「かゝさま」としての立場を守ったのである。

おねは京で夫の菩提を弔う姿を世間には示す。しかし公家や朝廷、また豊臣政権恩顧の大名家や徳川政権内の秀忠との関係は温存・継承しており、大坂城中の淀殿と役割を分担しつつ果たしていた。おねは後家役割を可能な限り最大限に果したといえる。豊臣家の政治的地位が徳川幕府下で悪化するにつれて、逆におねへの注目度は高くなり、「幕府に心を寄せる北政所」像が肥大化したと考えられる。

本書を執筆したあとで行き着いた結論は、おねは、秀吉生存中にも没後にも、まさに政権をやさしく抱えて育てる「母親・かかさま」であったということである。副題として付けた「大坂の事は、ことの葉もなし」の原文は、「大坂の御事ハ、なにとも中候ハんすることの葉も御入候ハぬ事にて候」である。言うべき言葉を失ったと述懐するおねのこの一言に、彼女の一生が凝縮され、総括されているように思えてならない。豊臣家を救えなかった悔しさ、それを口に出して言えない悔しさ、しかし何か手を差し延べたいという思いが秘められているように思う。子供を産む産まないにかかわらず、このように大きな仕事を果たせたおねの偉大さ、その苦労に圧倒される。

筆者は北政所おねの真実の姿に、何とか迫ろうと意図して二年前に執筆を始めた。かなり多面的に、おねの実像を復元できたが、まだ未解明の部分も多少残っている。それを一つ一つ塗り潰していくことを今後の課題としたい。

本書の刊行にあたっては、テクノロジーに弱い筆者を助けてくれた京都橘大学メディアセンターの中村敬仁氏に、また手書き部分の多い原稿で悩ませ、写真や図版の準備から索引づくりまで苦労をかけたミネルヴァ書房の田引勝二氏に感謝の意を表したい。

平成十九年五月十六日

田端泰子

# 北政所おね略年譜

| 和暦 | 西暦 | 齢 | 関係事項 | 一般事項 |
|---|---|---|---|---|
| 天文 五 | 一五三六 | | | 4・14伊達稙宗「塵芥集」を制定。 |
| 六 | 一五三七 | | 木下藤吉郎（秀吉）誕生。 | |
| 一一 | 一五四二 | 1 | おね誕生。 | |
| 一六 | 一五四七 | 6 | | お市誕生。6・1武田晴信「甲州法度之次第」を制定。 |
| 二二 | 一五五三 | 12 | | 2・26今川義元「仮名目録追加」を制定。 |
| 永禄 三 | 一五六〇 | 19 | | 5・19桶狭間の戦い。 |
| 四 | 一五六一 | 20 | おねと秀吉の結婚。 | |
| 六 | 一五六三 | 22 | | この秋、三河一向一揆起こる。 |
| 一〇 | 一五六七 | 26 | | 茶々誕生。 |
| 元亀 四<br>天正 元 | 一五七三 | 32 | 秀吉、羽柴と改姓。 | 8・28小谷城落城。浅井長政自害。 |

| | | | | |
|---|---|---|---|---|
| 二 | 一五七四 | 33 | 秀吉、今浜に築城し、この地を長浜と改称する。 | この頃、虎之助（加藤清正）、市松（福島正則）ら、秀吉に仕官。 |
| 四 | 一五七六 | 35 | | 2・23織田信長、安土城に移る。4・14顕如を石山本願寺に攻める。 |
| 七 | 一五七九 | 38 | | 9月信長、荒木氏を討つ。 |
| 九 | 一五八一 | 40 | | 8月信長、高野山を討つ。 |
| 一〇 | 一五八二 | 41 | 5・7秀吉、清水宗治を高松城に囲む。6月本能寺の変後、長浜城攻められ、おね、なかは大吉寺へ。6・13山崎の合戦。秀吉、明智光秀を破る。 | 6・2本能寺の変。信長没。7・7太閤検地始まる。木下秀俊（小早川秀秋）誕生。 |
| 一一 | 一五八三 | 42 | 4・24北ノ荘城落城。柴田勝家、お市自刃。秀吉、従四位下・参議に叙任。 | |
| 一二 | 一五八四 | 43 | 秀吉、従三位・権大納言に叙任。3～11月小牧・長久手の戦。 | |
| 一三 | 一五八五 | 44 | 3月秀吉、従二位・内大臣に叙任。7月秀吉、近衛前久の養子となり、姓を藤原と改め、従一位・関白に叙任（七月十一日）。おね、従三位に叙任。北政所と称される。なか、従一位に叙任。大政所と称される。 | 3・23秀吉、根来・雑賀の一揆を討つ。6月四国征伐。8月長宗我部元親降伏。 |

| | | | | |
|---|---|---|---|---|
| 一四 | 一五八六 | 45 | 12・19秀吉、太政大臣に任じられ、豊臣の姓を賜わる。5・14秀吉妹朝日、家康に嫁す。10・13秀吉母大政所、家康の人質になる。 | 4・22秀吉、大仏殿造営に着手。8・3九州征伐の動員発令。 |
| 一五 | 一五八七 | 46 | 秀吉、北政所に返書し、九州平定を告げる。 | 6・19秀吉、キリスト教を禁止(伴天連追放令)。9・13聚楽第完成し、秀吉、大坂城より移る。 |
| 一六 | 一五八八 | 47 | 4・14北政所、従一位・豊臣吉子の名を賜わる。 | 4・14聚楽第行幸。7・8刀狩令を発令。 |
| 一七 | 一五八九 | 48 | 捨(すて・鶴松)、淀城に誕生。父は秀吉、母は淀殿。 | 11・24秀吉、小田原征伐を発令。 |
| 一八 | 一五九〇 | 49 | 小田原攻めに淀殿が下向。 | 7・5後北条氏降伏。7・13秀吉、徳川家康を関東に移封。 |
| 一九 | 一五九一 | 50 | 鶴松、淀城で病死。12・28秀次、関白に叙任。 | 8・21秀吉、身分統制令を発令。8・23朝鮮征伐発令。 |
| 二〇<br>文禄 元 | 一五九二 | 51 | 1・5秀吉、諸大名に朝鮮出兵を命じ、3・26自ら名護屋に向かう(文禄の役)。3・23秀吉、北政所に一万一石七斗の知行目録を与える。秀次、左大臣に、ついで従一位に叙任。7・22大政所、没(天瑞院、七十六歳)。 | 8月沈惟敬、小西行長と和議を約す。 |
| 二 | 一五九三 | 52 | 拾丸(豊臣秀頼)、大坂城に誕生。秀吉、拾丸と秀次の娘との嫁娶を決める。 | 秀秋、小早川家の養子となる。 |

| | | | | |
|---|---|---|---|---|
| 三 | 一五九四 | 53 | 8・1秀吉、伏見城に移る。 | この年、秀吉、キリスト教徒を長崎に処刑。文禄検地条目を定める。 |
| 四 | 一五九五 | 54 | 北政所領、一万五六七二石余の知行目録が出される。7・8秀吉、秀次を追放。7・15秀次切腹（二十八歳）。7月徳川家康以下、諸大名、血判して拾丸に忠誠を誓う。8・2秀次の妻妾、子、京都で処刑される。 | |
| 五<br>慶長元 | 一五九六 | 55 | 9月秀吉、大坂城で明使を引見、講和破れる。拾丸（四歳）、秀頼と改名。 | 8月サン・フェリペ号、土佐浦戸に漂着。12・19キリスト教徒26人を長崎に磔殺。 |
| 二 | 一五九七 | 56 | 6月秀吉、朝鮮再征を命じる（慶長の役）。 | 千姫、伏見城に誕生。小早川秀秋、朝鮮からの帰国を命じられる。 |
| 三 | 一五九八 | 57 | 3・15醍醐の花見。石田三成、長束正家、増田長盛、浅野長政、前田玄以を五奉行と定める。秀吉、諸奉行に命じて秀頼に忠誠を誓わせる。秀吉は五大老に自筆の遺言状を与えて、秀頼を託す。家康、利家、五奉行と誓書を交換。北政所実母朝日（康徳院）没。8・18秀吉、伏見城で没（六十二歳）。前田利家・ | 4月小早川秀秋、越前北ノ荘へ転封。 |

| | | | | |
|---|---|---|---|---|
| | | | 徳川家康、朝鮮の諸将に撤退を命じる。 | |
| 四 | 一五九九 | 58 | 1・10秀頼と淀殿、大坂城に入る。この年、豊国廟・豊国社を造営。 | 閏3・3前田利家没（六十二歳）。 |
| 五 | 一六〇〇 | 59 | 8・1伏見城陥落。9・15関ヶ原の戦い。木下家定が北政所を守る。小早川秀秋、備前・美作国五一万石を与えられる。 | 家康、会津征伐に伏見を出発。10・1小西行長（四十三歳）、石田三成（四十一歳）、六条河原で処刑される。 |
| 七 | 一六〇二 | 61 | 10・18小早川秀秋没（二十一歳）。 | この年、佐渡、石見などで金銀多量に産出。 |
| 八 | 一六〇三 | 62 | 7・28秀頼と千姫、大坂城で結婚。11・3北政所に高台院の院号が勅賜される。 | 2・12家康、右大臣・征夷大将軍に叙任。 |
| 九 | 一六〇四 | 63 | 8・14豊国祭挙行される。高台院領一万六三四六石余の知行目録を木下家定が提出。 | 5・3幕府、糸割符法を制定。8・26大名・商人に南蛮渡航の朱印状を交付。この年、諸街道に一里塚を築く。 |
| 一〇 | 一六〇五 | 64 | 4・12秀頼、右大臣に叙任。高台院、京都東山に高台寺を建て、秀吉の冥福を祈る。 | 4・16秀忠、内大臣・征夷大将軍に任じられる。 |
| 一一 | 一六〇六 | 65 | | 9・23江戸城増築完成。 |
| 一四 | 一六〇九 | 68 | 家康、高台院が家定の遺領をすべて木下勝俊に与えたことを怒り、所領を没収。 | 2・26島津家久、琉球に出兵。7・7幕府、琉球を島津領とし |

| | | | | |
|---|---|---|---|---|
| 一五 | 一六一〇 | 69 | | て承認。2月名古屋城築城開始。 |
| 一六 | 一六一一 | 70 | 3・27秀頼、二条城で家康と会見。加藤清正、浅野幸長、従う。高台院も二条城へ。 | 4・7浅野長政没（六十五歳）。6・24加藤清正没（五十一歳）。 |
| 一八 | 一六一二 | 71 | 8・25浅野幸長没（三十八歳）。弟長晟つぎ、備中足守藩領は没収される。 | 6・16幕府、公家諸法度などを定める。12・23キリスト教禁止、宣教師・教徒を追放。 |
| 一九 | 一六一三 | 72 | 7・26方広寺鐘銘事件。10・1~大坂冬の陣。12・20講和成立。 | 1月高山右近ら、キリシタン一四八名をマニラ・マカオに追放。9・24西国大名に誓書提出を命じる。 |
| 二〇<br>元和 元 | 一六一五 | 73 | 4・6~大坂夏の陣。5・3千姫、城を脱出。5・8淀殿（四十九歳）、秀頼（二十三歳）自刃。5・7大坂城落城。木下利房、備中足守藩領二万五〇〇〇石を与えられる。家康、高台院領の継続を了承。 | 閏6・13一国一城令を布く。7・7武家諸法度制定。7・9家康、豊国社の破却を命じる。7・17禁中並公家諸法度制定。 |
| 二 | 一六一六 | 74 | | 4・17家康没（七十五歳）。 |
| 六 | 一六二〇 | 78 | | 6・18秀忠の娘、和子入内。 |
| 九 | 一六二三 | 81 | | 7・27将軍徳川家光。 |
| 一〇<br>寛永 元 | 一六二四 | 82 | 9・6高台院没。遺領の内、三〇〇〇石を近江に替え、木下利三が嗣ぐ。 | 7・13福島正則没（六十四歳）。 |

嘉納治五郎　クリストファー・スピルマン
*澤柳政太郎　新田義之
河口慧海　高山龍三
大谷光瑞　白須淨眞
久米邦武　髙田誠二
フェノロサ　伊藤　豊
三宅雪嶺　長妻三佐雄
内村鑑三　新保祐司
*岡倉天心　木下長宏
志賀重昂　中野目徹
徳富蘇峰　杉原志啓
内藤湖南・桑原隲蔵　礪波　護
岩村　透　今橋映子
西田幾多郎　大橋良介
喜田貞吉　中村生雄
上田　敏　及川　茂
柳田国男　鶴見太郎
厨川白村　張　競
九鬼周造　粕谷一希
辰野　隆　金沢公子
シュタイン　瀧井一博

福澤諭吉　平山　洋
福地桜痴　山田俊治
中江兆民　田島正樹
田口卯吉　鈴木栄樹
陸　羯南　松田宏一郎
竹越與三郎　西田　毅
宮武外骨　山口昌男
*吉野作造　田澤晴子
野間清治　佐藤卓己
山川　均　米原　謙
北　一輝　岡本幸治
杉　亨二　速水　融
北里柴三郎　福田眞人
田辺朔郎　秋元せき
*南方熊楠　飯倉照平
寺田寅彦　金森　修
石原　純　金子　務
J・コンドル　鈴木博之
小川治兵衛　尼崎博正

**現代**

昭和天皇　御厨　貴
高松宮宣仁親王　後藤致人
吉田　茂　中西　寛
マッカーサー　柴山　太
重光　葵　武田知己
池田勇人　中村隆英
和田博雄　庄司俊作
朴正熙　木村　幹
竹下　登　真渕　勝
*松永安左エ門　橘川武郎
鮎川義介　井口治夫
松下幸之助　米倉誠一郎
渋沢敬三　井上　潤
本田宗一郎　伊丹敬之
井深　大　武田　徹
幸田家の人々　金井景子
*正宗白鳥　大嶋　仁
大佛次郎　福島行一
*川端康成　大久保喬樹

薩摩治郎八　小林　茂
松本清張　杉原志啓
安部公房　成田龍一
三島由紀夫　島内景二
R・H・ブライス　菅原克也
金素雲　林　容澤
柳　宗悦　熊倉功夫
バーナード・リーチ　鈴木禎宏
イサム・ノグチ　酒井忠康
川端龍子　岡部昌幸
藤田嗣治　林　洋子
*井上有一　海上雅臣
手塚治虫　竹内オサム
山田耕筰　後藤暢子
武満　徹　船山　隆
力道山　岡村正史
美空ひばり　朝倉喬司
植村直巳　湯川　豊
西田天香　宮田昌明
安倍能成　中根隆行

李方子　小田部雄次
G・サンソム　牧野陽子
和辻哲郎　小坂国継
青木正児　井波律子
矢代幸雄　稲賀繁美
石田幹之助　岡本さえ
*平泉　澄　若井敏明
前嶋信次　杉田英明
竹山道雄　平川祐弘
保田與重郎　谷崎昭男
佐々木惣一　松尾尊兊
*瀧川幸辰　伊藤孝夫
矢内原忠雄　等松春夫
福本和夫　伊藤　晃
フランク・ロイド・ライト　大久保美春
大宅壮一　有馬　学
清水幾太郎　竹内　洋

*は既刊
二〇〇七年八月現在

円山応挙　佐々木正子
*佐竹曙山　成瀬不二雄
葛飾北斎　岸　文和
酒井抱一　玉蟲敏子
オールコック　佐野真由子
*古賀謹一郎　小野寺龍太
*月　性　海原　徹
西郷隆盛　草森紳一
*吉田松陰　海原　徹
*高杉晋作　海原　徹
徳川慶喜　大庭邦彦
和　宮　辻ミチ子
アーネスト・サトウ　奈良岡聰智
冷泉為恭　中部義隆

## 近代

*明治天皇　伊藤之雄
大正天皇　フレッド・ディキンソン
大久保利通　三谷太一郎
山県有朋　鳥海　靖
木戸孝允　落合弘樹
*松方正義　室山義正
北垣国道　小林丈広
大隈重信　五百旗頭薫
伊藤博文　坂本一登
井上　毅　大石　眞
*桂　太郎　小林道彦
林　董　君塚直隆
高宗・閔妃　木村　幹
山本権兵衛　室山義正
高橋是清　鈴木俊夫
小村寿太郎　簑原俊洋
犬養　毅　小林惟司
加藤高明　櫻井良樹
田中義一　黒沢文貴
平沼騏一郎　堀田慎一郎
宮崎滔天　榎本泰子
*浜口雄幸　川田　稔
幣原喜重郎　西田敏宏
関　一　玉井金五
広田弘毅　井上寿一
安重根　上垣外憲一
グルー　廣部　泉
東條英機　牛村　圭
蔣介石　劉　岸偉
木戸幸一　波多野澄雄
*乃木希典　佐々木英昭
加藤友三郎・寛治　麻田貞雄
宇垣一成　北岡伸一
石原莞爾　山室信一
五代友厚　田付茉莉子
安田善次郎　由井常彦
渋沢栄一　武田晴人
山辺丈夫　宮本又郎
武藤山治　阿部武司・桑原哲也
小林一三　橋爪紳也
大倉恒吉　石川健次郎
大原孫三郎　猪木武徳
河竹黙阿弥　今尾哲也
イザベラ・バード　加納孝代
林　忠正　木々康子
森　鷗外　小堀桂一郎
二葉亭四迷　ヨコタ村上孝之
巌谷小波　千葉信胤
樋口一葉　佐伯順子
島崎藤村　十川信介
泉　鏡花　東郷克美
有島武郎　亀井俊介
永井荷風　川本三郎
北原白秋　平石典子
菊池　寛　山本芳明
宮澤賢治　千葉一幹
正岡子規　夏石番矢
P・クローデル　内藤　高
高浜虚子　坪内稔典
与謝野晶子　佐伯順子
*種田山頭火　村上　護
斎藤茂吉　品田悦一
*高村光太郎　湯原かの子
萩原朔太郎　エリス俊子
原阿佐緒　秋山佐和子
*狩野芳崖・高橋由一　古田　亮
竹内栖鳳　北澤憲昭
黒田清輝　高階秀爾
中村不折　石川九楊
横山大観　高階秀爾
橋本関雪　西原大輔
小出楢重　芳賀　徹
土田麦僊　天野一夫
岸田劉生　北澤憲昭
松旭斎天勝　川添　裕
中山みき　鎌田東二
ニコライ　中村健之介
出口なお・王仁三郎　川村邦光
島地黙雷　阪本是丸
*新島　襄　太田雄三

曾我十郎・五郎　杉橋隆夫
北条時宗　近藤成一
安達泰盛　山陰加春夫
平頼綱　細川重男
竹崎季長　堀本一繁
西行　光田和伸
藤原定家　赤瀬信吾
*京極為兼　今谷　明
*兼好　島内裕子
重源　横内裕人
運慶　根立研介
法然　今堀太逸
慈円　大隅和雄
明恵　西山　厚
親鸞　末木文美士
恵信尼・覚信尼　西口順子
道元　船岡　誠
叡尊　細川涼一
*忍性　松尾剛次
*日蓮　佐藤弘夫
一遍　蒲池勢至

夢窓疎石　田中博美
宗峰妙超　竹貫元勝

## 南北朝・室町

後醍醐天皇　上横手雅敬
護良親王　新井孝重
北畠親房　岡野友彦
楠正成　兵藤裕己
*新田義貞　山本隆志
光厳天皇　深津睦夫
足利尊氏　市沢　哲
佐々木道誉　下坂　守
円観・文観　田中貴子
足利義満　川嶋將生
足利義教　横井　清
大内義弘　平瀬直樹
山名宗全　山本隆志
日野富子　脇田晴子
世阿弥　西野春雄
雪舟等楊　河合正朝
雪村周継　赤澤英二
宗祇　鶴崎裕雄

*満済　森　茂暁
一休宗純　原田正俊

## 戦国・織豊

北条早雲　家永遵嗣
毛利元就　岸田裕之
*今川義元　小和田哲男
*武田信玄　笹本正治
三好長慶　仁木　宏
*上杉謙信　矢田俊文
吉田兼倶　西山　克
山科言継　松薗　斉
織田信長　三鬼清一郎
豊臣秀吉　藤井讓治
*北政所おね　田端泰子
*淀殿　福田千鶴
前田利家　東四柳史明
黒田如水　小和田哲男
蒲生氏郷　藤田達生
伊達政宗　伊藤喜良
*支倉常長　田中英道
ルイス・フロイス
エンゲルベルト・ヨリッセン

*長谷川等伯　宮島新一
顕如　神田千里

## 江戸

徳川家康　笠谷和比古
徳川吉宗　横田冬彦
後水尾天皇　久保貴子
光格天皇　藤田　覚
崇伝　杣田善雄
春日局　福田千鶴
池田光政　倉地克直
シャクシャイン　岩崎奈緒子
*田沼意次　藤田　覚
末次平蔵　岡美穂子
林羅山　鈴木健一
中江藤樹　辻本雅史
山崎闇斎　澤井啓一
*北村季吟　島内景二
貝原益軒　辻本雅史
ケンペル　ボダルト・ベイリー
荻生徂徠　柴田　純

雨森芳洲　上田正昭
前野良沢　松田　清
平賀源内　石上　敏
杉田玄白　吉田　忠
上田秋成　佐藤深雪
木村蒹葭堂　有坂道子
*大田南畝　沓掛良彦
菅江真澄　赤坂憲雄
*鶴屋南北　諏訪春雄
良寛　阿部龍一
山東京伝　佐藤至子
*滝沢馬琴　高田　衛
平田篤胤　川喜田八潮
シーボルト　宮坂正英
本阿弥光悦　岡　佳子
小堀遠州　中村利則
尾形光琳・乾山　河野元昭
*二代目市川團十郎　田口章子
与謝蕪村　佐々木丞平
伊藤若冲　狩野博幸
鈴木春信　小林　忠

# ミネルヴァ日本評伝選

企画推薦
梅原　猛
ドナルド・キーン
佐伯彰一
角田文衞

監修委員
上横手雅敬
芳賀　徹

編集委員
石川九楊
伊藤之雄
猪木武徳
今谷　明
今橋映子
熊倉功夫
佐伯順子
坂本多加雄
武田佐知子
竹西寛子
西口順子
兵藤裕己
御厨　貴

## 上代

俾弥呼　古田武彦
日本武尊　西宮秀紀
仁徳天皇　若井敏明
雄略天皇　吉村武彦
*蘇我氏四代　遠山美都男
推古天皇　義江明子
聖徳太子　仁藤敦史
斉明天皇　武田佐知子
小野妹子・毛人　大橋信也
額田王　梶川信行
弘文天皇　遠山美都男
天武天皇　新川登亀男
持統天皇　丸山裕美子
阿倍比羅夫　熊田亮介
柿本人麻呂　古橋信孝
元明・元正天皇　渡部育子
聖武天皇　本郷真紹
光明皇后　寺崎保広
孝謙天皇　勝浦令子
藤原不比等　荒木敏夫
吉備真備　今津勝紀
道　鏡　吉川真司
大伴家持　和田　萃
行　基　吉田靖雄

## 平安

*桓武天皇　井上満郎
嵯峨天皇　西別府元日
宇多天皇　古藤真平
醍醐天皇　石上英一
村上天皇　京樂真帆子
花山天皇　上島　享
三条天皇　倉本一宏
後白河天皇　美川　圭
藤原薬子　中野渡俊治
小野小町　錦　仁
藤原良房・基経　滝浪貞子
菅原道真　竹居明男
紀貫之　神田龍身
源高明　所　功
慶滋保胤　平林盛得
*安倍晴明　斎藤英喜
藤原実資　橋本義則
*藤原道長　朧谷　寿
清少納言　後藤祥子
紫式部　竹西寛子
和泉式部　ツベタナ・クリステワ
大江匡房　小峯和明
式子内親王　奥野陽子
建礼門院　生形貴重
阿弖流為　樋口知志
坂上田村麻呂　熊谷公男
*源満仲・頼光　元木泰雄
平将門　西山良平
平清盛　田中文英
藤原秀衡　入間田宣夫
平時子・時忠　元木泰雄
平維盛　根井　浄
空　海　頼富本宏
最　澄　吉田一彦
空　也　石井義長
奝　然　上川通夫
*源　信　小原　仁
守覚法親王　阿部泰郎

## 鎌倉

源頼朝　川合　康
*源義経　近藤好和
後鳥羽天皇　五味文彦
九条兼実　村井康彦
北条時政　野口　実
熊谷直実　佐伯真一
*北条政子　関　幸彦
北条義時　岡田清一

# 刊行のことば

歴史を動かすものは人間であり、興趣に富んだ人間の動きを通じて、世の移り変わりを考えるのは、歴史に接する醍醐味である。

しかし過去の歴史学を顧みるとき、人間不在という批判さえ見られたように、歴史における人間のすがたが、必ずしも十分に描かれてきたとはいえない。二十一世紀を迎えた今、歴史の中の人物像を蘇生させようとの要請はいよいよ強く、またそのための条件もしだいに熟してきている。

この「ミネルヴァ日本評伝選」は、正確な史実に基づいて書かれるのはいうまでもないが、単に経歴の羅列にとどまらず、歴史を動かしてきたすぐれた個性をいきいきとよみがえらせたいと考える。そのためには、対象とした人物とじっくりと対話し、ときにはきびしく対決していくことも必要になるだろう。

今日の歴史学が直面している困難の一つに、研究の過度の細分化、瑣末化が挙げられる。それは緻密さを求めるが故に陥った弊害といえるが、その結果として、歴史の大きな見通しが失われ、歴史学を通しての社会への働きかけの途が閉ざされ、人々の歴史への関心を弱める危険性がある。今こそ歴史が何のためにあるのかという、基本的な課題に応える必要があろう。評伝という興味ある方法を通じて、解決の手がかりを見出せないだろうかというのも、この企画の一つのねらいである。

狭義の歴史学の研究者だけでなく、多くの分野ですぐれた業績をあげている著者たちを迎えて、従来見られなかった規模の大きな人物史の叢書として、「ミネルヴァ日本評伝選」の刊行を開始したい。

平成十五年（二〇〇三）九月

ミネルヴァ書房

《著者紹介》

田端泰子（たばた・やすこ）

1941年　神戸市生まれ。
　京都大学大学院文学研究科修了。
　京都大学文学博士。
現　在　京都橘大学学長。
著　書　『中世村落の構造と領主制』法政大学出版局，1986年。
　『日本中世の女性』吉川弘文館，1987年。
　『日本中世の社会と女性』吉川弘文館，1998年。
　『女人，老人，子ども』共著，中央公論新社，2002年。
　『幕府を背負った尼御台　北条政子』人文書院，2003年。
　『乳母の力——歴史を支えた女たち』吉川弘文館，2005年。
　『山内一豊と千代』岩波新書，2005年，など。

ミネルヴァ日本評伝選

北《きたの》政《まん》所《どころ》お《お》ね《ね》

——大坂の事は，ことの葉もなし——

2007年8月10日　初版第1刷発行　〈検印省略〉

定価はカバーに
表示しています

著　者　田　端　泰　子
発行者　杉　田　啓　三
印刷者　江　戸　宏　介

発行所　株式会社　ミネルヴァ書房

607-8494 京都市山科区日ノ岡堤谷町1
電話（075）581-5191（代表）
振替口座 01020-0-8076番



共同印刷工業・新生製本

ISBN978-4-623-04954-7

Printed in Japan

# 人名索引

「北政所おね」「豊臣秀吉」は頻出するため省略。

## か 行



## さ 行

## た　行



## な　行

## は 行



## ま 行



## や・ら・わ行

# 事項索引

## あ 行



## か 行

さ　行



た　行

## な 行



## は 行

## ま　行



## や・わ行